선비평전

선비평전

우리 시대에 던지는 오백년 선비의 역사

| 이성무 지음 |

글항아리

머리말

나라마다 지향하는 정신적 지표가 있다. 예컨대 미국의 청교도 정신과 프런티어 정신, 일본의 무사도武士道, 영국의 신사도紳士道 등이 그러하다. 그렇다면 한국은 어떤 정신을 내세워야 할까? 언뜻 떠오르는 것은 선비정신이다. 물론 선비정신은 전근대 시기의 지배 사상이었기 때문에 현대 민주주의와는 잘 맞지 않는 점이 있다. 그렇지만 현대사회에 그 결을 잘 맞추어나간다면 새로운 정신적 지표가 될 수 있을 것이다. 그러려면 우선 조선의 선비정신이 어떤 것인지를 알아야 할 것이다.

나는 2009년 9월부터 2011년 3월까지 총 일흔여덟 번에 걸쳐 『한국일보』에 매주 '이성무의 선비 이야기'라는 칼럼을 썼다. 그 내용은 제목에서 이미 드러나듯, 주로 조선 선비들의 행적, 인간관계, 학문과 학파, 정치적 지형도, 그들에 대한 평가 등을 다룬 것이다. 거기에 더해 나는 역사적 사실에 대한 새로운 해석과 유교 사상적 관점 그리고 간단한 평설을 곁들였다. 조선시대사를 연구하다가 얻은 일종의 낙수落穗들이라 하겠다.

낙수이기는 하지만 이러한 글들은 재미있는 이야깃거리를 그 바탕에 깔고 있고, 역사적 사건에 대해 새로운 해석을 가미한 것이기도 하다. 이번에 책으로 내면서는 선비의 개념 정의부터, 선비들이 지배하게 된 조선사회 특유의 정치적·문화적·제도적 측면을 새롭게 드러내보았다. 그리고 글의 순서는 조선 건국 이전부터 임진·병자 양란을 거쳐 사화와 당쟁의 시대까지 시대 순으로 선비들의 행적을 훑어 내려왔다. 책의 마지막에는 '선비와 선비사상'이라는 글을 실어 참고하도록 했다. 그러다보니 책이 선비라는 존재의 안팎을 두루 살펴보고 그 의미를 오늘날의 시각으로 살펴보는 모양이 되었다. 그리하여 책의 제목은 선비의 모든 것을 역사적으로 살펴봤다는 의미에서 '선비평전'이라고 했다.

역사는 사람을 연구하는 학문이다. 역사를 이끌어온 것이 바로 사람이기 때문이다. 따라서 그들이 어떻게 살아왔는가를 추적하는 인물사와 그들이 어떻게 생각해왔는가를 연구하는 사상사가 중요하다.

나는 대학에서 퇴임한 후 인물사와 사상사를 집중적으로 연구하기로 마음을 다잡은 바 있다. 이것의 발판을 마련하기 위해 지난 2003년 한국역사문화연구원을 만들어 조선 명가名家의 후손들과 뜻을 모아 학술적인 연구사업들을 이어왔다. 그리하여 경주이씨桑村公派, 광주이씨遁村公派, 한산이씨文烈公派, 연안이씨三陟公派, 전주이씨白軒公派, 전주이씨鷺渚公派, 인동장씨洛書公派, 안동김씨淸陰公派에 속하는 인물들을 집중적으로 다뤘다.

이 책에 실은 글들은 이러한 인물 연구에서 얻게 된 것들이다. 인물은 시대가 낳는 것이다. 따라서 이들 인물은 그들이 살았던 시대와 그 생과 사를 같이할 만큼 밀접한 관련을 맺고 있다. 조선시대는 선비가 지배하던 사회였다. 따라서 조선시대의 인물이라면 그 시대를 지배해온 선비들이 주역이 될 것이다. 그리고 그 선비들은 동시대의 다른 인물들과 어울리거나 또는 갈등하면서 삶을 일궜다. 그러한 인간관계가 결국 역사를 만들어가는 것이란 생각에, 이 책은 선비들의 인간관계도 하나의 중심된 주제로 다루었다.

책에 실린 글들이 조선시대의 사건과 정치와 역사의 단면들을 다각도로 보여주고 있긴 하나, 글이 짤막한 탓에 산만한 점도 없지 않을 것이다. 그뿐 아니라 주제가 선비이다보니 보통 사람들을 다루지 못한 것이 흠이다. 그러니 조금은 가볍게 읽어주셨으면 좋겠다.

끝으로 이 칼럼을 1년 반 동안 실어주신 『한국일보』에 감사를 드리며, 책을 예쁘게 다듬어주신 글항아리 편집부 여러분들에게도 아울러 고마움의 뜻을 표한다.

2011년 11월
성고省皐서당에서
한국역사문화연구원 원장 이성무

차례

제9장 세도정치와 선비들

제1장

통실

사실 조선을 세우고 이끌어간 이들은 사대부이자 사림
이요, 붓을 빠는 선비들이었다. 사농공상 중 '사士'가
그들의 이데올로기인 성리학을 내세워 통치해온 나라
가 바로 조선이다. 더구나 천인은 비자유민이었던 까
닭에 공민으로서의 자격을 박탈당한 처지였다.

선비의 개념

이 책은 선비에 관한 우리 역사 속의 이야기들을 풀어놓으려 한다. 그렇다면 '선비'란 어떤 존재인가? 국어사전에는 선비를 "학식은 있으나 벼슬하지 않는 사람" "학문을 닦는 사람" "학식이 있되 인격 역시 고결하고 근엄·강직한 사람"이라고 밝혀놓고 있다.

선비는 한자로 '사士'이다. 한석봉의 『천자문』에 '사'는 '선배先輩 사'라고 되어 있다. 그러나 역사적으로 사의 뜻은 같지 않았다. 선진先秦시대에는 '전사戰士 사'라고 했고, 전국시대에는 '임협任俠 사', 당·송 시대에는 '조사朝士 사' '문사文士 사'로 쓰였다. 우리나라에서만 해도 삼국시대에는 '군사 사', 고려에서 15세기까지는 '조사 사'와 '문사 사', 16세기 이후 사림의 시대에는 '선배 사'로 쓰였다.

선진시대에는 천자·제후·경·대부·사의 봉건적 위계 질서 하에서 대부와 사는 제후의 가신이나 전사를 의미했다. 그러나 전국시대에 이르면 '문학유세지사文學遊說之士' '임협지사任俠之士'가 새로운 사인층으로 등장한다. 그러다가 당대에 이르면 문관귀족을 가리키는 '문사'라는 명칭이 널리 쓰인다. 송대에는 양자강 남쪽이 개발되면서 신흥 중소지주들이 대두해 '사대부'층이 형성되었는데, 여기에는 문·무관뿐만 아니라 유교 교양을 갖춘 독서인층까지 포함되었다. 이 독서인층이 바로 조선의 선비와 같은 부류이다. 선비란 모름지기 유교 교양을 갖춘 '선배'라는 용어에서 유래했다.

선비가 추구해야 할 가치는 『주역』의 '경이직내敬以直內 의이방외義以方外'로 집약된다. 퇴계의 '거경궁리居敬窮理', 남명의 '내명자경內明者敬, 외단자의外斷者義'도 마찬가지다. 안으로 경敬을 통해 마음을 수양하고, 밖으로 의로운 행위를 펼쳐야 한다는 것이다. 성리학에서는 천리天理가 사람에게 품부된 것을 성性이라 한다. 성은 본래 착한 것인데 인욕人慾에 가려 악해질 수도 있으니 경을 통해 사욕을 제거함으로써 본래의 착한 마음을 잃지 않아야 한다는 것이다. 존천리存天理, 알인욕遏人欲이 그것이다.

그러므로 선비라면 우선 경敬을 해야 한다. 경이란 스스로를 닦는 것이다. 이는 불교의 선禪이나 정좌靜坐에서 영향을 받은 것으로, 스스로 수양해 나쁜 마음이 생기지 않도록 하고 이를 바탕으로 도道를 실현해야 한다(거경집의居敬集義). 그러니 선비는 도학을 연구하는 지식인으로서 인격이 고결해야 하고, 청렴결백·근엄강직해야 하며, 예의염치를 지켜야 하고, 부모에게 효도하고, 나라에 충성하고, 의로운 일에 목숨을 걸어야 한다.

이러한 선비정신이 사그라들지 않는 한 나라가 다스려졌고, 그렇지 못할 경우 나라가 어지러워졌다. 조선왕조가 500년이란 시간을 견뎌낸

『성학십도』, 목판, 이황, 조선시대. 조선은 선비의 나라이고 성리학의 나라였다. 퇴계 이황은 그중 가장 중심에 선 인물이기도 했다.

것도 조선 사대부들의 선비정신이 있었기 때문이라 할 수 있다. 그러나 결국 외척세도정치로 이러한 선비정신이 무너지자 나라는 망국의 길로 들어서고 만다.

붓을 빼는 선비가 다스린 나라

조선은 선비의 나라이다. 도쿠가와 막부가 무사의 나라라면 조선은 문사의 나라이다. 고려가 귀족의 나라라면 조선은 사대부와 사림의 나라이다. 사대부와 사림이 '선비 사' 자로 시작되니 조선은 선비의 나라라 할 수 있다.

2009년 8월 3일 국립중앙박물관에는 '조선실'이 새로 만들어졌다. 시대마다 전시실을 별도로 만드는 작업의 하나였다. 국립역사박물관이 없는 상황에서 시대별 역사실을 여는 것은 절실한 일이었다. 이것이 한 발 더 나아가면 독립 역사박물관을 만드는 발판이 될 수 있다는 점에서 더욱 그러했다.

그런데 조선실이 내건 슬로건이 '사농공상士農工商의 나라 조선'이라는 것에 대해선 선뜻 수긍하기 어렵다. 사실 조선을 세우고 이끌어간 이들은 사대부이자 사림이요, 붓을 빼는 선비들이었다. 사농공상 중 '사士'가 그들의 이데올로기인 성리학을 내세워 통치해온 나라가 바로 조선이다. 더구나 천인은 비자유민이었던 까닭에 공민으로서의 자격을 박탈당한

대필大筆, 조선시대, 성균관대박물관. 조선의 선비들은
붓을 빠는 존재였고, 그러했기에 문약한 나라라는 흠을
지닐 수밖에 없었다.

처지였다.

왜 '사농공상의 나라'라고 했느냐고 박물관 측에 물었더니 '선비의 나라'라고 하면 서민이 빠지고 지배층의 역사가 되기 때문이라는 것이었다. 민중사관과 관련된 것이냐고 물었더니 민중과 서민은 다르다는 답변이 돌아왔다. 그렇다면 왜 선비가 세우고 운영해온 나라를 굳이 서민을 낀 사농공상의 나라라고 해야 하는지 이해하기 어렵다.

민본주의는 어디까지나 선비들의 덕치를 표방한 것이요, 백성들은 덕치의 대상일 뿐이었다. 그 점이 현대 민주주의와 다른 점이다. 선비들은 지주이자 관료요, 지식인으로서 조선의 정치 주체였고, 그들이 내세우는 여론정치도 사론士論, 즉 선비들의 여론을 바탕으로 했다. 그들의 정치는 먹물 든 지식인의 정치였기 때문에 마치 법제적으로 천인을 뺀 모든 신분이 공평한 것같이 되어 있지만 실제로는 자신들에게 유리하도록 이끌어졌다. 법제가 제정되자마자 현실과 괴리되고 관행이 법제보다 우선하는 것도 그 때문이다.

선비의 나라는 무력보다는 문화를 중시했고 국가안보도 군사력보다는 외교에 의존했다. 그러다보니 문화는 중국 다음가는 소중화小中華에 도달했으나 문약文弱한 흠이 있었다. 선비들은 심성 수양에 방해되는 상공업을 누르고 쿠데타를 의식해 군사력을 키우지 않았다. 서세동점의 정세에서 조선이 국권을 쉽게 남의 손에 내어준 것도 그 때문이다.

그러니 문화를 발전시킨 선비들의 장점과 문약에 흘러 국권을 잃은 그들의 약점이 동일물의 양면처럼 공존했던 것이다. 이 장점과 단점은 다 선비들의 몫이다. 그런 면에서 조선을 이끌어간 선비의 실상을 밝혀 그 장점은 이어받고 약점은 개선해나가는 것이 조선시대사 연구의 과제이다. 따라서 서민의 역사를 지나치게 부각시킬 필요는 없다고 생각한다.

무사와 서리와 환관과 여자를 누른 선비

조선의 사대부들은 망국의 책임을 져야 한다고 매도당해왔다. 맞는 말이다. 그들이 조선왕조를 다스려왔으니 나라가 망한 책임을 져야 할 것이다. 그렇지만 이들 사대부는 현재 우리가 할 수 없는 네 가지 어려운 일을 해낸 존재이기도 하다. 그들은 군인과 여자와 사무원과 환관을 눌렀다.

붓 빠는 사대부들이 어떻게 칼 든 군인을 누를 수 있었을까? 문치주의의 결과다. 군인들이 칼로 세운 나라를 선비들은 붓으로 다스렸다. 이들이 통치기술을 갖춘 지식인들이었기 때문에 가능했다. 문치주의는 이미 중국 고대부터 발달해왔고, 한국은 삼국시대부터 이를 배워왔다. 무치주의는 봉건제를 선호했지만 문치주의는 군현제를 통한 중앙집권제를 선호했다.

사대부는 무력으로 나라를 다스리는 것이 아니라 심성 수양을 통해 사회의 안정을 이루고 사회를 통합하려 했다. 그리하여 문명화된 삶을 위해 문학을, 사례를 중시해 사학을, 도덕적 수양을 고양시키기 위해 철학을 중시했다. 조선에서는 이러한 능력을 두루 갖춘 사대부들이 아니면

「출기파적出奇破敵」, 『북관유적도첩』, 종이에 채색, 41.2×31cm, 조선후기, 고려대박물관. 조선의 무신 어유소 장군이 세조 13년 함경도 길주에서 일어난 이시애의 난을 평정하는 장면을 그린 그림이다. 무신은 그러나 문신에 대해 복종하지 않을 수 없는 존재였다.

행세할 수 없었다. 무과보다 문과의 격이 높았고, 무산계武散階에는 2품 이상의 관계官階가 없었으며, 군사령관도 문신이 차지했다. 전술보다 전략이 중요하다는 명분 하에서였다. 그리하여 군인들은 선비들의 수하에서 복종만 일삼을 수밖에 없었다.

요즘 시대에 가정과 사회에서는 여권이 높아져 남자들의 입지가 전에 비해 좁아졌다. 광복 이후 성장한 것은 미사일과 여권뿐이라는 말이 있을 정도다. 반면 조선의 사대부들은 칠거지악七去之惡, 삼종지례三從之禮 등을 내세워 여자들을 꼼짝 못하게 했다. 세 치 혀를 가지고 말이다.

사무원들도 다루기 어렵다. 기관장이 무슨 일을 해보려고 하면 예산이 없다, 규정에 어긋난다고 저항한다. 이 두 가지를 어기면 아무리 상관이라도 걸린다는 것이다. 잘못된 일이 있으면 그 일을 가장 잘 아는 담당자가 인터넷 등으로 고발한다. 그러나 조선의 사대부들은 사무원들을 중인 신분으로 묶고 머리에 방갓을 씌워 자신들을 마음대로 쳐다보지도 못하게 했다. 심지어는 봉급도 주지 않았다. 대민 업무를 하는 과정에서 알아서 살아가라는 것이었다. 이것이 비리의 온상이 되었는데도 사대부들은 그 책임을 모조리 사무원들에게 돌렸다.

마지막으로 중국에서도 못 막은 환관의 발호를 막았다. 중국은 정복 왕조가 많아 황제권이 강했으므로 환관과 황실의 여자들이 세를 뻗쳤지만 조선은 군약신강君弱臣强이라 환관의 힘이 약했다. 그래서 사극에서 보듯이 환관은 사대부 앞에서 힘을 못 쓰게 되었다. 직종도 다르고, 금령도 많았으며, 처벌도 심했다.

이 네 가지는 잘했다는 뜻이 아니라 오늘날 우리로서는 상상할 수 없는 어려운 일들이란 얘기다. 그런 사대부의 문치주의 능력이 있었기에 조선왕조를 좋든 나쁘든 500년이나 유지해온 것은 아닐까?

똑똑하지 못한 왕이 위험한 이유

조선왕조는 문신들이 주도하는 문치주의 국가였다. 문치주의는 중앙집권체제를 선호한다. 중국에서는 진秦나라 때 통일제국이 등장하면서 중앙집권적인 문치주의가 발을 내디뎠으며, 우리는 고려시대부터 그러한 문치주의를 받아들였다.

중앙집권적인 정치체제에서는 모든 권한이 황제나 국왕에게 집중되도록 했다. 중국에는 정복 왕조가 많아 모든 권한을 황제가 가지게 마련이었지만 고려와 조선시대에는 실질적인 권한이 귀족이나 양반에게 있는 군약신강君弱臣强의 정국이었다. 국왕은 혈통에 의해 세습되어 현불초賢不肖(어진 사람과 못난 사람)가 있을 수 있지만 신하들은 과거시험을 거쳐 경쟁을 통해 관료가 되었기 때문에 모두 총명했다.

그런 까닭에 정도전鄭道傳은 국왕이 할 일은 오직 똑똑한 총재冢宰 한 사람만 잘 뽑으면 되는 것이라 여겼다. 나머지는 재상인 총재가 알아서 하면 된다는 것이었다. 하지만 제1차 왕자의 난으로 정도전이 이방원에 의해 제거됨으로써 그의 재상 중심 체제는 무너지고, 태종에 의해 6조

직계제六曹直啓制가 대두되었다. 6조의 판서들이 재상을 통하지 않고 직접 업무를 국왕에게 보고하는 체제였다. 즉 국왕이 국정을 직접 통치하고 운영할 수 있게 된 것이다.

그렇지만 세습되는 국왕이 다 훌륭할 수 없고, 홀로 만기萬機를 총람할 수 없다. 그렇다보니 국왕이 권한을 신료에게 이양하고, 재상들의 의견을 들어 국사를 처리하는 것이 더 효율적이라는 생각이 들 수 있다. 국왕이 국정을 낱낱이 알기 어려운 탓에 그럴 수밖에 없었다. 그리하여 의정부의 재상들이 의논하여 국사를 걸러서 왕에게 보고하고 재가를 받게 되었다. 이것이 이른바 의정부서사제議政府署事制이다.

의정부서사제는 세종 조부터 실시되었다. 그러자 재상의 의견이 날로 힘을 얻고, 의정부의 권한이 강해지는 것은 수순이었다. 문종·단종 조에 그런 위세가 드러났다. 그리고 이를 바로잡고자 일으킨 정변이 수양대군의 계유정난癸酉靖亂이었다. 세조는 6조 직계제를 부활시켰다. 이른바 세조의 전제專制가 시작된 것이다. 하지만 세조가 죽고 어린 왕이 세워지자 의정부서사제로 되돌아갔고, 재상의 권한은 또다시 강해졌다.

이러한 재상 중심 체제에 반기를 든 부류가 사림이다. 사림들은 재상의 인사권을 분할해 당하관의 추천권을 확보하는가 하면, 삼사의 언론권을 강화해 재상의 권한을 견제했다. 그리하여 그 후로는 재상권과 이·병조의 전랑권銓郎權, 삼사의 언론권의 협력과 견제로 일관해왔다. 탕평정치가 실시될 때까지는 이 기조가 유지되었다.

그러면 국왕과의 관계는 어떠했을까? 양반들은 자기들끼리 싸우다가 공멸하는 것을 막기 위해 모든 권한을 국왕에게 집중시켰다. 그러니

『왕세자입학도첩』 중 「수폐의도授幣儀圖」, 36.5×25.3cm, 1817, 경남대박물관. 조선시대 왕은 세자 시절부터 스승을 두어 가르침을 받았다. 즉 왕의 독주를 막기 위해 경연과 서연을 통해 왕세자를 가르치고 그 옳고 그름을 모두 역사 기록으로 남겼다.

국왕이 어떤 인물인가에 따라 정국은 달라졌다. 똑똑하지 못한 국왕의 재위 기간에는 권신이 발호하기 쉬웠고, 총명한 국왕이라면 그는 전제 군주가 될 수 있었다. 이를 방지하기 위해 경연經筵과 서연書筵을 통해 국왕이나 왕세자를 가르치고, 대간臺諫을 두어 국왕에게 간쟁諫諍하게 했으며, 사관史官을 두어 국왕의 잘잘못을 역사책에 기록하여 남기도록 했다.

혹 똑똑하지 못한 왕이 즉위하면 좋은 신하만 피해를 입게 되지만, 중종처럼 우유부단한 국왕이 권력을 잡으면 좋은 신하뿐 아니라 나쁜 신하도 피해를 입을 수밖에 없었다. 이 사람 말을 들으면 이 말이 맞는 것 같고, 저 사람 말을 들으면 저 말이 맞는 것같이 느껴지기 때문이다. 이리 죽이고 저리 죽이고 인재만 도륙내는 결과를 초래한 것이다. 자기도 못났지만 쓸 만한 인재를 모두 참혹하게 죽이니 나라가 어지러워지고 외적이 그 틈새를 뚫고 쳐들어왔다. 조선이 16, 17세기에 임진왜란이나 병자호란을 겪게 된 것도 그런 까닭에서라고 볼 수 있다.

교린보다 사대에만 치중하다

조선의 선비들은 문치주의의 기치를 높이 들었다. 문치주의의 외교정책은 사대事大와 교린交隣이다. 중국의 통일국가를 종주국으로 하고 그 외의 나라들과 대등한 관계를 유지하는 평화적인 외교정책이다. 단 중국은 황제의 나라로서 주변의 제후국들을 보살펴야 하고, 제후국은 황제에게 매년 정기적으로 조공朝貢을 바쳐야 했으며, 황제국은 제후국에 회사품回賜品을 내려야만 했다. 또한 제후국의 왕, 왕비, 왕세자를 정할 때는 형식적이기는 해도 황제의 재가를 받아야 했다. 이른바 책봉冊封 체제이다.

이러한 정책은 중국 중심 세계관에 입각해 동아시아의 평화관계를 유지하는 데 목적이 있었다. 황제의 나라는 꼭 한족漢族 국가만 되는 것은 아니었다. 몽고, 여진, 거란족의 국가도 그 자리를 차지할 수 있었다. 그럴 때는 갈등이 솟구쳤다. 여진족의 청나라가 들어서자 그러했다. 조선은 청나라가 황제의 나라가 되었는데도 한족인 명나라와의 사대관계를 고집했다. 이 때문에 정묘·병자호란을 당하기도 했다. 명나라가 무너진

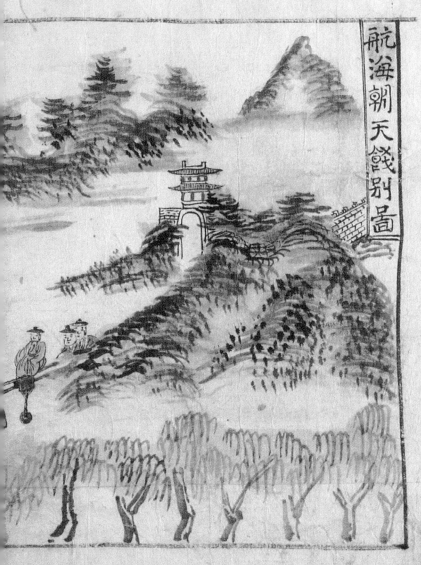

航海朝天餞別圖

「항해조천전별도」, 김중휴, 29×46.5cm, 19세기, 한국국학진흥원.
1619년(광해군 11) 5월 사은부사 김수현의 중국 사행 전별餞別을 묘사한 것이다.
명나라는 조선과 사대관계에 있었다.

뒤에도 이것은 변하지 않았다. 그런 까닭에 조선의 사대는 문화사대라 할 수 있다. 그런데 황제국이 자국의 이해에 따라 으레 허가해주던 왕세자의 고명誥命을 내려주지 않거나, 외교문서가 불손하다는 등 여러 가지로 트집을 잡는 일도 있었다. 청나라 말기에는 리홍장李鴻章이 조선을 속국이라 하며 영향력을 행사한 적도 있었다.

황제국과 제후국은 사신을 통해 정보를 공유하고, 제후국에서 조공을 바치면 황제국에서는 더 많은 회사품을 내려주곤 했다. 이른바 조공무역이다. 사신들은 이른바 팔포무역八包貿易(사신이 중국에서 당화唐貨로 바꾸어 여비로 쓰기 위해 인삼 10근씩 담은 꾸러미 8개, 즉 인삼 80근을 가져가도록 규정한 데서 유래한 말)을 했다. 국제 통화가 없었으니 인삼을 가지고 가서 결재했다. 중국에서 사온 물건들은 대체로 왕실이나 양반 규수들에게 비싼 값으로 팔려나갔으며, 때로는 왜관倭館을 통해 몇 곱절 높은 값으로 팔렸다.

이처럼 조선은 사대외교는 열심히 했으나 교린외교는 성심껏 하지 않았다. 조선은 여진, 거란, 일본 등과 그저 문제가 생기지 않을 정도의 외교관계만 맺고자 했다. 문화적 수준이 떨어지는 오랑캐의 나라로 낮추보았기 때문이다. 무역을 하거나 사신을 교환하는 것도 별로 달가워하지 않았다. 청나라가 중원을 통일한 이후에도 조선은 명나라와의 사대만 고집해 병자호란을 당하기까지 했다.

그렇다면 조선은 왜 강병정책을 쓰지 않았을까? 현실적으로 이것은 불가능했다. 적어도 고구려의 멸망으로 만주 땅을 잃은 후에는 그러했다. 조선은 농업국가로서 그리 좋은 조건을 갖추지 못한 나라였다. 농토는 적고 토박하며, 날씨는 가물다가 7~8월에 태풍이 불어 상습적으로 홍수가 일어났던 것이다. 만성적인 가뭄과 기근을 조선인들은 피해갈 수 없었다. 이런 환경에서 강군을 양성하기란 어려웠다. 그럴 돈이 없었던 것이다. 또한 강군을 기르면 혹 쿠데타가 일어날 수 있어 문치주의를 유지하지 못할 약점이 될까 우려하기도 했다. 그 결과 조선은 국방 대신 외교에 치중하는 나라가 되었다.

노비세전법

조선의 노비는 양반의 사회경제적 특권을 보장하기 위한 존재였다. 양반을 위해서 가마를 메거나 말을 끌고, 양반의 토지를 맡아 경작했다. 때로는 양반의 호위병이 되기도 했고, 양반을 위해 매를 대신 맞기도 했으며, 상전에 의해 사적으로 형벌을 받기도 했다. 물론 노비의 형살刑殺은 법으로 금지되어 있었지만 알게 모르게 죽임을 당하는 일도 있었다.

노비는 공민公民이 아니요 사민私民이다. 따라서 노비는 사고팔 수 있었고 상속의 대상이 되었다. 그들은 학교 교육을 받을 수도 없고 과거시험을 치러 국가의 관리가 될 수 있는 길도 막혀 있었다. 오직 상전인 양반이나 국가 기관을 위해 사적으로 봉사해야만 했다. 토지세는 내야 했지만 군대는 가지 않았다. 싸움을 가장 잘하는 남자 종이 군대를 가지 않았으니 누가 나라를 지킬 것인가? 이에 임진왜란 때 유성룡은 노비는 국민이 아니냐면서 이들을 속오군束伍軍으로 편성한 바가 있다. 나라가 망하면 노비도 없다는 논리에서였다.

이러한 노비는 어디서부터 유래한 것일까? 고대에는 전쟁포로와 범

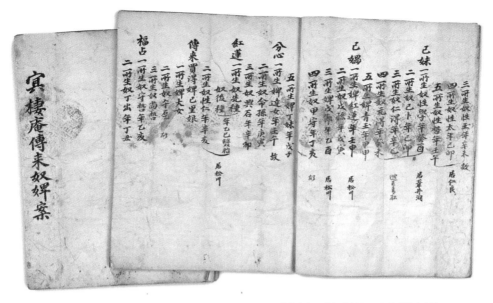

『명서암전래노비안冥棲庵傳来奴婢案』, 29.2×22.2cm, 1852, 재령이씨 존재파 간송문고. 존재 이휘일이 학문을 닦던 명서암에 소속되어 있던 노비들의 목록으로, 이들은 재산 목록처럼 관리되었다.

죄자, 채무자 등 범법자들을 노비에 편입시켰다. 이후 고려가 나라를 통일하고 정복전쟁이 사라지자 노비의 수는 급격히 줄어들었다. 양반들은 평화로운 시대에도 계속해서 노비를 양산할 만한 방법을 고안했다. 바로 노비세전법奴婢世傳法이었다. 남종과 여종 어느 한쪽만 노비라도 그 소산所産은 노비가 되는 법, 즉 일천즉천一賤則賤이 그것이었다.

　본래 남자 종은 양인 여자와 혼인할 수 없었다. 이것은 강상綱常을 어기는 것이었기 때문이다. 오히려 여자 종의 상전이 양인 남자를 꾀어 그 소산을 차지하는 경우가 많았다. 여기서 한발 더 나아가, 위법이지만 자기의 남자 종과 양인 여자를 혼인시켜 그 소산까지 차지하는 경우도 비

조선시대에 하인이 상 올리는 모습. 조선 노비의 모습을 짐작해볼 수 있다.

일비재했다. 이른바 압량위천壓良爲賤이 그것이다. 이로써 사천私賤이 기하급수적으로 늘어나 고려는 망하고 만 것이다.

이에 새로 건국된 조선왕조에서는 압량위천을 금지하고, 노비종부법奴婢從父法을 실시해 양인 아버지의 소산을 일시적으로 양인으로 삼도록 했다. 이 양인 아버지 중에는 양반 상전이 우선적으로 포함되었다. 즉 양반의 비첩산婢妾産, 마흔 살이 넘도록 아들이 없는 양인비첩 소산을 양인으로 삼은 것이다. 그러다가 노비의 수가 너무 적어지면 임시로 노비수모법奴婢隨母法(양인 남자와 계집종의 소생은 모계를 따르도록 함)으로 환원했다. 이렇게 되자 같은 부모의 자식인데도 어떤 사람은 양인이 되고 어떤 사람은 노비가 되는 웃지 못할 결과를 초래하기도 했다.

한편 조선사회는 양반사회였기 때문에 국가의 공적 영역보다는 양반의 사적 영역을 더 중시했다. 그리하여 조선후기에는 노비 인구가 전체 인구수의 절반을 넘는 지경에 이르렀다. 다른 한편 이 시기에는 상품화폐경제가 발달해 농업 이외에 할 일이 많이 생겨나 노비가 도망가는 것이 일상적인 일이 되었다. 게다가 족보 위조, 공명첩空名帖(국가재정이 궁핍할 때 중앙의 관원이 이 임명장을 가지고 전국을 돌면서 돈이나 곡식을 바치는 이에게 명목상의 관직을 부여한 일), 노비속량奴婢贖良 등으로 양반으로 격상되는 이들이 많았다. 이에 18세기 이후에는 인구의 80퍼센트가 양반이 되는 현상이 벌어졌다. 이른바 모든 국민의 양반화가 일어난 것이다.

이에 따라 노비제도도 서서히 무너지기 시작했다. 1801년에 공노비가 해방되었고, 1894년 갑오개혁 때는 노비제 자체가 혁파되었다.

936년간 나라의 저력이 된 과거제도

한국은 건국 초기에 세계에서 여섯 번째로 가난한 나라였다. 자원도 없는 데다 6·25 전쟁까지 겪은 터였다. 그런 나라가 30여 년 만에 세계 10위권의 경제대국으로 올라섰다. 누가 이렇게 되리라고 예측이나 했을까?

그렇다면 무엇이 최빈국이었던 나라를 오늘날의 경제대국으로 만들었는가? 여기엔 물론 여러 가지 요인이 작용했겠지만 나는 과거제도가 중요한 몫을 했다고 본다. 한국은 958년부터 1894년까지 936년 동안 과거제도를 실시했다. 그 결과 과거제도의 시험주의, 능력주의, 경쟁주의가 한국인의 DNA가 되었던 것은 아닐까?

한국 이외에 과거제를 실시한 나라는 또 있었다. 중국, 베트남, 유구등이 그러한 나라들이다. 중국은 1300년, 베트남은 840년간 과거제를 시행했다. 그러나 중국은 다민족 국가인 까닭에 과거제도가 왕조마다 들쑥날쑥했고, 베트남과 유구는 문치주의가 덜 성숙해 전형적인 과거제도를 실시하지 못했다. 일본 또한 도쿠가와 막부에서 일시적으로 과거제를 시행한 적은 있지만 무치주의 국가였던 까닭에 합격한다 해도 아

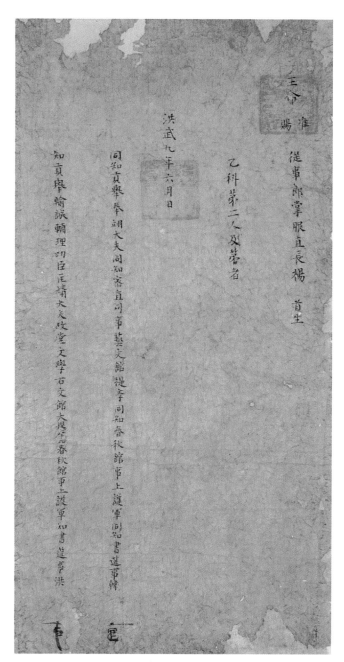

양수생 홍패, 68.3×34.7cm, 보물 제725-2호, 고려 우왕 2년, 개인 소장. 현직 하급관리인 양수생이 발급받은 예부시 합격증이다. 성리학으로 무장한 신진들이 과거를 통해 속속 벼슬길에 나아가자 비과거 출신자들도 한계를 절감하고 과거길로 나아가고자 했다.

무런 소용이 없었다.

과거제도는 중앙집권적인 문치주의 국가에서 황제나 왕의 관리를 뽑는 관리등용 시험이었다. 시험의 종류는 문과·무과·잡과의 세 종류가 있었고, 시험 과목은 유교 경전과 역사, 문학과 전공과목 실기였다. 물론 관리가 되는 데에는 과거 이외에 문음門蔭(음서), 취재取才, 천거薦擧 등이 있었다. 문음은 고급 관료의 아들을 7품 이하의 관리로 등용하는 제도였고, 취재는 공무원 채용시험이었으며, 천거는 은일隱逸이나 우수한 성균관 유생을 발탁하는 인사제도였다. 그러나 고위관료가 되려면 과거에 급제하지 않으면 안 되었다.

이러한 과거의 능력주의, 시험주의는 유교의 교육열과 무관하지 않다. 공자는 사람 중에는 현불초賢不肖가 있다는 것을 인정했다. 즉 똑똑한 사람은 국가의 지도자가 되고 못난 사람은 그 지도자를 먹여 살려야 한다고 했다. 노심자勞心者와 노력자勞力者의 구별이다. 그러면 똑똑한 사람과 그렇지 못한 사람을 어떻게 구별할까? 바로 시험을 통해 이를 구별했다.

과거제도의 특징은 혈통으로 기득권을 보장받는 음서蔭敍와는 달리 능력으로 관리가 될 수 있는지의 여부를 결정하는 데 있었다. 과거에 한 번 급제하면 아무것도 아닌 백신白身이 갑자기 입신양명立身揚名할 수 있었다. 그러니 누군들 과거시험을 준비하는 데 모든 것을 쏟아붓지 않았겠는가? 이처럼 문운이 떨치고 일어나자 능력주의, 경쟁주의는 이른바 한국인의 DNA처럼 된 것이다.

과외 열풍이 그러한 경쟁주의를 대표할 만하다. 그리고 열악한 환경

「평생도」 중 '증권관부(贈券官府)', 조선시대, 국립민속박물관. 조선에서는 과거에 단 한 번 급제하면 아무것도 아닌 처지에 있던 자가 출세하여 이름을 떨칠 수 있었다.

에서도 한 가지 일에 전력투구해 세계적인 인물이 되기도 한다. 물론 과거제도의 능력주의, 경쟁주의는 그 부정적인 폐단을 숱하게 양산시켰다. 그러므로 그 부작용만 잘 관리하여 방지한다면 한국의 정신적 자산이 될 수 있을 것이다.

조어능력

훈민정음이 창제되기 전에는 우리말은 있었지만 우리글은 없었다. 우리 말을 표기할 때면 한자음을 빌려 써야 했는데, 이두吏讀가 바로 그것이다. 이처럼 불편한 상황에서 이두는 글을 모르는 하층민을 상대로 하는 이서吏胥(서리)들이 쓰는 글로 활용되어왔다.

한자는 일찍이 삼국시대부터 사용되었다. 삼국 이전에는 한사군漢四郡 (전한前漢의 무제가 위만 조선을 멸망시키고 그 땅에 설치한 낙랑군, 임둔군, 현도군, 진번군으로 훗날 고구려에 병합되었다)이 400여 년 동안 있어서 한자를 습득할 수 있었을 것이고, 고구려도 한사군 주변에서 성장했으니 한자 문화와 무관하지 않았을 것이다.

문화는 높은 곳에서 낮은 곳으로 흐르게 마련이다. 철기시대부터 한漢 문화가 우세했으니 한자를 비롯한 한漢의 문물이 한반도로 흘러들어오는 것은 당연했다. 그리하여 식자층은 서서히 한자와 한문을 쓰기 시작하고 일반 민은 이두와 구결口訣을 통해 한문을 이해했을 것이다.

그렇지만 말과 글이 다르다는 것은 실생활에서 여간 불편한 것이 아니었다. 이에 세종은 훈민정음을 만들어 말과 글을 일치시키고자 했다. 또한 한문으로 기록된 것 중 일반 민이 반드시 알아야 할 것은 국역을 하거나 언해諺解를 해 읽기 쉽도록 했다. 간경도감刊經都監을 두어 불경을 번역하거나 『용비어천가』 『삼강행실도』를 한글로 번역해 반포한 것도 그러한 이유에서였다.

조선은 문치주의 국가였다. 무력보다는 외교에 의존해 국가 안보를 유지하는 정책을 썼다. 고구려와 백제가 무너지면서부터 이러한 정책은 자의든 타의든 간에 계속되어왔다. 훈민정음도 한자음을 중국식으로 발음하기 위한 기호로 개발되었다는 설이 있다. 더욱이 중앙집권체제가 갖추어져 국왕의 명령이 촌민들에게까지 전달되어야 했기에 그들이 이해할 만한 쉬운 문자가 필요했다는 것이다.

그렇지만 지배층은 여전히 한자로 문자생활을 영위했다. 국가와 양반 사회의 기록이 모두 한자로 표기된 이유이다. 오로지 대민관계 문서나 대중용 책만 한글로 썼다. 그리하여 한문을 진서眞書, 한글을 언문諺文이라 했다. 한문은 귀하고, 언문은 천하다고 여겼던 것이다. 그러면서도 순수 우리말의 의미를 이해하고 전승하기 위해 많은 종류의 어록해語錄解를 만들었다.

그런데 일제가 나라를 무너뜨리면서 이러한 순수한 우리말 용어는 사라지기 시작했다. 우리말을 못 쓰게 하고 일본말을 강제로 사용하도록 했기 때문이다. 뿐만 아니라 서구 문화가 유입되면서 서양의 용어를 일본이 먼저 조어造語했던 까닭에 우리는 도리 없이 일본인이 한자로 번역한 서양의 말을 써야 했고, 이것이 차차 일반화되었다. 국어, 영어, 수학,

존현각셔_{동궁강의ᄒᆞ라ᄒᆞ일긔}

을미이월초오일○필션오지쇼겸ᄉ셔홍국
영이입띠ᄒᆞ다겸ᄉ셰골오ᄃᆡ요ᄉ이긔이ᄒᆞ
소문이잇ᄉ와벼리의젼파ᄒᆞ고쏘호신의귀
의도둘니오니졍히ᄒᆞ옴을이긔지못ᄒᆞ리로
소이다내골오ᄃᆡ무슴일아뇨겸ᄉ셰골오ᄃᆡ
거월망일과밋어졔밤의무뢰비수삼인이슈
진궁근쳐호샹한의집의모혀술머더니기즁
혼사롬이밧그로부텨드러와휴포람소ᄅᆡᄒᆞ

『명의록언해』, 규장각한국학연구원. 1777년 명조의 명으로 간행된 『명의록』을 백성들에게 널리 읽히기 위해 한글로 번역하고 어려운 단어에는 주석을 달아 발행한 것이다.

교육, 당쟁 따위가 모두 그러하다. 지금 우리의 생활용어, 학술용어, 건축용어, 법률용어는 모두 일본이 조어한 한자어를 쓰고 있는 것으로, 한국인의 조어 능력은 떨어질 수밖에 없었다.

새로 지어진 순수 우리말은 갓길, 통조림 등이 고작이다. 어즈버, 애오라지, 시러금과 같은 순수 우리말은 퇴화되어 국어시간에 배우지 않으면 오히려 알 수 없게 되었다. 그리하여 우리말을 되찾는 일이 시급하며 새로 유행하는 서구어를 우리말로, 혹 그것이 어려우면 한자로라도 조어할 수 있는 능력을 길러야 한다.

북한에서는 서구 용어를 순수한 우리말로 바꾸어 쓰는 경우가 많다. 어름보숭이(아이스크림), 구석차기(코너킥) 등이 그러하다. 국어학자 최현배도 한자를 쓰지 말고 순수한 우리말을 쓰자고 했다. 그렇지만 비행기를 '날틀', 이화여자대학교를 '배꽃큰계집배움집'이라 한 것은 지나친 면이 없지 않다.

어찌됐든 우리의 문자생활에서 용어는 매우 중요하다. 용어의 개념이 확실해야 학문이 제대로 세워질 수 있고, 창의력이 우러나올 수 있기 때문이다. 용어의 주체성 없이는 학문의 주체성도 없다. 그만큼 조어 능력은 우리의 주체적 학문 능력과 창의력 개발에 중요하다. 괴테의 『파우스트』가 나온 뒤에 독일어가 많이 개발되었다고 하지 않던가?

제2장

유교문화

묵자의 겸애사상은 공자의 인의 문제점을 드러낸 것으로서 훗날 맹자가 "제일 먼저 가족과 친하고 그다음에 주위 사람을 사랑하고 궁극적으로 모든 생물을 돌본다"는 반론을 제기하게 했고, 한유가 인을 '박애'로 재해석하는 길을 열어주었다. 묵자는 사랑이 보편에서 출발하지 않으면 오히려 공동체를 구원하지 못하고 무한경쟁으로 빠져들게 할 위험이 있다고 보았다.

공자의 인仁, 사람다움을 가르는 기준

공자 이전의 '인仁'은 치인治人의 덕을 의미했다. 그러던 중 공자는 여기에 자기 자신을 수양하는 수기修己의 덕을 가미했다. 그는 춘추시대라는 혼란한 사회를 살면서 모호한 성현의 언행들을 깨우치고 정리해 그것을 자기 제자나 세상 사람들에게 가르치고자 했다.

공자의 인은 『논어』에 잘 나타난다. 『논어』는 공자가 직접 쓴 책은 아니지만 그의 말이 제자들에 의해 그대로 전해진 것이라 할 수 있다. 그런데 막상 『논어』에는 '인'이 무엇이라고 한마디로 규정해놓은 곳이 없다. 그 이유는 공자가 질문하는 사람의 처지에 따라 예시를 들어가며 추상적으로 대답했기 때문이다.

번지樊遲가 '인'에 대해 물었을 때 공자는 "사람을 사랑하는 것"이라 답했다. 그렇다면 '사람'은 누구를 말하는가? 결코 노예는 아니며 자유민을 가리키는 것이다. 그리고 '사랑'의 대상은 나와 동떨어진 누군가가 아닌 혈연끼리의 자연스러운 사랑, 즉 가족에 대한 사랑으로부터 출발한다. 『논어』「학이學而」편에서 유자有子가 "사람됨이 부모에게 효도하

「공자상」. 공자의 인仁은 가족 사랑에서 가족 바깥으로 확장되어나가는 것이었다.

고 형들에게 공손하면서 윗사람에게 대드는 이는 드물다. 윗사람들에게 대들지 않으면서 난을 일으키기를 좋아하는 사람은 드물다. 군자는 근본에 힘쓰나니, 근본이 서면 도道가 생긴다. 효제孝弟는 그 인을 하는 근본인저"라고 했다. 이것은 공자의 말은 아니지만 유자가 공자의 뜻을 대변한 말이다. 사랑은 가족을 사랑하는 것에서부터 시작해야 한다는 것이다. 공자는 가족 윤리야말로 사람관계에서 자연스럽게 우러나오는 천부적인 것이라 여겼다. 군신관계는 임금이 마음에 들지 않으면 떠나면 되고, 친구는 마음에 들지 않으면 헤어지면 그만이다. 반면 가족은 하늘이 맺어준 천륜이라 떨어질 수 없다.

그렇다면 공자의 인은 가족 사랑에만 한정되고 보편적인 사랑은 없는 것인가? 그렇지 않다. 공자는 이 일은 인자仁者의 일이 아니고 성자聖者의 과제라고 했다. 성인聖人은 태어나면서부터 아는 사람이나, 혹은 보통 사람도 부단히 마음을 닦고 노력하면 성인이 될 수 있다고 믿었다. 그러므로 '인'도 혈연관계인 가족 사랑에서 확장해나가고자 노력하면 다른 사람, 민족, 인류에 대한 사랑 등 보편적 사랑으로 나아갈 수 있는 것이다.

결국 공자의 인은 "사람다움"을 뜻한다. 『논어』「옹야雍也」편에 "무릇 인한 자는 자기가 서고 싶은 대로 주위 사람을 세우고 자기가 이르고 싶은 대로 다른 사람을 이르게 한다. 가까운 데서 유추해서 끌어낼 수 있으면 가히 인의 방향이라 할 수 있다"고 했다. 이때의 인은 '사람다움'을 뜻한다. 즉 가족관계에 있는 '나'이지만 얼마든지 가족 바깥의 사람으로 뻗어나갈 수 있다. 재해를 당한 사람에게 선뜻 의연금을 낼 수 있는 것도 그 때문이다. 그렇게 하지 않으면 '사람답지 않게' 되기 때문이다.

겸애로 공자에게 맞선 묵자

공자는 사람다움을 '인仁'이라 했다. "사람이 사람이라고 다 사람이냐 사람이 사람다워야 사람이지!"라는 말이 있듯이 사람처럼 생겼지만 사람 노릇을 해야 사람이라는 뜻이다.

'인'의 용례는 공자 이전부터 있었다. 『서경』과 『좌전』에 나오는 '인'은 "남자답다" "씩씩하다" "우렁차다"라는 위인偉人의 풍모를 의미했다. 당시는 제왕帝王을 성인聖人이라고 했듯이 '인' 역시 제왕의 풍모와 치인治人을 뜻했다.

공자에 이르면 인은 새로운 국면을 맞게 된다. 춘추시대가 되자 주나라의 예법이 무너지고 제후들 간에 약육강식의 정국이 벌어지자 이를 바로잡기 위해 그들에게 인을 실현하라고 역설했다. 그때의 인은 수기안인修己安人이다. 공자는 치자들에게 공동체의 위기를 극복하려면 권력을 남용하지 말고 내 마음을 닦아 사람들을 편안하게 해야 한다고 강조했다. 공자는 먼저 가족을 제대로 사랑하지 않고는 가족 아닌 사람을 사랑할 수 없다고 생각했다. 물론 공자가 가족 아닌 사람을 사랑하지

고대에 악기를 울릴 수 있는 자는 제왕뿐이었다. 즉 악기는 최고 제왕의 권위와 다스리는 자 ~를 뜻했다.
역대제왕도 염입본 당나라

말라고 한 적은 없다. 서恕가 그런 의미이다. 자기를 미루어 남에게 미치며推己及人, 자기가 하기 싫은 것을 남에게 시키지 말라己所不欲 勿施於人고도 했다. 가족에서부터 시작해 남을 거쳐 사물에 사랑이 미치게 하라는 것이다.

반면 묵자墨子는 공자식의 사랑은 갈등의 씨앗이 될 것이라고 지적했다. 번지가 '인'을 물었을 때 공자는 "사람을 사랑하는 것이다"라고 했다. 이는 인의 고전적 의미이기도 하다. 다른 한편 묵자는 사랑이라는 이름으로 오히려 편을 가르고 자기편만을 소중하게 여겨서는 안 된다고 했다. 그는 사람도 내 자식, 내 부모처럼 편을 가르는 내용을 담고 있으며, 사랑도 편애偏愛를 의미하는 것이라 보았다. 가족은 내 편, 내 가족이 아닌 사람은 남의 편으로 갈라붙이는 것이다. 이것은 곧 갈등의 씨앗이고 다툼이 생겨나는 것을 피하지 못하게 한다. '사랑한다'는 말이 '위해준다'는 말도 되지만 '간섭한다' '집착한다'는 뜻도 되기 때문이다. 묵자는 편을 나누는 사랑을 '별애別愛'라 하고, 편을 나누지 않는 사랑을 '겸애兼愛'라 했다. 묵자는 별애를 버리고 인류의 보편적 사랑인 겸애를 해야 한다고 강조했다. 즉 바람직한 사랑을 하려면 보편성을 고려해야 한다는 것이다.

묵자의 겸애사상은 공자의 인의 문제점을 드러낸 것으로서 훗날 맹자가 "제일 먼저 가족과 친하고 그다음에 주위 사람을 사랑하고 궁극적으로 모든 생물을 돌본다親親而仁民 仁民而愛物"는 반론을 제기하게 했고, 한유韓愈가 인을 '박애博愛'로 재해석하는 길을 열어주었다. 묵자는 사랑이 보편에서 출발하지 않으면 오히려 그것은 개인과 공동체를 구원하지 못하고 무한경쟁으로 빠져들게 할 위험이 있다고 보았다. 이러한 논쟁 속에서 공자의 인 사상은 한 걸음 더 발전하게 된 것이다.

가족부터 사랑하는 것이 옳은 것인가

맹자는 공자의 '인' 사상을 이어받아 노자, 장자, 묵자의 비판을 물리쳤다. 그에 반해 노자는 공자가 예에 따라 특정한 방식으로 사랑을 표현하는 것은 참사랑이 아니고 가짜 사랑이라고 비판했다. 그는 어떤 틀에 매이지 않는 자연스런 사랑을 강조했다. 장자는 공자의 인을 더욱 심하게 몰아붙였다. 인은 사람을 자유롭고 행복하게 만드는 것이 아니라 억압하고 구속하는 폭력성을 드러낸다는 것이다. 그는 도대체 공자가 주장하는 고상하고 순수한 '인'이 어디에 있느냐고 물었다. 작은 물건을 훔치면 도둑이고, 나라를 훔치면 영웅이라 치켜세우니, 인은 보편적 도덕이 아니라 한갓 지배자의 이익을 합리화하는 것일 뿐이라는 것이다.

묵자는 사랑이 처음부터 내 편과 네 편으로 나뉘면 결코 온전할 수 없다고 했다. 그러니 가족 사랑을 우선시하지 말고 모든 사람을 동등하게 사랑한다면 세상에는 다툼과 경쟁이 줄어들 것이라 했다. 이른바 겸애兼愛설이다.

이에 대해 맹자는 "먼저 가족을 사랑하고, 그다음으로 다른 사람을 사랑하고, 궁극적으로 만물을 사랑해야 한다親親而仁民 仁民而愛物"고 했다. 왜 그래야 하는가? 이러한 사랑이 마음속에서 저절로 우러나오는 것이기 때문이다. 그는 인이 측은지심惻隱之心에서 그 단초가 열린다고 보았다. 예컨대 "사람이 문득 어린아이가 우물 쪽으로 기어가서 장차 빠지려고 한다면 모두 깜짝 놀라 가엽게 여기며 불쌍하게 여기는 마음이 든다"는 것이다. 이런 마음은 어린애의 부모와 사귀고 싶어서도 아니고, 향당鄕黨 붕우朋友에게 칭찬을 들으려고 한 것도 아니요, 비난을 받기 싫어서도 아 니다. 이로 미루어보아 측은지심을 느끼지 못한다면 사람이라 할 수 없 다는 것이다.

측은지심은 사람의 본성이다. 타고난 것이기 때문에 노력하지 않아도 이런 착한 마음이 저절로 우러나온다는 것이다. 이른바 성선설性善說이 다. 그러니 이제 사람은 인을 선택할 수밖에 없다. 공자가 말했다. "사람 이 갈 수 있는 길은 두 가지다. '인'의 길과 '불인'의 길이 있을 뿐이다. 인은 사람다움으로 가는 길이요, 불인은 사람답지 못한 데로 가는 길이 다. 따라서 사람이 갈 길은 인의 길뿐이다." 이야기인즉, 군주가 불인의 길로 가면 망할 뿐 다른 결과는 없다. 이로써 인은 맹자에 의해 권좌에 오를 수 있었다.

맹자는 "자기 늙은이를 보살피고, 그것을 다른 사람의 늙은이로 넓혀 가고, 자기 어린애를 보살피고 다른 사람의 어린애를 보살핀다면 천하 를 손바닥 위에서 움직이는 것과 같다"고 했다. 우선 가족을 사랑하고 이를 다른 사람에게로 넓혀나가면 만물을 사랑하게 된다는 것이다. 이 는 묵자의 겸애설을 의식한 대처 이론이기도 하다.

庚衰守病

庚衰潁川人咸寧中大疫二兄俱亡次兄
復危殆癘氣方熾景方親父母諸弟皆出次于
外衰獨留不去諸父兄彊之乃曰衰性不
畏病遂親自扶持晝夜不眠其間復撫
柩哀號不輟如此十有餘旬疫勢旣歇
家人乃反病得差衰亦無恙老或
曰此子守人所不能守行人所不能行歲
寒然後知松柏之凌凋始知疫癘之不
能相染也

유곤은 딘나라 영쳔사롬이니 함녕
연ᄀᆞᆫ듕에 념병이 크게치셩ᄒᆞ여 두형이
염병의 죽고버금형이 병드러ᄀᆞ장위ᄐᆞ
모와여러이 다밧ᄀᆞ로피ᄒᆞ여 나가되곤
이홀로ᄒᆞ가ᄂᆞᆫ늘ᄒᆞ여러부형이ᄀᆞᆯᄋᆞᆯ
ᄒᆞ여피ᄒᆞ라ᄒᆞ거ᄂᆞᆯᄀᆞᆯ오디내본디병
을두려ᄒᆞ아니ᄒᆞᄂᆞ노라ᄒᆞ고곤형을틴부
드려위ᄒᆞ야밤디야낫ᄀᆞᆺᄉᆞ디ᄒᆞᄒᆞᆫ형의
판을어ᄅᆞ만져슬피우니롯죽기여러날
을다니미짐슬픔이도라와보니형의병이
리나맛고곤도ᄯᅩ호무양ᄒᆞᆫ지라어룬들이
이다ᄀᆞᆯ오디이상ᄒᆞ야이오ᄒᆡᄂᆞᆷ못ᄒᆞᆯ일을ᄒᆞ고
다ᄆᆞᆺ오디ᄀᆞᆫ후에ᄉᆞᆼᄒᆞ되소남ᄭᅵ시드ᄃᆞ러니
ᄒᆞᆷ출녀친훈ᄃᆞ후에ᄉᆞᆼ녹빗ᄉᆞᄋᆞᄒᆡᄂᆞ몸믈을ᄋᆞ둘ᄒᆞ니
비로소병이능히젼염ᄒᆞᆷ치못ᄒᆞᆯ줄을아ᄂᆞ라ᄒᆞᄃᆞ라

「효자도」중 '황향선침黃香扇枕', 조선시대,
국립중앙박물관. 한나라 때의 황향이 효성이
지극하여 더운 여름 부모에게 부채질하는 모
습. 맹자의 인은 이처럼 자기 늙은이를 보살피
는 데서부터 시작하였다.

이로써 맹자는 노자, 장자, 묵자가 제기한 사랑의 보편성과 진정성 문제를 새로운 이론 개발로 보완해 공자의 인 사상을 일보 전진시켰다.

동중서, "인으로 스스로를 살찌우지 마라"

동중서董仲舒는 황제皇帝의 시대를 살던 사람이다. 진시황秦始皇은 제국의 최고 권력자였다. 대외적으로는 하늘과 독점적인 관계를 맺고 있는 신 같은 존재였고, 대내적으로는 정복전쟁을 통해 최고의 지위를 점한 권력자였다. 동중서는 이러한 황제의 절대 권력을 규제하기 위해 새로운 인의론仁義論을 제기했다.

동중서는 '인仁'과 '의義'는 각각 관할하는 영역이 다르다고 했다. 인은 타자를 향한 것이요, 의는 자기를 향한다는 것이다. 그런데도 황제는 인의 이름으로 제 자신을 살찌우고, 의의 이름을 내세워 다른 사람을 착취한다. 이에 동중서는 황제는 스스로를 살찌우기 위해 존재하는 것이 아니라 인민을 위해 있는 것이라고 했다. 이로써 동중서는 인의를 통해 황제를 비롯한 지도자들의 자기 정화 능력을 마련하려 했음을 알 수 있다.

장자는 인의를 권력자를 합리화하는 것으로 해석한 바 있다. 동중서는 그렇게 된 까닭은 권력자들에 의해 악용되었기 때문이지 원래의 인

佐奈時叛渙
一辦誼利王伯判才雜王
統一大庾三對皇皇乃策
帷而讀逸令群學有所
出漢心其業春圍不窺下
在秦成學六經離折斯文
贊曰聖達言學大道幾絕
遣使就問對皆明法也
學著書為甲朝廷大議
病免歸不問家業專修
不能過焉歸為江都相
灾異得失自古廷對之士
策條教凡百二十三篇說
不行孝武時舉賢良對
見其面盖進退容止非禮
下帷講誦弟子傳業莫
董仲舒少治春秋孝景時為博士

董仲舒

『역대도상歷代圖像』에 실린 「동중서」, 종이에 채색, 19.5×29.7cm, 개인 소장.

의는 그런 것을 위해 있는 것이 아니라고 했다. 그는 인의를 『춘추』의 근본정신으로 재해석해 권력자들의 자기 성찰을 촉구했다.

또한 동중서는 왕의 인의는 하늘의 의지와 무관하지 않다고 했다. 왕은 하늘의 명을 받들어 사람들에게 그것에 따르게 하고, 하늘의 수數를 본받아 이것으로써 일을 일으키고, 하늘의 도道를 밝혀 그것으로써 법을 만들고, 하늘의 뜻을 밝혀 인으로 돌아가게 해야 한다고 했다. 하늘은 만물을 낳고 길러 이를 마치면 다시 시작한다는 것이다. 이는 하늘의 의지를 인정한 것으로, 장자가 "말없는 자연에서 의지를 읽어내려는 시도는 부당하다"고 하고, 노자가 "하늘과 대지는 그 무엇도 사랑하지 않는다天地不仁"고 말한 것을 전면적으로 물리친 것이라 할 수 있다. 이는 사상사에서 매우 중요한 의미를 지닌다.

하늘의 의지가 분명한 만큼 왕이 정치를 잘못하면 하늘이 천재지변을 내려 견책한다는 것이다. 이른바 천인감응설天人感應說이나 천견天譴 사상이 그것이다. 동중서는 하늘과 땅에서 생명이 끊임없이 태어나고 자라면서 생명력이 나날이 늘어나는 것은 하늘이 뜻을 가지고 돌보는 것이라고 했다. 이런 과정에서 하늘은 생물이 건강하고 왕성하게 자라나게 하는 것을 목적으로 한다는 것이다. 즉 이것이 바로 생명의 인인 것이다.

이로써 인의 세계는 사람을 뛰어넘어 하늘로 지평을 넓혀갔다. 또한 동중서는 유교에서 상대적으로 취약했던 자연 분야를 대폭 보강했다. 그는 음양陰陽·오행五行 사상을 유교에 편입시켜 사회 현상을 새롭게 해석했다. 이러한 사상은 그 후 명말청초까지 주류를 이루는 사상으로 군림했다.

짐승도 할 수 있는 효와 사람만이 할 수 있는 효

자식이 부모를 섬기는 것을 효孝라 일컫는다. '효' 자는 자식이 노인을 떠받치고 있는 형상이다. 이러한 것은 부모 자식 간의 육친애肉親愛에서 나온다. 전근대 사회는 부자父子의 종적인 축을 기초로 짜인 공동체 사회였다. 따라서 효는 백 가지 행실의 근원孝百行之源으로 여겨졌다. 부자관계는 하늘이 품부해준 생래적인 것이다. 이를 마음대로 바꿀 수가 없으니 아들은 아버지를 지극정성으로 모셔야 하는데, 이것이 바로 효이다.

사회생활에서 사람과 사람 사이의 관계는 종적인 관계와 횡적인 관계로 나누어 볼 수 있다. 종적인 관계는 부자관계가 기초이고, 횡적인 관계는 형제관계가 기초이다. 앞의 것은 효가 바탕이 되며, 뒤의 것은 제弟(悌)가 기반이 된다. 그러한 까닭에 효제는 인仁의 근본이다孝弟也者 其爲仁之本與(『논어』, 「학이」). 이 '인'은 육친애를 바탕으로 더 큰 의미의 사랑인 인간애와 인류애로 뻗어나간다.

사람은 이 세상에 홀로 오는 것이 아니라 조상으로부터 줄줄이 이어진 고리環 중 하나로 태어나고, 거미줄처럼 얽힌 연줄 속에서 살아가도

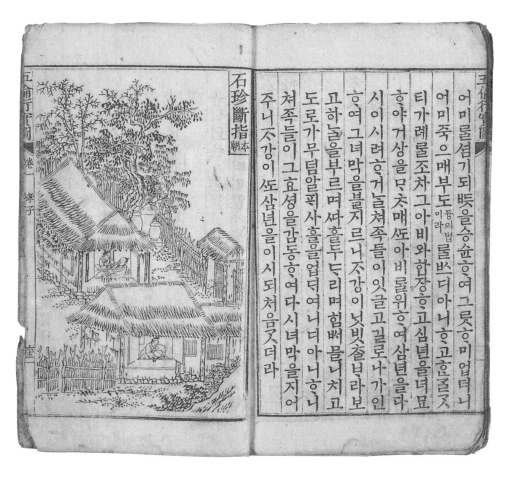

石珍斷指 朝本

어미를셤기되뜻을승슌ᄒ여그릇ᄒ미업더니

어미죽으매부도ᄅ뻐다아니ᄒ고삼년을녀묘(이동의법이라)

티가례룰조차그아비와합장ᄒ고

ᄒ야거상을ᄆᆞᄎᆞ매쏘아비룰위ᄒ여삼년을ᄒ라

시이시려ᄒᆞ거늘쳐족들이잇글고길로나가인

ᄒ여그녀막을거ᄅ지르며힘쎠믈니치고

고하놀을부르며사흘을업뎌ᄒ여니다아니ᄒ니

도로가무팀알픠사흘을업뎌ᄒ여니다아니ᄒ니

쳐족들이그효셩을감동ᄒ여다시녀막을지어

주니조강이쏘삼년을이시되쳐음ᄀᆞᆺ더라

『오륜행실도』, 27.2×17.6cm, 19세기, 서울역사박물관. 고산현의 아전 유석진이 아비 천을이 앓아눕자 왼손 무명지를 끊어 아버지에게 그 피를 섞어 드시도록 하는 장면이다.

록 되어 있다. 즉 사람은 역사적 존재이다. 세상의 빛을 볼 때 역사적인 존재로 태어났고, 세상을 살아가면서 역사적 사명감을 새기곤 한다. 효 사상은 바로 이러한 역사적 존재인 인간의 특수성을 배경으로 생겨난 사상이다.

부자간의 도리는 천륜天倫이다. 자식은 비록 부모에게서 태어나지만 부모 마음대로 되는 것은 아니다. 하늘이 시켜서 태어났다고 할 수 있다. 『효경孝經』(「성치聖治」)에도 부자지간의 도리는 천성天性이라 했다父子之道 天性也. 효는 자식이 부모에 대해 응당 해야 할 일이지만, 사실 그것은 하늘이 점지해준 부자관계에 대한 보답이라 할 것이다. 인간이 인간답게 살아가게 하는 도덕은 멀고 추상적인 관념에서 그 원리를 찾을 필요가 없다. 도덕 교육이 인간에게 유효하게 작용하도록 하려면 가깝고 구체적인 인간관계에서 그 근거를 얻어야 할 것이다. 그것이 가정이요, 효이다. 그러니 효가 덕德의 근원이요, 가르침의 시작이라 한 것이다夫孝德之本也 教之所由生也.(『효경』「개종명의開宗明義」)

효에는 두 가지가 있다. 양구체養口體의 효와 양지養志의 효가 그것이다. 양구체의 효는 맛있는 음식을 대접하거나 좋은 옷을 마련해드리거나 거처를 편안하게 해드리는 것이요, 양지의 효는 부모의 마음을 편안하게 해드리고 공경하는 마음을 갖는 것이다.

양구체의 효는 짐승도 할 수 있지만 양지의 효는 사람만이 할 수 있다.

제3장

여말선초의 선비들

태종은 강력한 중앙집권적 왕권을 확립하고자 했다.
6조 직계제를 실시해 국왕의 직할정치를 펼치는가 하
면, 여기에 저항하는 공신들을 숙청했다. 사병도 혁파
하고, 외척도 무자비하게 도려냈다. 그러고는 이러한
틀을 지속시키기 위해 수성군주로서 적당한 세종을 옹
립했다.

망국대부는 살기를 도모하지 않는다 - 이색의 절의

상촌象村 신흠申欽이 말하기를 "왕씨가 망하자 사람들이 다만 포은圃隱, 야은冶隱만이 큰 절개를 이룬 것을 알고 목은은 알지 못하니 안타까운 일이다. 태조가 나라를 세운 뒤에 조정에 일제히 무릎을 꿇었으나 태조가 가장 두려워하고 꺼리던 사람은 유독 이색李穡과 권근 두 사람뿐이었다"라고 했다. 그런데도 사람들이 이색은 왕이 오라 하면 오고, 가라 하면 가니 절개가 의심스럽지 않느냐고 되물었다.

이색이 누구인가? 아버지 이곡李穀과 함께 원나라의 제과制科에 합격했고, 원의 국자감에서 3년 동안 공부한 국제적인 인물이 아니던가? 그는 그곳에서 성리학을 배워 고려에 널리 알렸고, 26년간 문한文翰의 일을 맡아 보았으나 한 점의 착오도 없었으며, 원의 황제로부터 세 차례나 칭찬을 받을 정도였다. 뿐만 아니라 우·창왕 대에는 재상이 되어 뭇 사람의 존경을 받았던 터였다. 이런 이색이 이성계 세력에 반대한 것이다. 정몽주가 정면으로 반대했다면 이색은 비협조적인 태도로 뜻을 표했다. 절의파든 개혁파든 그의 제자가 아닌 사람이 없었다.

擬天寶之揮羨善聖學之信徽會禮經洛學欽元輝後復
狂石有餘紳之興緒焉之知而無不恭之澈學書卯如山
干國家修之如筆危歷大祥而

不變其塞覆大難而不休其歳赤心彌譁畫師不善真公所
以自進之稱也官夫江漢沿治
雲烟霏霧遠欲縮弁篤躊躅後之觀書如吾言之不歟也
　　門人權近撰
　　十六代孫永達謹書

「이색초상」, 142×75cm, 조선후기, 국립중앙박물관.

제자 권근은 세상 사람의 이목이 있으니 개경에 드나들지 말고 병을 칭하여 밖으로 나오지 말 것을 청했다. 이에 임금의 신하된 도리로써 왕이 부르면 와야 하고, 가라면 가야 하며, 죽는 한이 있어도 피하지 말아야 한다는 것이 이색의 대답이었다.

이색의 죄목은 조민수의 말을 듣고 창왕을 옹립하는 데 찬동했고, 전제 개혁에 반대했으며, 여주에 귀양가 있는 우왕을 면회했다는 것이었다. 이러한 죄를 들어 이성계파의 대간은 끊임없이 이색을 엄벌에 처하라고 상소했다. 그리하여 장단, 함창 등지로 그를 귀양보냈다가 윤이尹彛·이초李初의 난이 일어나자 청주옥에 가두고 장차 죽이려 했으나 홍수가 일어나 풀어주었다. 그 뒤에도 금주衿州, 여흥, 장흥 등으로 유배되었다가 풀려나왔다.

그러나 이색을 죽이면 민심을 수습할 도리가 없었다. 그리하여 끝까지 그를 설득해보려고 애썼다. 조선이 세워진 뒤 이색이 오대산에 들어가 있는데 태조가 불렀다. 이색이 왕을 찾아가니 태조가 용상에서 내려와 "어리석고 어두운 나를 버리지 마십시오" 하였다. 이에 대해 이색은 "망국대부는 살기를 도모하지 않으며 다만 해골을 고향 산천에 장사지내고자 합니다"라고 답하며 절개를 꺾지 않았다. 태조가 그에게 한산백을 제수했으나 이색은 받지 않았다.

설득하는 일이 수포로 돌아가자 태조는 이색을 죽이려 했다. 1396년(태조 5) 5월 8일 이색은 벽란도에서 여흥으로 피서를 갔는데 왕의 내시가 호송했다. 이때 여흥 청심루淸心樓 연자탄燕子灘에 이르러 정도전 등이 보낸 짐독酖毒을 탄 술을 마시고 그는 생을 마쳤다. 아들 삼형제 가운데 첫

째 종덕과 둘째 종학도 새 왕조 건국에 반대하다가 비명에 갔다. 이색은
과연 절의가 무엇인지 보여준 선비의 전형이라 할 만하다.

불교에 심취했지만 성리학을 정착시킨 목은

고려 말에 목은 이색이 과연 불교 신자인가 아닌가를 둘러싸고 논란이 벌어졌다. 이성계 등 조선의 건국 세력은 이색이 주자학자가 아니고 불교 신자라고 폄하했고, 이색을 지지하는 측에서는 이색이 불교를 비판하며 주자학을 부흥시켰다고 주장했다.

이색은 사대부 가문에서 태어나 성리학자로 일생을 보냈다. 그러나 당시는 불교가 국교인 시대였던 만큼 불교와 밀접한 관계를 가지고 있었다. 그의 시문집을 보면 어려서부터 많은 승려들과 교류했으며, 8~19세까지 여러 절을 돌아다니면서 공부했다. 그리하여 불교를 좋아하고, 부처는 대성인이라느니 지성至聖·지공至公하다느니 하면서 부모의 명복을 빈다는 명분으로 불사를 인정하기도 했다. 심지어는 1376년(우왕 2) 나옹혜근懶翁惠勤이 죽자 왕명으로 그의 탑비명을 지어주고, 아버지 대부터 숙제로 남아 있던 대장경을 인쇄해 책으로 펴내기도 했다. 또한 말년에는 간화선看話禪(화두話頭를 써서 진리를 깨닫고자 하는 선)에 심취해 상당히 깊은 선禪의 경지에 이르렀다.

「관음보살좌상」, 높이 38.5cm, 고려 14세기, 국립중앙박물관. 여말선초를 살았던 목은은 성리학의 나라인 조선이 정권을 잡았지만 불교를 놓지 않았으며 선禪에 심취하기도 했다.

이에 이성계파인 오사충吳思忠과 조박趙璞은 이색이 "유생의 영수로서 불교를 숭상해 대장경을 인쇄하기에 이르렀다" "유종儒宗으로서 부처에 아첨해 사람들의 심술을 무너뜨리고 풍속을 패란시켰다"며 공격했다. 다분히 정치적인 의도가 있는 비판이었다. 이색의 불교 신앙은 창왕 대에 백련회白蓮會를 개최하는 것으로 절정에 달했다. 이를 두고 개혁파들은 이색의 이 불사로 불교도들에게 방자하게 자기주장을 말할 수 있는 용기를 갖게 했다고 비난했다.

한편 이색은 유학자로서 높이 평가받고 있다. 아버지의 덕이기는 하지만 일찍이 원나라에 들어가 그곳 국자감에서 3년 동안이나 구양현歐陽玄 등에게 주자학을 배워와 고려에 전수하는 역할을 했다. 특히 1367년 (공민왕 16)에는 성균관 겸대사성으로서 정몽주 등 겸교관들과 함께 4서 5경재四書五經齋를 만들어 주자학을 보급한 공이 크다. 뿐만 아니라 그는 불교 자체를 공격하지는 않았지만 불교의 세속적인 부패에 대해서는 맹렬히 비판했다. 고려 말에는 귀족과 사원의 토지겸병土地兼幷, 압량위천壓良爲賤으로 국가의 근간이 흔들리고 있었는데 이를 서슴없이 비판한 것이다.

고려 말 유학자들의 주자학 이해는 크게 3단계로 나누어볼 수 있다. 첫째, 도입기(충렬~충혜왕조), 둘째, 이해기(공민왕~우왕조), 셋째, 대불 투쟁기(창왕~공양왕조)가 그것이다. 도입기에는 원나라로부터 주자서를 들여오는 시기였고, 이해기는 그러한 책들을 연구·이해하는 시기였으며, 대불 투쟁기는 그렇게 연마한 주자학 이론으로 불교를 공격하는 시기였다. 이 가운데 이색은 둘째 단계인 성리학 이해기에 속하는 인물이었다. 그런 까닭에 비록 부패하기는 했지만 당시에 국교로 정해져 있던 불교에 대한 관심이 깊을 수밖에 없었다. 따라서 불교 자체를 공격하기보다는 불교의 현실적인 비리를 비판하는 수준에 머물러 있었던 것이라 볼 수 있다.

이집과 최원도의 각별한 우정

선비들은 의리義理를 중시한다. 역사 속에서 그러한 예로 조선초기 이집
李集과 최원도崔元道의 각별한 우정을 빼놓을 수 없을 것이다.

이집과 최원도는 진사시 동년同年(동기생)이다. 이집은 광주이씨의 중
시조로서 원명은 이원령李元齡이다. 강직한 선비였던 그는 불의를 보면
참지 못했다. 1368년(공민왕 17)에 이집은 이존오李存吾와 함께 권승權僧·
신돈辛旽을 공격하고, 또 한 동리에 사는 신돈의 문객門客 채판서蔡判書 앞
에서 신돈을 공개적으로 비판해 쫓기는 몸이 되었다.

이원령은 아버지를 업고 경상도 영천에 사는 최원도의 집으로 갔다.
최원도라면 자기를 숨겨줄 것이라 생각했기 때문이다. 마침 최원도의
집에서는 작은 잔치를 벌이고 있었다. 이원령은 잠깐 행랑채에 들어가
쉬고 있었다. 그런데 최원도가 나와 "이 자가 재앙을 싣고 와서 내게 넘
기려 한다"고 노발대발하면서 쫓아내고 행랑채에 불을 질러버렸다. 하
는 수 없이 이원령은 그 집에서 5리쯤 떨어진 숲속에 숨어 들어가 쉬고
있었다. 최원도가 그럴 사람이 아니라는 생각에서였다. 이윽고 밤이 되

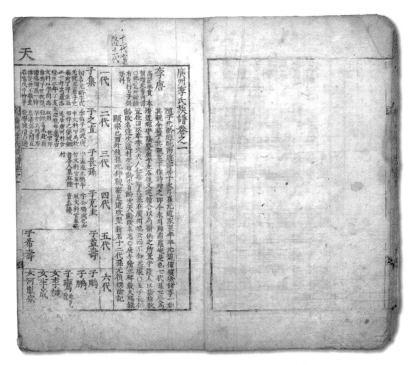

『광주이씨족보』, 1724, 광주이씨. 광주이씨의 중시조인 이집이 목록에 올라 있다.

자 최원도가 나타나 그들을 데리고 집으로 와서 4년 동안 낮에는 다락에, 밤에는 골방에 숨어서 살게 했다.

그리고는 최원도는 미친 척했다. 한 끼에 밥을 3인분씩이나 먹고, 대소변을 방 안에서 보는 등 이상한 짓을 했다. 시간이 흐를수록 그러나 비밀을 지키기는 점점 어려워졌다. 우선 부인이 낌새를 알아차리고 제비라는 계집종을 시켜 엿보게 했다. 그랬더니 수상한 사람들이 다락에 숨어 있는 것이 아닌가? 최원도는 부인을 설득했지만 그 집의 하인 제비가 걸렸다. 이를 눈치 챈 제비는 열아홉 살 꽃다운 나이에 자결하고 말았다. 비밀을 지키기 위해서였다.

신돈은 영천 관아에 관문關文을 보내 빨리 범인을 잡아올리라 명했다. 그러나 고을에서는 당초에 쫓아낸 명백한 실상을 낱낱이 고해 무사했다. 최원도는 이원령의 아버지를 친부모 모시듯 봉양했다. 그리고 이듬해 그가 죽자 친상처럼 장사를 치르고 자기 어머니 묘소가 있는 고을 남쪽 나현蘿峴에 제비와 함께 위아래로 묻어주었다.

이원령은 1371년(공민왕 20) 6월에 신돈이 복주伏誅(형벌을 순순히 받아 죽음)되자 개경 현화리에 있는 집으로 돌아왔다. 그러고는 죽었다가 살아왔으니 이름과 자, 호를 바꾸고자 했다. "호연지기浩然之氣는 집의集義에서 생긴다"(『맹자』「공손축」)라는 구절을 빌려 이름을 집集, 자를 호연浩然으로 바꾸고, 숨어 산 괴로움을 잊지 않겠다는 뜻으로 호를 둔촌遁村이라 했다.

벼슬은 판전교시사判典教寺事까지 지냈다. 그러나 현세에 뜻이 없어 여주 천령현 강가에 은거하다가 1387년(우왕 13)에 죽었다.

최원도는 이집과의 우의友誼를 지키기 위해 목숨을 걸었고, 제비는 주인을 위해 열아홉 살의 꽃 같은 나이에 목숨을 버렸다. 얼마나 갸륵한 의리인가?

한양 정도와 정도전

1393년(태조 2) 정월 권중화權仲和가 공주 계룡산이 새로운 수도新都의 적지라 지목하자 태조는 무학無學과 함께 그곳을 돌아보고 공사를 시작했다. 그러나 하륜河崙의 반대로 이 계획은 무산되고 말았다. 하륜은 무악毋岳을 천거했으나 정도전 등은 터가 좁다고 반대했다.

이에 태조는 다시 한양(청와대 자리)을 돌아보았다. 무학은 인왕산을 주산으로 하고 백악과 남산을 좌청룡 우백호로 하여 동향으로 도읍을 세우자고 했다. 반면 정도전은 "예부터 제왕은 모두 남면하고 다스렸지, 동향을 했다는 말은 들어보지 못했다"며 좀더 내려가 넓은 곳으로 정하자고 했다. 이곳이 바로 정궁인 경복궁의 자리이다. 이에 무학이 "내 말을 따르지 않으면 이후 200년에 걸쳐 반드시 내 말을 생각하게 될 것이다"라고 했다고 한다. 신라 의명義明대사가 일찍이 말하기를 "한양에 도읍을 정할 때 정씨 성을 가진 사람이 시비를 걸면 5세를 지나지 않아서 왕위를 찬탈당하는 사건이 일어날 것이고, 200년 만에 온 나라에 혼란스러운 난리가 일어날 것이다"(『오산설림五山說林』)라고 예언했다 한다. 즉

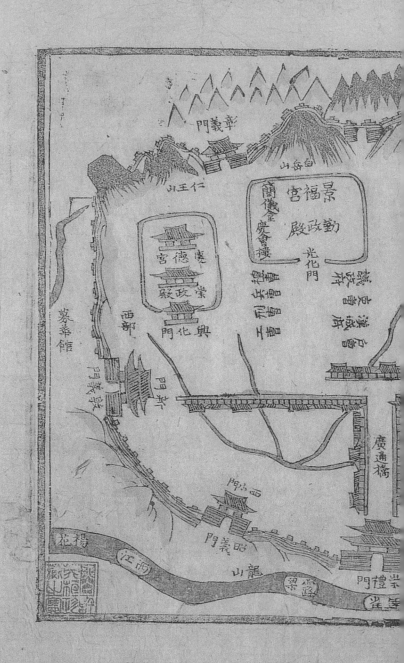

「한양도」, 「천하도」, 32.8×20.3cm, 1822, 서울역사박물관.

단종이 쫓겨난 계유정난과 임진왜란이 그것이라는 얘기다.

이에 그해 9월 1일 신도궁궐조성도감이 설치되고 정도전은 판사로서 한양에 종묘, 사직, 궁궐, 관아, 시전, 도로의 터를 정하고 이를 그림으로 그려 왕에게 바쳤다. 새 국도의 청사진이었다. 정도전은 이해 12월 3일에 종묘와 사직의 기공식을 행하고, 왕을 대신해 황천후토皇天后土의 신에게 제사를 올렸다. 그리고 「신도가新都歌」를 지어 공역에 참여한 자들에게 부르게 했다.

1395년(태조 4) 9월에 경복궁과 종묘가 완공되자 12월에 왕이 새 궁궐로 거처를 옮겼다. 태조는 정도전으로 하여금 궁궐의 모든 전각과 문루의 이름을 짓게 했다. 뒤이어 도성축조도감을 설치하고는 정도전에게 도성의 자리를 정하라고 지시했다. 그리하여 백악, 인왕산, 남산, 낙산을 잇는 17킬로미터의 도성을 쌓았다. 성문의 이름도 정도전이 지었다. 뿐만 아니라 1396년(태조 5) 4월에는 정도전이 한성부 5부 52방坊의 이름도 지었다.

그런 인물이었건만 1398년 8월 16일 제1차 왕자의 난 때 정도전은 반역죄로 몰려 죽었다. 죄명은 서자庶子인 이방석을 세자로 추대한 것과 세자를 보호하기 위해 이복형들을 죽이려 했다는 것이었다. 하지만 세자를 세운 것은 태조이지 정도전이 아니었으며, 제1차 왕자의 난 직전에 정도전이 전실 형들을 궁중으로 불러들여 일망타진하려 한 근거는 없었다. 그렇더라도 새로 집권한 태종의 후예들에 의해 정도전은 조선왕조 내내 신원되지 못했다. 그 후 수백 년이 흐른 고종 때 대원군이 경복궁을 중건하면서 그 설계자인 정도전의 공로를 인정해 1865년(고종 2)에 그의 봉작을 회복시켜주고, 문헌文憲이라는 시호와 '유종공종儒宗功宗'(유학의 으뜸이요 공로도 으뜸이다)이라는 편액을 내려주었다. 이러한 내력으로 보면 새로 조성되는 광화문 광장 어디엔가 정도전의 동상 하나쯤은 세워도 좋지 않겠는가?

맹사성을 살리기 위해 협력한 아버지

흔히 맹사성孟思誠이라 하면 충효의 상징이요, 음악에 조예가 깊고, 대표적인 청백리로만 알고 있다. 그렇지만 그런 맹사성도 새로운 왕조가 들어서는 과정에서 좌천을 당하고, 파직은 두 번, 유배는 세 번 당했으며, 하마터면 목숨도 잃을 뻔했다.

맹사성의 집안은 명문이었다. 증조할아버지 맹의孟儀는 이조전서를, 할아버지 맹유孟裕는 이부상서를, 아버지 맹희도孟希道는 수문전修文殿 제학을 지냈으며, 아내의 할아버지는 우왕 대의 실력자 최영崔瑩이었다. 맹사성은 1386년(우왕 12)에 문과에 장원으로 급제해 좌의정으로 치사致仕(나이가 많아 벼슬을 사양하고 물러남)할 때까지 50년간 관료생활을 했다. 즉 4대 문과 출신 집안이다.

이런 맹사성에게도 시련과 좌절의 시절이 있었다. 우선 위화도회군으로 처조부 최영과 장인 최담崔潭이 반역죄로 몰려 죽은 여파로 그는 외직外職을 전전했다. 이에 아버지 맹희도는 자신은 새 왕조에 협조하지 않더라도 아들만큼은 벼슬할 수 있도록 길을 터주고 싶어했다. 그리하여 맹

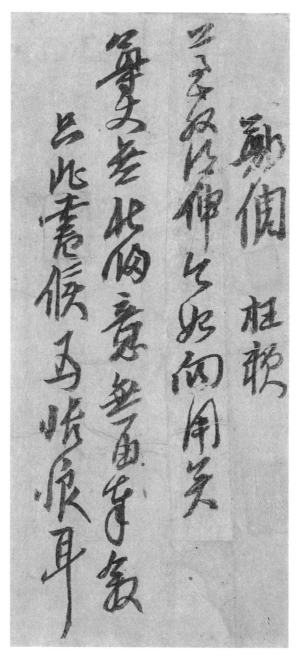

맹사성의 편지글, 15.3×7cm, 조선전기, 성균관대박물관.

희도는 진주의 지방관을 맡았다가 곧 사임하기도 하고, 온양에 거둥한 태조를 위해 그 덕을 찬양하기도 했다. 이런 끝에 맹사성은 내직인 내사사인內史舍人으로 발탁될 수 있었다.

그러던 중 맹사성은 개국공신 정희계鄭熙啓의 시호를 잘못 정했다가 면직되고 말았다. 맹희도는 아들을 복직시키기 위해 권근을 찾아갔다. 3년 정도 관직에서 물러나 있던 맹사성은 우간의대부에 임명되었다. 그러나 그 직후 민공생閔公生 탄핵 사건이 일어났다. 맹사성은 개국공신 장사정張思靖 사건의 처리를 지연시킨 민공생을 공격하다가 공주목사로 밀려났다. 민공생은 태종의 처남이었던 것이다.

맹사성은 2년간 외직에 있다가 다시 우간의대부가 되었다. 그러나 불과 두 달도 못 되어 이거이李居易의 노비 소송을 제대로 처리하지 못했다는 이유로 온수로 유배에 처해졌다. 1년 동안 고생한 끝에 맹사성은 다시 동부대언이 되었다. 이때 불행히도 조대림趙大臨 사건에 또다시 휘말렸다. 조대림은 태종의 사위요, 조준의 아들이었다. 조사해보니 맹사성은 무고였다. 그러나 맹사성은 조대림도 잘못이 있다고 말하여 태종의 노여움을 사 참형에 처해질 뻔했다. 세자를 비롯한 성석린, 권근, 하륜, 이숙번 등 태종의 측근들이 구명운동을 벌인 덕에 그는 겨우 목숨을 건질 수 있었다. 그런 와중에 아들 맹귀미는 고문의 후유증으로 세상을 떠나고 말았다. 태종이 맹귀미에게 곤장 100대를 때려 한주韓州 향교의 재복齋僕으로 정배하게 했던 것이다.

조선이 세워진 후 맹사성의 관직생활은 고난으로 가득 찬 것이었다. 태종 집권 말기까지 26년 4개월 가운데 정확히 절반에 해당되는 13년 2

개월 동안 좌천, 파직, 유배를 당하면서 실의에 빠져 지냈던 것이다. 그의 이러한 시련은 부지불식간에 개국공신에 대한 부정적인 태도를 보이거나 신왕조 개혁을 못마땅하게 여기는 성향 때문에 닥친 것들이었다. 게다가 매사에 우유부단하고 업무에 부주의한 탓으로 말미암은 것이기도 했다.

그러나 맹사성은 어떤 정치 세력과도 밀착되지 않았고, 경제적 비리도 저지르지 않았다. 또한 자기 절제와 결벽에 가까운 도덕성을 겸비하고 있었다. 세종 대에 맹사성의 이런 점들이 부각되어 그의 이미지로 굳어진 것이다. 이는 오늘날의 공직자들이 귀감으로 삼을 만하다.

김종서를 질책한 황희

황희黃喜는 많은 일화를 남긴 인물이다. 1363년(공민왕 12)에 개성에서 태어나 1389년(창왕 1)에 문과에 급제했던 그이지만, 고려가 망하자 두문동杜門洞에 들어가 은거했다. 그러던 중 주위에서 황희같이 젊고 유능한 사람은 백성을 위해 나아가 벼슬해야 한다는 논의가 일어 태종 때 지신사知申事로 발탁돼 왕의 총애를 받았다.

1418년(태종 18) 또다시 시련이 닥쳤다. 황희는 양녕대군을 폐하고 충녕대군을 세자로 세우려는 것을 반대하다가 교하交河와 남원南原으로 귀양가게 된 것이다. 그 후 예순한 살에 세종의 부름을 받고 조정에 올라와 예순다섯에 영의정이 된 후 18년간 자리를 지켰다. 그는 행정의 달인이요, 덕치의 명수였다. 그의 덕이 높았음은 여러 일화가 입증하고 있다.

가장 잘 알려진 일화는 두 여종의 싸움을 판결한 일이다. 한 계집종이 이러저러해서 자기는 옳고 상대방은 그르다고 했다. 황희는 그 말이 옳다고 했다. 그러자 다른 계집종 또한 이러저러하니 자기는 옳고 상대방은 그르다고 했다. 이에 황희는 네 말 역시 옳다고 했다. 이 말을 듣던 부

「황희초상」, 비단에 채색, 80.8×57.3cm, 조선후기, 경기도박물관.

인이 재판을 하려면 누가 옳고 누가 그르다고 해야지 다 옳다고 하면 어떻게 하느냐고 했다. 그러자 황희는 부인의 말 또한 옳다고 한 것이다.

한번은 친구가 맡긴 어린 종이 똑똑해 몰래 돈을 주어 풀어주었더니 그 아이는 황희가 시관을 맡은 과거에 급제했다. 그 아이가 이실직고以實直告하려 하자 황희는 큰 소리로 다른 얘기를 하면서 말을 못 하게 해 비밀을 지켜주었다고 한다.

이처럼 인품이 후덕한 황희이지만 유독 김종서金宗瑞에게만은 엄격했다. 김종서가 6진六鎭을 개척하고 갓 병조판서가 되었을 때였다. 하루는 영의정인 자신 앞에서 김종서가 교의交椅에 삐딱하게 앉아 있는 것이었다. 이에 황희는 하인에게 "병조판서가 앉은 교의의 한쪽 다리가 짧은 모양이니 얼른 나무토막을 가져다 괴어드려라"라고 했다. 김종서가 깜짝 놀라 흙바닥에 내려와 엎드려 사죄했다. 김종서는 "여진족을 정벌할 때는 적장이 쏜 화살이 날아와 책상에 꽂혀도 눈 하나 깜짝하지 않았는데, 황정승에게 혼이 날 때는 등에 식은땀이 난다"고 했다 한다.

또 한번은 김종서가 공조판서로 있을 때 공조에서 대신들에게 술과 과일을 대접하자, 황희가 대로해 "국가에서 예빈시禮賓寺를 의정부 옆에 둔 것은 3공三公을 대접하라는 것인데, 사사로이 공조에서 음식을 장만해도 되느냐?"고 나무랐다. 맹사성이 "김종서는 능한 사람인데 대감께서는 왜 그렇게 허물만 잡느냐?"고 물었더니, "내 뜻을 모르겠소? 이는 내가 김종서를 아껴서 사람을 만들려고 일부러 그러는 것이오. 김종서는 성격이 고매하고 기운이 날쌔어 일을 과감하게 처리해 뒷날 우리 자리에 앉을 것이오. 그러나 그때 신중하지 않고 자만하면 일을 그르칠까 염려스러워 내가 일부러 경계해 오만한 기운을 꺾으려는 것이오"라고 했다 한다. 세종이 세손(단종)을 위탁하려 하는데, 황희는 이미 아흔의 고령이라 김종서에게 의탁할 수밖에 없었다. 황희는 이때를 내다보고 인재를 길렀던 것이다.

태종은 병권을, 세종은 정권을

광화문 광장에 세종의 동상이 안치되었다. 세종은 어떤 사람이었던가? 세종은 태종의 셋째 아들로 본래 왕이 될 만한 처지에 있지 않았다. 이는 장자가 아니었기 때문으로, 세자는 장자인 양녕대군이었다. 그런데 양녕대군은 자기와 가까웠던 외삼촌들이 태종에 의해 무참하게 제거되는 것을 보고 반발했다. 이에 태종은 양녕대군이 어리(於里)라는 늙은 대신의 첩과 놀아난 것을 이유로 들어 세자를 교체했다. 즉 셋째 충녕대군을 세자로 삼고 곧 왕위까지 물려주었다. 흔히 양녕대군이 충녕대군에게 왕위를 양보했다고 말하는 것은 어불성설이다. 태종은 본래 스스로를 창업군주라고 하고, 후계자는 자기가 세운 마스터플랜을 성실히 수행할 수성군주가 되기를 원했다.

그러나 태종은 세종에게 정권만 넘겨주고 병권은 넘겨주지 않았다. 험한 일은 자기가 도맡아 하고, 세종은 성군으로서 안정된 분위기 속에서 정치를 할 수 있도록 하기 위함이었다. 그리하여 왜구의 소굴인 대마도를 정벌하고, 세종의 장인인 심온(沈溫) 등을 일망타진했다.

세종은 집현전을 설치해 우수한 인재들을 모았다. 이곳에서 학문을 장려하고, 국가의 예악제도를 정비하며, 과학을 진흥시켜 부국강병책을 썼다. 군현제를 개편하고, 4군6진을 개척하며, 세금제도를 정비했다. 훈민정음을 만들어 국역사업도 벌였다. 그리하여 황금문화를 이뤄냈다. 이러한 업적은 전적으로 태종의 마스터플랜을 달성한 것이라고 할 수 있다.

세종은 신중하고, 조심성 있고, 인내심이 강하며 끈기가 있었다. 그는 특히 기억력이 비상한 데다 공부벌레였다. 여러 가지 병마를 비껴가지 못했던 이유이다. 더구나 세종은 육식을 좋아하고 운동을 즐겨 하지 않았다. 그러니 당뇨, 풍질, 안질, 각기병, 임질 등 뭇 병이 침노할 수밖에 없었다. 특히 안질이 심해 그의 통치 19년 이후에는 왼쪽 눈을 실명하다시피 했다.

한편 세종은 말솜씨도 좋고, 논리적이며, 결단력과 추진력을 갖추었다. 고집도 세었다. 그리하여 하고자 하는 일은 과감하게 밀고 나갔다. 그런 과정에서 신료들과의 충돌은 불가피했다. 훈민정음 창제, 내불당 설치, 세자의 대리청정 등이 분쟁과 갈등을 일으킨 이슈들이었다.

세종은 정치적인 수완도 겸비했다. 나라 밖에서 사신이 왔을 때 술을 좋아하지 않으면서 그들의 비위를 잘 맞추었다. 또한 경연에 열심히 나아가 조신들과 토론을 통해 국정을 운영했는데 무리한 결정은 내리지 않았다. 극단적인 경우는 국민투표에까지 부쳐 그 결과를 보고 정책을 수립했다. 인재를 등용할 때는 신분에 구애받지 않았다. 장영실의 기용은 신분을 뛰어넘어 등용한 좋은 예이다. 훈민정음도 신하들이 반대하

옛 집현전 터(현 경복궁 수정전). 세종대에는 집현전을 통해 학문과 문화의 눈부신 발전을 이루었다.

用字例

初聲ㄱ。如감為柿ㆍ골為蘆ㅋ。如우케為未舂稻콩為大豆ㆁ。如러울為獺서에為流澌ㄷ。如뒤為茅담為墻ㅌ。如고티為繭두텁為蟾蜍ㄴ。如노로為獐납為猿ㅂ。如불為臂ᄫᅵᆯ為蜂ㅍ。如·파為葱·풀為蠅ㅁ

大東千古開矇矓

『훈민정음 해례본』, 정인지, 목판본, 22.6×17.2cm, 국보 제70호, 1446, 간송미술관.

자 궁중에 관계자들을 불러 모아 환관들을 데리고 창제했다.

　이러한 시대 상황 속에서 수립된 그의 정책은 실용적이요 현실적이었다. 태종의 금령에도 불구하고 그는 양녕대군을 우대했으며, 백성을 극진히 사랑했다. 이러한 업적이 세종으로 하여금 오늘날 성왕이 되게 한 것이다.

단종복위라는 역사의 아이러니

1453년(단종 1) 계유정난이 일어났다. 노산군魯山君의 숙부 수양대군이 김
종서, 황보인, 안평대군 등을 죽이고 정권을 차지한 것이다. 그리고 2년
뒤에 사육신 사건이 일어나자 노산군을 쫓아내 상왕으로 모셨다가 죽이
고, 수양대군은 세조가 되었다.

　이후 조선의 왕통은 세조의 후손으로 이어졌다. 당연히 사육신을 현
창顯彰하자거나 노산군을 복위시키자는 사람은 역적으로 몰렸다. 예종
조에 간행된 『무정보감武定寶鑑』에 이미 그렇게 규정하고 있었다. 반면 사
림들은 수양대군이 노산군을 몰아낸 것을 패륜으로 규정하고, 노산군의
복위와 사육신의 현창을 기회가 있을 때마다 주장하려 했다. 이러한 행
위는 세조의 존재를 부정하는 것으로 위험을 무릅쓴 결단이었다.

　1576년(선조 9) 박계현朴啓賢이 사육신 및 노산군의 복위를 요구하자 중
종은 이에 격분해 "지난날 우리 세조가 천명을 받아 중흥하신 것은 진실
로 인력으로 할 수 있는 것이 아니었는데 저 남효원은 어떤 자이기에 감
히 문묵文墨을 희롱해 국가의 일을 드러내어 기록했단 말인가? (…) 저 육

신이 충신인가? 충신이라면 어째서 수선_{受禪}하는 날 쾌히 죽지 않았으며, 그렇지 않으면 또 어째서 신발을 신고 떠나 서산_{西山}에서 고사리를 캐 먹지 않았단 말인가? (…) 그런데도 저 육신은 무릎을 꿇고 우리 조정을 섬기다가 필부의 꾀를 뽑내어 자객의 술책을 부림으로써 만에 하나 요행을 바랐고, 그 일이 실패한 뒤에는 의사_{義士}로 자처했으니, 마음과 행동이 낭패한 것이라고 할 만하다. 그런데 열장부라 할 수 있겠는가?" 라고 하면서 이를 재차 거론하는 자는 중죄로 다스리겠다고 엄포했다.

그러던 중 1689년(숙종 15)에 기사환국_{己巳換局}이 일어나자 상황은 달라졌다. 그로부터 2년 뒤에 사육신의 추복이 전격적으로 단행되고, 1694년(숙종 20)에 갑술환국이 일어나자 노산군을 추복했다. 어떻게 이런 일이 벌어졌을까? 송시열을 비롯한 노론은 장희빈 소생 원자의 책봉을 반대했다. 이를 돌파하기 위해서는 왕권을 강화시킬 필요가 있었고 신료들에게 '군신의 분의_{分義}'를 강조할 필요가 있었다. 그리하여 숙종은 사육신과 노산군의 추복을 반대하다가 돌변해 이를 단행한 것이다. 어린 군주를 위해 충절을 지킨 사육신과 대비해 송시열 등의 행위를 '불충'으로 낙인찍고, 원자 책봉을 강행하려는 것이었다.

노산군은 묘호를 단종_{端宗}이라 하고, 능호를 장릉_{莊陵}이라 했다. 노산군을 추복하는 근거로 노산군이 세조에게 선양_{禪讓}했고, 세조가 노산군을 상왕으로 모신 것이지 쫓아낸 것은 아님을 들었다. 또한 단종을 죽인 일도 세조의 본뜻이 아니었다는 것이다. 세조가 사육신을 "당대에는 난신_{亂臣}이나 후세에는 충신_{忠臣}"이라고 한 말도 원용되었다.

어찌되었든 세조의 집권과 왕권 강화를 위해 취해졌던 노산군 축출과

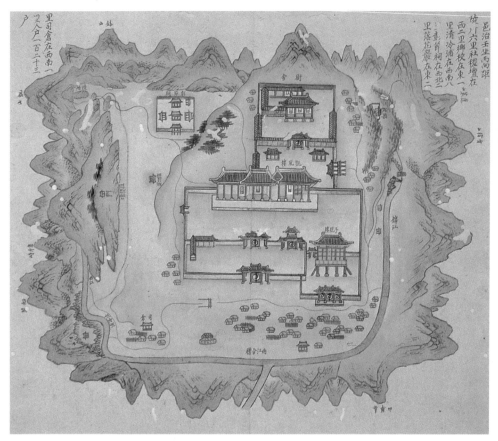

「영월읍치」, 『월중도越中圖』, 종이에 채색, 55.7×46cm, 1840년 이후, 한국학중앙연구원 장서각. 단종이 유배생활을 했던 영월읍의 풍경. 단종복위와 관련한 역사 유적이 곳곳에 남아 있다.

사육신 처벌이 숙종의 왕권 강화를 위해 단종복위와 사육신 현창으로
나타난 것은 역사의 아이러니라 할 만하다.

사육신의 '단종복위 운동'은 권력투쟁인가

역사는 관점이 중요하다. 즉 보기 나름이라고 할 수 있다. 그런 차원에서 나는 사육신의 단종복위 운동을 권력투쟁으로 풀이해보고자 한다.

정도전은 건국 초기에 재상 중심 체제를 선호했다. 이를 위해 모든 권력은 재상들의 협의체인 도평의사사에게 몰아주고, 그 정점에 총재家宰를 두고자 했다. 즉 국왕은 총재 한 사람만 잘 고르면 되는 것이었다. 그러나 제1차 왕자의 난으로 정도전이 실각하는 바람에 이 꿈은 산산이 흩어지고 말았다.

대신 태종은 강력한 중앙집권적 왕권을 확립하고자 했다. 6조 직계제를 실시해 국왕의 직할정치를 펼치는가 하면, 여기에 저항하는 공신들을 숙청했다. 사병도 혁파하고, 외척도 무자비하게 도려냈다. 그러고는 이러한 틀을 지속시키기 위해 수성군주로서 적당한 세종을 옹립했다. 태종은 세종에게 자기가 쓰던 신하는 버려도 좋으니 새로운 인재를 뽑아 쓰라고 했다. 그렇지만 세종은 집현전을 만들어 윗자리는 아버지의 신하, 아랫자리는 자신이 뽑은 신하로 채웠다. 마침 불사이군不事二君 세대가 늙고, 그 아들과 손자는 불사이군이 아니니 벼슬해도 좋다고 해 많은 인재가 몰려들었다. 정인지, 신숙주, 성삼문, 최항, 이개, 하위지 등이 그들이다.

세종은 집현전 학사들을 일생 동안 다른 관직으로 옮기지 못하게 했다. 이들에게는 국가의 제도를 만드는 데 전념하라고 했다. 일종의 싱크탱크 역할을 한 셈이다. 신석견辛石堅 같은 이는 27년 동안이나 집현전 한 곳에서만 근무했다.

그러나 이들도 인사부서나 대간 같은 권력기관으로 가고 싶어했다. 이를테면 정치를 하고 싶어했던 것이다. 그리하여 세자가 첨사원詹事院을 설치해 대리청정을 하자 여기에 참여하는 사람이 늘었다. 집현전 학사들이 정치세력화한 것이다. 그렇지만 정계는 김종서, 황보인 등 대신들이 틀어쥐고 있었다. 이른바 황표黃標정사(단종 때 임금이 어렸던 까닭에 전조銓曹에서 의정부 대신들과 상의하여 황표黃標하면, 임금이 형식적으로 이를 낙점하던 일)라 하여 인사 부정이 자행되었다. 집현전 학사들은 대간으로서 이들을 공격했다. 막다른 골목에 몰린 김종서 등 재상들은 안평대군과 뜻을 함께했다. 이에 반해 집현전 학사들은 수양대군과 맥을 통했다. 그리하여 수양대군이 일으킨 계유정난에 대해 집현전 학사들은 지지하거나 혹은 중립을 지켰다. 세조는 그들을 친압親狎하게 여겨 포섭하려고 애썼다.

그러나 세조는 즉위하면서부터 전제군주가 되었다. 태종-세종으로 이어져 내려온 중앙집권적 왕권 강화를 실현하기 위해서였다. 집현전 학사의 일부는 정난공신이 되기는 했으나 세조의 전제군주화는 그들이 원하던 바가 아니었다. 이에 단종복위라는 명분 하에 일부 급진적인 집

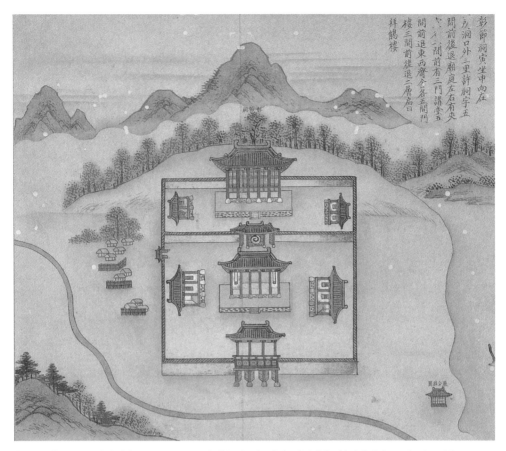

「창절사」, 「월중도」, 종이에 채색, 55.7×46cm, 1840년 이후, 한국학중앙연구원 장서각. 사육신의 위패를 모셔놓은 곳이다.

현전 학사들이 쿠데타를 일으키려 한 것이다. 하위지, 이계전 등이 세조
의 6조 직계제를 정면으로 반대한 것도 그 때문이었다.

이처럼 사육신 사건은 겉으로는 충·역 시비로 포장되어 있지만 실상
은 권력투쟁의 한 방편이었다고 할 수 있다.

세조와 이계전

세조와 이계전李季甸은 친구 사이였다. 둘은 세종 대에 정음청正音廳에서 훈민정음을 창제하는 일을 같이 했다. 이계전은 글로써 이름 있던 이색의 손자이다. 혈통 때문이었던가? 이계전도 할아버지를 닮았던지 글에 뛰어났다. 『세종실록』편찬을 비롯해 국가 편찬사업에 참여하고 외교문서도 많이 썼다. 수양대군은 이러한 이계전의 능력을 높이 샀다.

그런데 1453년 6월에 계유정난이 일어났다. 수양대군이 반대파인 김종서 등을 격살하고, 안평대군을 사사한 쿠데타이다. 당시 이계전은 병조참판으로 입직하고 있다가 쿠데타에 가담했다. 그는 최항崔恒과 함께 사건이 일어나게 된 까닭을 알리는 교서를 썼다. 수양대군의 편에 선 것이다.

이 쿠데타로 수양대군은 영의정부사가 되어 전권을 장악했다. 수양대군은 군사를 거느리며 종친청宗親廳에 숙직하고, 이계전은 병조판서로 승진해 빈청賓廳에 숙직했다. 이어 이계전은 정난 1등공신이 되어 전지 200결, 노비 25구를 받았고, 한성군韓城君에 책봉되었다.

1455년 윤6월에 단종이 상왕으로 쫓겨나고 세조가 옹립되었다. 이계전은 다시 좌익 2등공신이 되어 토지 100결과 노비 10구를 받았다. 하사받은 토지는 현재 분당 중앙공원 근처에 위치했던 듯하다. 이곳은 이후 이계전 자손들의 경제적 기반이 되었다.

그런데 1455년에 단종복위 음모가 발각되었다. 성삼문, 박팽년, 이개, 하위지, 유성원, 유응부, 김문기, 권자신 등이 세조를 암살하려다 미수에 그친 사건이었다. 이계전은 세조 편에 섰지만 조카 이개李塏는 사육신에 포함되어 처형되었다. 역적의 땅은 몰수되어 공신들에게 나누어졌다. 이개가 소유했던 충주·임피臨陂의 전지는 이계전에게 분배되었다. 조카의 땅이 삼촌에게 간 것이다.

그러나 이계전은 하위지 등과 함께 세조가 왕권을 강화하기 위해 추진하고자 하는 6조 직계제를 정면으로 반대했다. 세조는 이를 발의한 하위지를 끌어내려 곤장을 치고 참형에 처하려다 그만두었다. 이계전도 사정전 잔치에서 세조에게 술이 과하니 그만 대내大內로 들어가시라고 했다가 머리채를 잡혀 끌려 내려가 곤장을 맞았다. 그리고 세조는 이계전을 불러 같이 춤을 추면서 '나는 너를 사랑하는데 너는 왜 내 마음을 몰라주느냐'고 하면서 오늘 너를 욕보였으니 그에 상응하는 은전을 베풀겠다고 했다. 그 후 세조는 이계전이 이개의 삼촌이라 하여 연좌죄를 적용하자는 것도 억누르고, 죽을 때까지 특별대우를 했다. 고도의 정치 술수였다.

그 결과 이계전은 단종복위 운동에 끼지 않았다. 반면 함께 상소를 올렸던 하위지, 권자신, 박쟁 등은 여기에 참여했다. 집현전 학사들은 두

이계전의 묘와 신도비.

갈래로 나뉘어 일부는 이계전처럼 세조 공신이 되어 훈구파를 구성하고, 일부는 이개와 같이 사육신·생육신에 소속되어 후세 사람들에게 절의의 표상이 되었다.

단종복위와 금성대군·이보흠의 운명

1457년(세조 3) 6월 27일에 금성대군錦城大君과 순흥부사 이보흠李甫欽의 제2차 단종복위 음모가 발각되었다. 금성대군은 세조의 왕위 찬탈에 반대하다가 1456년(세조 2) 6월에 사육신의 단종복위 사건에 연루되어 삭령 – 광주 – 순흥으로 이배되었다. 그런데 금성대군이 순흥으로 옮겨지기 전에 단종에게 동정적이었던 집현전 출신 이보흠이 이미 그곳의 부사로 부임해 있었다. 금성대군을 감독할 위치에 있는 부사가 오히려 한통속이었던 셈이다. 세조의 측근들이 이들의 공모를 조장하고 이를 일망타진하려는 작전을 미리 짜놓은 것이 아닌가 추정되는 대목이다.

금성대군의 작전은 이보흠을 설득해 순흥의 사대부들과 이민吏民들의 지지를 받아 영주를 접수하고 안동으로 진출해 자신의 가동家僮을 중심으로 2000~3000명의 군사를 동원하려던 것이었다. 그리하여 영남 일대에 격문을 돌려 지지자들을 규합해 서울로 진격하려고 했다.

그러나 순흥부의 급창及唱(군아에 속해 원의 명령을 간접적으로 받아 큰 소리로 전달하는 일을 맡던 사내종)으로 있던 관노가 금성대군의 여자 종과 사귀

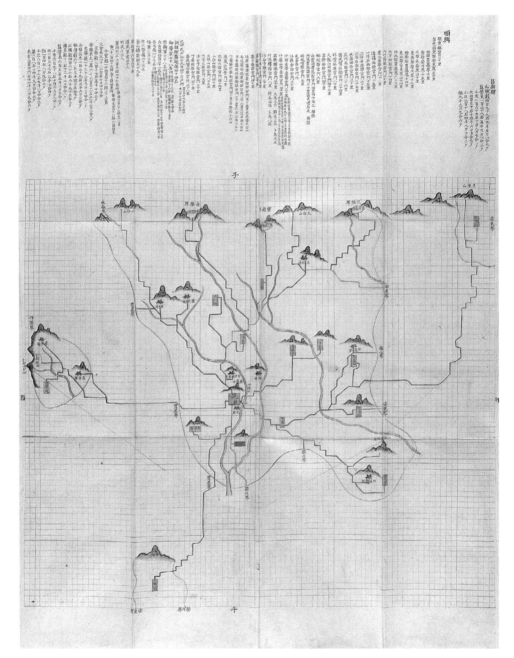

「순흥」, 『영남도』, 종이에 채색, 32.6×19.2cm, 조선시대, 한국학중앙연구원 장서각.

어 격문檄文을 훔쳐 서울로 가서 고발하려 했다. 이때 이를 눈치 챈 풍기 군수가 쫓아가 그 격문을 빼앗아 먼저 고발함으로써 공로를 세웠다. 이로써 미루어보아 금성대군은 세조 측 수령들과 집안의 노비들에게 안팎으로 감시를 받고 있었음을 알 수 있다. 세조의 측근들은 결정적 증거인 격문을 확보하자마자 이에 연루된 이들을 일망타진한 것이다.

사건이 발각되자 세조는 소윤 윤자尹慈를 순흥에, 우보덕 김지경金之慶을 예천에, 진무 권감權瑊을 안동에 보내 관련자들을 심문했다. 죄인 심문은 몇 달 동안 계속되었고, 주동자 21명을 비롯해 300여 명에 달하는 영남 사민士民들이 처단되었다. 이로 인해 피살자들의 피가 죽계竹溪 하류까지 흘러 "피끝"이라는 지명이 생겨나기까지 했다. 그해 10월 21일에 금성대군은 안동에서 사사되고, 이보흠은 평안도 박천에 유배되었다가 10월 27일에 교살되었다. 관찬 기록에서는 이러한 사실들을 은폐·축소했고, 민간인들은 후환이 두려워 이 참상을 기록하지 못했다.

한편 순흥부는 1457년 6월 22일에 군으로 격하되고, 8월 2일에 폐지되었다가 숙종 조에 가서야 회복되었으며, 순흥부 이속吏屬들은 강원도 잔역리殘驛吏로 강등되었고 상왕인 노산군은 죽임을 당했다. 노산군은 처음에 금성대군의 집으로 옮겼다가, 금성대군 사건이 일어나기 전인 1457년(세조 3) 3~4월경에 영월의 청령포로 귀양가 그해 10월 21일에 열일곱 살의 나이로 죽임을 당한 것이다. 야사에는 자살했다는 설이 전하기도 한다.

이처럼 금성대군 사건은 노산군을 사사하는 결과를 초래했으며, 아울러 이는 그를 지지하는 경상북도 일대의 사대부 세력을 일망타진하게

한 처참한 사건이었다. 그러나 세조 집권과 밀접한 관계가 있었기에 세
조의 후계 왕들이 이들을 신원해줄 수 없어 숙종 조에 가서야 노산군을
비롯한 관련자들이 겨우 풀려나게 된 것이다.

제4장

사림과
사림정치

15세기를 사대부 정치 시대라 한다면 16세기를 사림의 여론정치 시대라 할 수 있다. 따라서 15세기까지는 모든 권한이 재상들에게 집중되어 있었다. 그렇다보니 권력과 부가 귀족에게 집중되었고, 양민이 노비화되는 부작용을 낳았다. 또 귀족에게 특권적으로 세금을 면제해줘 국가재정이 고갈되는 바람에 나라는 망국의 길로 들어선다.

사림이 나라의 주인이 되다

15세기를 사대부 정치 시대라 한다면 16세기를 사림의 여론정치 시대라 할 수 있다. 고려시대에는 귀족이 정치 주체가 되는 귀족정치 시대였다. 따라서 모든 권한이 재상들에게 집중되어 있었다. 그렇다보니 권력과 부가 귀족에게 쏠려 대토지 소유가 유행하고, 양민이 노비화되는 폐단을 낳았다. 귀족들이 산천을 경계로 국토를 분할점령하고, 이러한 토지에는 특권적으로 세금을 면제해주었던 탓에 국가재정이 고갈되어 나라가 망한 것이다.

따라서 새로 건국된 조선은 이러한 귀족들의 특권을 축소시키기 위해 재상의 인사권을 제한하고 이·병조 전랑銓郞(정랑과 좌랑)의 당하관堂下官 추천권과 삼사三司(사헌부·사간원·홍문관)의 언론권을 강화했다. 또한 전랑의 후임 추천권도 확보했다. 이러한 권한은 물론 저절로 획득된 것이 아니라 사림이 투쟁해서 얻어낸 것이었다.

조선의 집권 사대부들은 자신들의 우익을 강화하기 위해 고려 때부터 국가의 관품이나 관직을 보유하고 있던 이들을 모두 사족으로 편입시켰다. 반면 그렇지 못한 이들은 향리로 격하시켰다. 그리하여 조선초기에는 많은 지방 사족들이 과거시험을 거쳐 중앙정계로 진출했다. 이들을 사림파라 한다. 사림파는 수양대군의 계유정난 이후 여덟 차례에 걸친 공신 책봉으로 형성된 훈구파와 대립각을 세워나간다. 이 사림파와 훈구파의 충돌로 빚어진 것이 바로 4대 사화이다.

사림의 정계 진출은 역사적인 대세였다. 사화로 몇몇 사림을 죽이거나 귀양보낸다고 하여 이들의 진출을 저지할 수 있는 것은 아니었다. 반대로 훈구파는 날이 갈수록 노쇠해지고 명분에서도 사림파의 공격을 견뎌내지 못했다. 사림파는 도학道學으로 무장해 기득권층인 훈구파의 비리를 공격했을 뿐 아니라 이들에게 밀린 국왕이 사림파를 지원했기 때문이다. 그리하여 훈구파 중에서도 사림파에 동정적인 전향사림파가 늘어나 선조 조부터 사림정치 시대가 도래했다. 사림파는 비유하자면 지금의 시민단체와 유사하다.

사림파가 만든 사림정치의 틀은 이렇다. 공경公卿은 전랑을 임명하고, 전랑은 삼사 관원을 추천하며, 삼사는 언론을 통해 공경의 잘못을 공격하게 되어 있었다. 이것은 『경국대전』에도 없는 관행慣行이었다. 서로 맞물려 협력과 견제를 하게 되어 있었다. 그 결과 전랑권을 둘러싼 당쟁이 치열해졌다. 또한 왕권이나 재상권은 견제당한 반면 사림의 재량권은 늘어났다.

그러나 사림의 재량권이 과도하게 팽창하자 당쟁이 치열해져 나라는 무너질 위기에 봉착했고, 이에 사림정치의 틀을 무너뜨려야 한다는 주장이 나오기 시작했다. 그리하여 영·정조 시대에는 타협안으로 왕권

周而弗比乃君子之公心
比而弗周寔小人之私意

「탕평비」, 144×54.5cm, 조선시대,
성균관대박물관.
영조가 사림정치의 틀을 깨고 자신
의 탕평책을 널리 표방하여 경계하
도록 하기 위해 세운 비문을 탁본한
것이다.

을 강화하고, 4색 당파를 고르게 등용하는 탕평정치가 대두되었다. 마침내 1741년(영조 17)에는 사림정치의 틀을 깨버렸다. 대신 탕평을 지지하는 왕의 외척들이 정권을 독차지하는 외척세도정치 시대로 넘어가게 되었다. 사림정치 시대에는 그나마 당파 간의 협력과 견제가 가능했지만 외척세도정치는 외척이 정권을 독점하게 해 결국 망국의 길로 치닫게 했다.

이세좌와 연산군, 뿌리 깊은 악연

이세좌는 광주廣州이씨로 영의정 이준경李浚慶의 할아버지다. 그는 성종이 연산군의 생모 폐비 윤씨에게 사약을 내릴 때 약사발을 가지고 간 죄로 갑자사화甲子士禍 때 죽임을 당했다. 약사발을 가져가던 날 저녁 집에 돌아오니 부인 양주楊州 조씨가 "조정에서 폐비를 논하더니 결과가 어찌되었소?" 하고 물으니, 이세좌가 "오늘 이미 사약을 내렸고 내가 그 봉약관奉藥官이었다"고 답했다. 이 말을 듣고 조씨는 놀라서 앉았다 일어섰다 하면서 "슬프다! 우리 자손들의 씨가 마르겠구나! 어머니가 죄 없이 죽임을 당했으니 아들이 어찌 다른 날 보복하지 않겠는가?"라고 탄식하였다.

이세좌와 연산군의 악연은 그 후에도 계속되었다. 1496년(연산군 2) 이세좌와 그의 동생 이세걸李世傑은 연산군이 폐비의 신주와 사당을 만들려하자 성종의 유교遺敎를 어기는 일이라며 강력히 반대했다. 그뿐만이 아니었다. 1503년(연산군 9) 9월 11일 인정전仁政殿에서 벌어진 양로연養老宴에서 이세좌는 연산군이 따라주는 회배回盃를 임금의 옷에 엎질렀다. 연산군이 "예조판서 이세좌가 잔을 드린 뒤 회배를 내릴 때 내가 잔대를 잡았는데, 반이 넘게 엎질러 내 옷까지 적셨으니 국문하도록 하라!"고 일렀다. 승정원에서 추국推鞫하라는 전지傳旨를 써서 올리니, "그 안에 '소리가 나도록 엎질러 어의까지 적셨다'는 등의 말을 더 써 넣으라!"고 했다. 또한 처음에는 관직을 바꾸라고 했다가, 전라도 무안현茂安縣에 부처付處하면서 "이세좌가 배소配所에 이르는 날짜를 자세히 아뢰라! 거느리고 가는 관원이 사정이 없지 않아 반드시 독촉해 가지 않을 것이니, 서울을 떠나는 날짜도 함께 자세히 아뢰라! 혹시라도 지체해 늦는 일이 있으면 중한 죄로 논하리라!"라고 했다. 그러고는 9월 22일 이세좌를 함경도 온성穩城으로 귀양보냈다.

그러나 1504년(연산군 10) 1월 11일에 연산군은 "이세좌는 죄를 정한 지 오래지 않으니 지금 놓아주는 것이 빠를 것 같다. 그러나 나이가 많고 학식이 있고, 또한 이미 스스로 징계했을 것이며, 은혜를 반포하는 때이므로 특별히 놓아준다"고 하며 풀어주었다. 이세좌는 3월 3일 사면되어 대궐 단봉문丹鳳門 앞에서 사은했다. 연산군은 술잔을 내리면서 이 술잔은 네가 전날 쏟은 것이라 했다. 그러나 얼마 후 홍귀달洪貴達이 자기 손녀딸을 연산군의 궁녀로 들이라는 명을 어기자 이것은 자신에게 술잔을 엎지른 이세좌를 불과 4개월 만에 풀어준 때문이라 하면서 그를 강원도 평해군으로 귀양보냈다가 다시 거제도로 귀양보냈다.

그러던 중 4월 4일 갑자사화가 일어나서 이세좌가 폐비 윤씨에게 약사발을 가지고 갔던 것이 탄로나 거제도로 가는 길목인 곤양군 양포역에서 자살하게 했다. 아들 4형제와 동생 이세걸, 사촌 이세광李世匡, 종손

자 이수공李守恭 등 여러 족친이 죽임을 당하거나 귀양갔다. 이들은 중종
반정이 일어난 후에야 신원되었다.

심희수와 기생 일타홍

심희수沈喜壽는 영의정을 지낸 심연원沈連源의 동생 심봉원沈逢源의 손자다. 누가 봐도 혁혁한 양반 가문의 후손이다. 그러나 그는 일찍이 아버지를 여의고 방탕한 소년이 되었다. 하루는 권세 있는 재상 집에서 잔치가 벌어졌다. 이곳에 있던 심희수는 음식과 술을 마구 먹고 마셔댔다. 주위에서 끌어내려 해도 막무가내였다.

이때 춤을 추던 기생 일타홍一朶紅이 가만히 그에게 접근해 함께 집으로 가서 그의 어머니에게 소실로 들여줄 것을 부탁했다. 심희수의 홀어머니는 집안이 가난한데 견디기 어려울 것이라며 물리쳤다. 이에 굴하지 않고 그녀는 심희수의 기상이 범상하지 않으니 자기가 한번 그를 감화시켜 훌륭한 사람을 만들어보겠다고 애원했다.

허락을 받은 일타홍은 그날로 기생을 그만두었다. 심희수를 서당에 보내고, 돌아오면 밤늦도록 함께 공부했다. 달래기도 하고, 나무라기도 하고, 호소하기도 했다. 홀어머니에게도 극진히 했다. 뿐만 아니라 양반집 규수를 골라 적실 부인을 삼게 하고, 추호도 질투하지 않았다. 자신은 소실의 처지로 만족했다.

심희수는 열심히 공부해 1570년(선조 3)에 스물두 살의 나이로 진사시에 합격했고, 2년 뒤에 별시문과에 급제했다. 일타홍의 첫 번째 목표는 달성된 셈이었다. 심희수는 1589년(선조 22) 정여립鄭汝立 옥사에 재판관 정철鄭澈이 무고한 사람들에게 혹독한 형벌을 가하는 것을 보고 언관으로서 강력히 항의했다. 그러다가 삼척부사로 강등되었다. 제법 빳빳한 선비가 된 것이다.

심희수가 이조 낭관郎官의 벼슬을 할 때의 일이다. 일타홍은 심희수에게 고향 금산錦山에 계신 부모님을 위해 그곳의 원을 자원해달라고 부탁했다. 왕도 그의 원을 들어주었다. 일타홍의 부모는 크게 기뻐했다. 그러던 중 일타홍에게 병이 찾아들었다. 소원이 성취되니 허탈감이 사무쳐 병 아닌 병이 된 것이다. 일타홍은 내아內衙에서 심희수의 손을 잡고 숨을 거두었다. 오직 부탁은 부디 자기를 잊고 시신은 선산발치에 묻어달라는 것뿐이었다.

그 후 심희수는 임진왜란 때 도승지로서 의주로 파천하는 선조를 호종扈從했다. 일타홍이 중국어를 공부하게 해 도승지로 발탁되었던 것이다. 또한 서울로 돌아와 대제학에 올라 문형文衡을 잡았으며, 이조판서를 거쳐 좌의정이 되었다. 재상이 된 것이다. 그는 선조와 광해군 두 임금을 모시면서 용기 있게 옳은 말을 잘해 큰 공로를 남겼다. 그리고 1622년(광해군 14)에 75세를 일기로 세상을 떠났다.

이처럼 훌륭한 인물이 탄생하게 된 데에는 누군가의 희생적인 뒷받침이 있곤 하다. 퇴계는 홀어머니인 춘천 박씨의 각별한 보살핌으로 석학

]희수의 묘.

이 되었고, 한석봉은 떡장수 홀어머니의 뒷바라지로 명필이 되었으며, 오윤겸은 아버지 오희문의 염원에 가까운 후원으로 영의정이 될 수 있었다.

노비 출신 형조판서 반석평

반석평潘碩枰은 현 유엔 사무총장 반기문潘基文의 조상이다. 그의 본관은
광주光州이며 본래 서울에 살던 이참판 집 종奴이었다. 종은 원래 조상이
포로이거나 범죄자, 채무자로서 공민권이 없는 까닭에 과거시험도 볼
수 없었고, 관리가 될 수도 없었다.

반석평은 비록 종이었지만 공부를 하고 싶어했다. 그리하여 자기와
나이가 비슷한 주인집 아들 이오성이 독선생에게 글을 배우는 방 바깥
에서 도둑공부를 시작했다. 이오성은 『통감절요』를 읽고 있었다. 천성
이 영민한 반석평의 도둑공부는 일취월장했다. 글은 배우는 족족 외웠
고, 글씨는 땅바닥에 썼다. 그러다가 들키면 꾸중을 듣기도 했다. 그리하
여 집안사람들이 반석평의 도둑공부를 다 알게 되었다.

반석평은 공부 수준이 어느 정도 높아지자 『통감』을 직접 읽어보고 싶
어했다. 이에 이오성을 설득해 『통감』을 빌려 읽었다. 그러던 어느 날 이
참판이 반석평을 불러 다리를 좀 주무르라 했다. 반석평은 책을 읽느라
다리를 건성으로 주무르다가 이참판으로부터 힐책을 받았다. 이에 반석

평은 그동안 있었던 일을 이실직고했는데 이참판은 오히려 기특하게 여겼다. 얼마 후 반석평은 이참판에게 집을 나가 공부를 좀더 해 과거시험을 볼 수 있게 해달라고 간청했다. 이참판은 그 청을 선뜻 들어주었을 뿐 아니라 반석평의 노비문서를 불태우고, 후손이 없는 친척 집의 양자로 들어가게 해주었다.

반석평은 열심히 공부해 1507년(중종 2) 식년문과 병과에 급제했다. 그 후 그는 예문관 검열, 경흥부사, 만포진첨절제사, 함경남·북도 병마절도사, 동지중추부사, 형조참판을 역임했다. 그런데 그가 형조판서로 있을 때였다. 초헌을 타고 입궐하던 중이었는데, 길에서 거지가 다 된 주인집 도령 이오성을 발견한 것이었다. 반석평은 그를 집으로 데리고 와 그동안 양반 행세를 한 죄를 빌며 다시 옛 주인의 종이 되겠다고 했다. 또한 왕에게도 나라를 속인 죄를 처벌해달라고 청했다. 하지만 왕은 오히려 이를 기특하게 여겨 그를 용서해주고 이오성에게도 사옹원 별제 자리를 내려주었다.

사실 반석평이 국법을 어긴 것은 아니었다. 이참판 스스로 노비문서를 불태워 종량從良해주었고, 문과에 정식으로 급제했으니 법적으로는 문제 될 것이 없었다. 다만 도덕적으로 자기를 발신시켜준 이참판의 아들이 몰락한 것을 마음 아프게 생각하고 취한 양심고백이었던 것이다.

반석평의 시호는 장절공壯節公이며, 묘는 원래 경기도 남양주 조안면에 있었던 것을 지금은 선영인 충남 음성군 원남면 호로리 산4번지에 있는 광주반씨장절공파묘역光州潘氏壯節公派墓域으로 옮겼다. 노비의 공부하고 싶은 염원이 신분의 장벽을 뛰어넘은 것이다.

율곡 이이의 외할머니 용인이씨

율곡栗谷 이이李珥는 퇴계 이황과 함께 조선적 주자학을 확립하는 데 쌍벽을 이룬 유학자이다. 그리고 그의 어머니는 여성으로서 학문과 서화에 뛰어났던 사임당師任堂 신씨申氏이다. 그런 율곡에게 생애에 커다란 영향을 미친 또다른 여인이 있었으니, 바로 외할머니 용인이씨이다.

율곡은 1536년(중종 31)에 강릉 외가인 오죽헌烏竹軒 몽룡실夢龍室에서 태어났다. 오죽헌은 원래 성종 때 형조참판을 지낸 강릉 사람 최응현崔應賢이 지은 것으로 뒤에 그의 사위 이사온李思溫에게 주었다. 이사온에게는 딸 하나만 있었으니 그 딸이 바로 율곡의 외할머니 용인이씨이다. 그녀는 서울에 사는 신명화申命和에게 시집갔는데 부모를 봉양해야 했기에 친정을 지키고 있었다.

용인이씨는 딸 다섯을 두었는데 둘째 딸이 율곡의 어머니인 사임당 신씨이다. 신씨는 율곡의 아버지인 덕수이씨 이원수李元秀에게 시집갔으나, 서른일곱 살에 시가媤家의 살림을 맡을 때까지는 친정인 강릉에서 살았다. 16세기까지만 해도 남귀여가혼男歸女家婚이 사회적 관습이라 사위가 여자 집에 살다가 자식이 장성한 뒤에 본가로 돌아가는 경우가 흔했다.

강릉에는 율곡을 유달리 사랑했던 외할머니가 있었다. 더구나 열여섯 살 때 어머니가 돌아가시자 율곡이 의지할 곳은 외할머니밖에 없었다. 어머니를 여의고 금강산으로 들어가 불교에 귀의할 정도로 방황하던 율곡이 1년 만에 돌아와 처음 찾아간 이도 외할머니였다. 그에게 외할머니는 벼슬하기 전이나 후나 어머니를 대신해 따뜻하게 대해주는 마음의 안식처이기도 했다.

율곡의 외할머니 용인이씨는 남편이 병들어 위독해지자 칼로 자신의 팔을 찔러 피를 내어 쾌유를 빌 정도로 칼칼한 여자였다. 이러한 외할머니의 성품이 딸 사임당이나 율곡에게 되물림되었다. 율곡의 언론이 준절한 것도 필히 그 영향이었다고 볼 수 있다. 그렇기에 뒤에 벼슬길에 나아가서도 외할머니에 대한 그리움이 간절할 때면 미련 없이 자리를 떠나 강릉을 찾았다. 율곡은 선조에게 "조정으로 본다면 신은 있으나 마나 한 보잘것없는 존재이오나 외조모에게 신은 마치 천금의 보물 같은 몸이며, 신 역시 한번 외할머니가 생각나면 눈앞이 아득해 아무것도 할 수 없습니다"라고 술회했다. 오죽헌의 외할머니는 율곡에게 마음의 고향이었다고 할 수 있다.

율곡은 여섯 살 되던 해에 어머니를 따라 서울 본가로 올라왔다. 친할머니 남양홍씨(홍귀손의 딸)가 연로해 어머니 사임당 신씨가 살림을 도맡아야 했기 때문이다. 율곡의 집안은 파주에 터를 잡았는데, 생활이 넉넉지 못했다. 율곡의 할아버지는 벼슬을 하지 못했고, 아버지도 음사蔭仕

「사문탈사 寺門脫蓑」(절 문에서 도롱이를 벗다), 정선, 종이에 수묵, 37.7×55cm, 간송미술관. 눈 오는 날 율곡 이이가 설구雪具를 갖추고 절을 찾는 모습.

로 겨우 수운판관과 감찰 등의 낮은 관직만을 역임했을 뿐이다. 그렇다고 그의 집안이 한미했던 것은 아니다. 증조부 6형제 중 의무宜茂의 아들 행荇과 기芑는 좌의정과 영의정을 지냈으며, 기는 윤원형과 더불어 을사사화를 일으킨 장본인이기도 하다. 이렇게 보면 율곡의 가문은 훈척적 경향이 강했다고 볼 수 있다. 그러나 16세기 이후 훈척계 중 사림계로 전향하는 전향사림파가 많이 늘어나고 있었다. 그러므로 율곡의 윗대는 훈구적인 성격을 띠었으나 율곡 당대에는 사림의 대표로 전향한 것이다.

토정 이지함의 기행

토정土亭(이지함의 호)은 기인奇人으로 알려져 있다. 토정이란 마포 강변에 지은 허름한 '흙으로 만든 정자'이다. 이지함은 밤에는 그 속에서 자고, 낮에는 지붕을 정자 삼아 글을 읽었다 한다. 그는 『주역』을 자주 읽고 관상을 잘 보았기 때문에 『토정비결』은 그가 지은 것으로 전해진다. 하지만 이 책이 19세기에 널리 유행한 것으로 보아 그가 이 책을 썼다기보다는 후대 사람들이 그의 이름을 가탁한 것이라 여겨진다.

그는 구리로 된 모자를 쓰고 다니다가 이를 벗어 여기에 밥을 지어 먹었다. 평상시에는 글을 읽으면 밤을 꼬박 새웠다. 한겨울에는 벌거벗은 몸으로 눈 덮인 바위 위에 앉아 있기도 하고, 한여름에 물을 마시지 않기도 했다. 열흘 동안 익힌 음식을 먹지 않기도 하고, 수백 리를 걸어도 피로한 기색을 내비치지 않았다고 한다. 길을 가다가 잠잘 때면 두 손으로 지팡이를 짚고 몸을 구부린 채 머리를 숙이고 서서 닷새, 엿새를 자는데 숨 쉬는 소리가 우레와 같았다고 한다. 가고 싶은 곳은 안 가본 곳이 없고, 훌륭한 사람이 있다 하면 어디든 찾아 보았다. 그리하여 이이, 남명,

「양화환도」, 「경교명승첩」, 정선, 비단에 채색, 29.2×23cm, 간송미술관. 세상에서 멀어져 방랑생활을 했던 토정은 마포 강가에 머물면서 기이한 행적들을 남겼다.

송익필 등 저명한 인사들과 친하게 지냈다.

그러면 그는 왜 방랑생활을 했는가? 을사사화에 가장 친한 친구 안명세安名世가 처형된 뒤에 세상에 숨은 것이다. 처가의 불행도 이에 일조했다. 장인은 모산수毛山守 이정랑李呈琅이다. 그는 충주 사람 이홍남李洪男 고변 사건에 연루되어 죽임을 당했다. 그런 까닭에 토정은 세속에 정을 붙일 수 없었던 것이다. 더구나 성격이 소탈하고 개결해 어느 한곳에 얽매이는 것을 싫어했다.

토정은 방랑생활을 하는 동안 민초들과 애환을 같이하며 그들을 사랑하게 되었다. 애민, 보민保民, 중민重民, 양민養民, 안민安民이 그의 정치사상의 중심이 된 까닭이다. 그가 장가갔을 때에 있었던 일이다. 초례를 치른 다음 날 토정은 새 도포를 입고 나갔다가 늦게 돌아왔는데, 도포를 걸치지 않았다. 이유인즉 도포를 세 조각을 내어 홍제교에 있던 거지에게 주고 왔다는 것이었다. 토정이 애민을 실천한 한 사례이다.

그는 늘 '내게 일백 리 되는 고을을 맡긴다면 가난한 백성을 부자로 만들 수 있다'고 장담했다. 그런데 1573년(선조 6)에 이를 실현할 만한 기회가 왔다. 이 해에 그가 은일隱逸로 추천되어 포천현감이 된 것이다. 토정은 정부에 장문의 상소를 올렸다. 황해도 풍천부 초도椒島를 포천군에 비지飛地로 소속시켜주면 군민을 부자로 만들 수 있다는 것이었다. 물고기를 잡고, 소금을 구워 곡식으로 바꾸겠다는 것이었다. 하지만 이를 들어주지 않자 그는 스스로 물러났다. 얼마 있다가 그는 아산현감이 되었지만 사정은 마찬가지였다. 뜻대로 일이 이뤄지지 않자 토정은 병이 들어 죽고 말았다.

도덕주의, 농본주의에 찌든 순정 주자학자들로서는 어염魚鹽과 같은 돈벌이에 관심이 없었다. 반면 토정은 상공업을 중시하던 개성 사람 서경덕의 제자였다. 어염을 개발하자는 것도 그러한 맥락에서였다. 바다를 중시하는 이러한 실용주의 사상은 그의 조카 이산해李山海에게 전수되었다.

퇴계의 공부법

퇴계 이황은 조선적 주자학을 뿌리 내리게 한 대유大儒이다. 그는 도를 밝히고 덕을 쌓는 데 온 생을 바쳤다. 퇴계는 거의 독학으로 공부를 너무나 열심히 한 나머지 병을 얻기도 했다. 그는 사람이 많이 모인 자리에서도 벽을 마주보고 앉아서 골똘히 생각했는데, 특히 도연명陶淵明의 인품과 시를 좋아했다.

스무 살이 되던 1520년(중종 15)에는 『주역』을 너무 독실히 읽다가 몸이 마르고 쇠약해지는 병에 걸려 평생토록 고생했다. 1534년(중종 29) 3월에 식년문과에 급제했는데 어머니 춘천박씨는 "문예에만 힘쓰지 말고, 몸가짐을 단정히 하며, 현감 이상은 하지 말고, 교만하지 말라"고 했다. 그래서인지 퇴계는 늘 겸손한 태도를 잃지 않았다. 퇴계는 마흔세 살이 되던 1544년(중종 39)에 중종의 명으로 『주자대전』을 교열하고는 물러나 도학을 집중적으로 연구하기로 마음먹었다. 쉰 살이 되었을 때 하봉霞峯에 집터를 잡고, 그 후 죽동竹洞으로 옮겼다가 토계土溪 개울가에 한서재寒栖齋를 짓고 은거했다.

도산서원 장판각 내부. 퇴계의 문집을 비롯해 성리학자들의 책판이 보관되어 있다.

퇴계는 평소에 날이 밝기 전에 일어나서 이부자리를 정돈하고, 세수하고 머리 빗고 옷과 관을 가지런히 갖추어 입고는 단정히 앉아서 글을 읽었다. 때로 조용히 사색에 잠길 때면 그 자세가 마치 석고상과 같았다. 그러다가도 제자들이 질문을 하면 탁 트이도록 자세하게 설명해주었다. 만약 누군가 묻지 않아야 할 것을 묻거나 말하지 않아야 할 말을 하면 얼굴빛을 바르게 할 뿐 대답하지 않았다.

퇴계는 가정도 잘 다스렸다. 형님 섬기기를 부모 섬기듯 했고, 가난한 친척을 구제하는 데 힘썼다. 그는 아랫사람을 꾸짖거나 욕하지 않았다. 큰 잘못이 없는 한 사람을 딱 잘라버리지 않고 가르쳐서 새사람을 만들었다. 손님을 접대할 때는 형편에 맞게 했고, 제사 음식도 간소하게 했다. 젊은 사람에게도 '너'라고 하지 않고, 사람을 만나면 부모의 안부를 먼저 물었다.

퇴계는 집이 가난해 끼니를 자주 잇지 못했지만 잘 견뎌냈고, 검소하게 살았다. 처가가 부유했지만 처가살이는 하지 않았다. 명예직인 중추부사를 지냈음에도 고향에 살 때는 부역이나 세금을 남보다 먼저 냈다. 그런 까닭에 아전들은 퇴계가 고관이라는 것을 모를 정도였다.

퇴계는 본성을 잘 지키며 마음을 하나로 모으는 공부에 힘썼다. 특히 남이 보지 않는 곳에서 더욱 엄격했다. 때로는 새벽에 일어나 해가 뜰 때까지 향을 피우고 조용히 앉아서 스스로의 마음을 가다듬고 『활인심방活人心方』으로 심신을 단련했다. 그는 일 벌이기를 좋아하거나 이상한 짓을 내세워 명성을 얻으려는 것을 좋아하지 않았다. 선비가 남의 말은 한마디도 받아들이지 않고, 선현들의 견해도 자신의 생각과 다르면 비평하는 태도를 싫어했다. 그렇게 해서는 별로 이룰 것이 없을 것이기 때문이라는 이유에서였다.

종계변무와 역관 홍순언

1390년(공양왕 2) 윤이尹彝와 이초李初는 명나라에 "이성계는 권신 이인임李仁任의 아들"이라고 고자질했다. 그리하여 명나라의 『태조실록』과 『대명회전』에는 이성계가 이인임의 아들로 기록되었다. 더구나 『대명회전』에는 "이인임의 아들인 이성계는 모두 네 명의 고려 왕을 죽이고 나라를 얻었다"고 기록되어 있었다. 이에 조선에서는 태조의 종계를 바로잡아 달라고 끊임없이 청할 수밖에 없었다.

그러나 명나라에서는 묵묵부답으로 일관해 조선에 애를 먹이기도 하고, 훗날 책이 개정될 때 고쳐준다며 이를 미루기도 했다. 그런데 우연한 계기로 이 문제가 풀리게 되었다. 홍순언이라는 역관 때문이었다. 홍순언洪純彥(1530~1598)은 북경에 갈 때 통주通州 부근의 유곽에서 죽은 부모의 장례를 치르기 위해 1000냥을 달라는 기녀를 측은히 여겨 공금을 내어주고 그냥 왔다.

그 뒤 그녀는 예부시랑 석성石星의 애첩이 되었고, 홍순언은 공금유용죄로 감옥에 갇히는 신세가 되었다. 그녀는 조선 사신들이 올 때마다 홍순언의 안부를 물었다. 이에 조선의 조정에서도 홍순언을 풀어주어 사신을 따라가게 했다. 그녀는 홍순언의 은혜에 보답하기 위해 석성을 설득해 200년 묵은 종계변무宗系辨誣의 한을 풀어주고 돌아올 때는 '보은단報恩緞'이라는 글자를 수놓은 비단을 선물하기도 했다.

1584년(선조 17) 주청사 황정욱黃廷彧은 조선 왕실의 종계를 고친 등본을 가지고 왔고, 1587년(선조 20)에 유홍兪泓을 파견해 『대명회전』 원본을 달라고 했다. 그러나 명나라는 아직 황제가 보지 않았다는 이유로 이를 넘겨주지 않았다. 유홍은 머리를 땅에 짓찧어 피를 흘리며 간청했다. 이에 감동한 명나라 황제는 『대명회전』의 조선 종계 부분을 특별히 건네주었다. 그리고 1589년(선조 22) 성절사 윤근수가 『대명회전』 전질을 받아와 종계변무는 일단락되었다.

석성의 도움은 여기에서 끝나지 않았다. 석성은 임진왜란 때 병부상서로서 황제를 설득해 조선에 원병을 파견함으로써 창궐하는 왜병을 몰아냈다. 석성이 조선에 원병을 보내는 데 결정적인 역할을 한 것인데, 물론 이것은 조선이 무너지면 명나라도 위험에 빠진다는 생각에서 결단을 내린 것이기는 하다. 그러나 반대파도 많았다. "오랑캐들끼리 싸우도록 놓아두지 명나라가 끼어들 필요가 없다는 것"이었다. 전쟁이 소강상태에 접어들자 석성은 측근 심유경沈惟敬을 시켜 휴전조약을 맺고 조선의 4개 도를 일본에 주고 도요토미 히데요시를 일본 국왕으로 삼는 선에서 전쟁을 마무리지으려 했다. 그러나 심유경에게 속아 강화가 파탄나고 정유재란으로 왜군이 다시 쳐들어오자 석성은 그 책임을 지고 처형되었다.

조선사신단 일행을 배웅하는 명나라 관리들. 조선의 역관은 사신을 도와 국가의 중대사를 처리했는데, 특히 홍순언의 활약은 두드러졌다. 「송조천객귀국시장도送朝天客歸國詩章圖」, 138.5×165cm, 조선초기, 국립 중앙박물관.

이러한 국가의 중대사들이 일개 역관 홍순언의 남아다운 한 번의 기개로 풀려나갔다는 것은 어찌 하늘의 뜻이 아니겠는가? 홍순언은 이 일로 공신이 되었으며, 그가 살던 마을은 지금도 보은단동으로 불린다.

사람을 알아보는 동고 이준경

명종 조의 유명한 재상 이준경李浚慶은 사람을 잘 알아보기로 유명했다. 이원익李元翼, 윤두수尹斗壽 등의 사람됨을 꿰뚫어보고 발탁한 것이 그 대표적인 예이다. 그는 또한 죽을 때 곧 당쟁이 일어날 것이라 예언했는데, 과연 죽은 지 3년 만에 동서분당이 일어났다.

　그에 대해선 한 일화가 전한다. 동고東皐의 집에는 '피서방'이라는 근실한 하인이 하나 있었다. 동고는 늘 그를 옆에 데리고 다녔다. 이 피서방에게는 과년한 딸이 하나 있어 그는 동고에게 사윗감을 골라달라고 청했다. 그러던 어느 날 동고가 퇴궐하면서 내 오늘 너의 사윗감을 구했으니 속히 가서 데리고 오라고 했다. 정부청사 앞에 거적을 덮고 있는 총각이 그라는 것이었다. 데려와 보니 남루하고 병든 꼴이 영락없는 거지가 아닌가. 피서방은 낙망했다. 그러나 상전에게 사윗감을 구해달라고 한 죄로 그 총각을 목욕시키고 혼례까지 치렀다.

　그런데 그는 밤낮없이 잠만 잤다. 3년 동안 집 바깥으로 나가본 적이 없었다. 그러던 어느 날 갑자기 그는 세수를 하고 의관을 갖추어 입었다.

「동고행장」, 31.21×19.8cm, 광주이씨 문경회 종회.

왜 그러느냐고 하니 오늘 동고가 온다는 것이었다. 이때 과연 동고가 나타나 따로 그와 방 안에서 이야기하기 시작했다. 동고가 "이를 어찌하나? 대체 어떻게 해야 좋단 말인가"라고 하자, 그는 "모두가 천운이니 어쩌겠습니까?"라고 대답했다. 동고가 "어쨌든 이후의 일은 모두 네게 맡긴다"고 하니 "알아주신 은혜를 어찌 잊겠습니까"라고 답했다. 동고는 이내 곧 떠났다.

그 후 어느 날 저녁이었다. 피서방이 동고를 모시고 나갔다가 막 돌아왔는데 동고가 돌아가시게 되었으니 장인에게 빨리 가보라고 했다. 피서방이 가보니 과연 죽기 직전이었다. 동고가 그렇게 빨리 온 것을 보고, "네 사위는 보통 사람이 아니다. 앞으로는 그 애가 하자는 대로 해라"라고 하고는 운명했다.

4년 뒤 그는 장사를 하겠으니 수천 금을 대달라고 했다. 미덥지 않았지만, 생전에 동고가 한 말이 있어 비상한 인물인 것을 알았으므로 주저없이 이를 허락했다. 그러나 그는 돈을 털어먹고 벌어오는 것이 없었다. 심지어 몇 번에 걸쳐 그런 일이 일어났다. 5~6년이 지나니 이제는 동고의 집도 피서방의 집도 거덜이 났다. 그러자 그는 두 집안 식구를 데리고 궁벽한 산속으로 들어갔다. 그곳에는 즐비한 기와집과 살림살이, 가축들이 준비되어 있었다. 무릉도원武陵桃源이 따로 없었다. 그가 두 집안의 돈을 가져다가 장만해놓은 것이다. 그런데 1592년(선조 25) 4월에 임진왜란이 일어난 것이다. 이에 피난을 잘하고 살다가 동고의 자손들은 청주 남산으로 옮겨 살았다고 한다. 그가 동고의 아들에게 이제 적병이 물러갔으니 나가서 동고가 이룩해놓은 업적을 세상에 드러내라고 했다. 그는 청주가 좋은 땅이니 다른 곳으로 옮기지 말라고 하고는 어디론가 사라졌다고 한다.

세 번째 엎드린 분을 왕으로 세우다

1567년(명종 22) 6월 28일 명종의 병이 위독해졌다. 중전 심씨가 승전색承傳色 전윤옥全潤屋을 시켜 영의정 이준경과 좌의정 이명李蓂, 약방제조를 삼경三更에 입시하라고 했다. 이때 의정부에서 유숙하고 있던 이준경이 들어왔다. 곧이어 영부사 심통원沈通源, 병조판서 원혼元混, 도승지 이양원李陽元과 사관 등도 입시했다.

　이준경이 "전교를 받고자 한다"고 외쳤으나 명종은 이미 말을 하지 못하는 상태였고, 이준경을 가까이 오게 하더니 손을 잡았다. 이준경이 후사를 속히 정해야 한다고 말하자 팔을 들어 안쪽으로 향한 병풍을 두드렸다. 중전에게 물어보라는 뜻이었다. 이준경은 중전에게 후사에 관해 들은 것이 있느냐고 여쭈었다. 이에 중전은 "지난 을축년(1565) 명종이 아팠을 때 덕흥군德興君의 셋째 아들 하성군河城君 이균李鈞을 후사로 삼았다"고 답했다. 이준경은 여러 대신과 양사 장관을 불러 이 전교를 함께 듣도록 했다.

　그날 새벽 명종이 승하했다. 이에 이준경이 도승지 이양원, 동부승지

박소립朴素立, 주서 황대수黃大受, 병조판서 원혼元混을 불러 시위장졸을 이끌고 가서 새로 임금이 될 사람을 모셔오라 했다. 이때 황대수가 이양원의 허리띠를 잡고 "왜 어느 군君을 모시고 와야 할 것인지"를 묻지 않느냐고 했다. 이양원이 "이미 정해진 일이니 물어볼 필요가 없다"고 하자, 황대수는 "비록 이미 정해진 일이라도 이 일만은 그렇게 서둘러서는 안 된다" 하고 "德興君第參子入承大統可也", 즉 일부러 '三'자를 '參'으로 썼다며 12자를 써서 보인 다음 옷소매에 넣고 나갔다. 이양원이 창졸간에 말과 종이 없어 걸어서 가려 하자 황대수가 "지금 이 시기에 위의威儀를 잃어 보는 이의 이목을 놀라게 해서는 안 된다"고 하고는 즉시 말과 따르는 사람을 갖추어 덕흥군의 집으로 갔다.

가서 보니 시위군은 아직 오지 않았다. 이양원이 새 임금의 외삼촌 정창서鄭昌瑞에게 알려서 뵈려 하자 황대수가 "마땅히 세 왕손을 다 나오라 해 직접 확인한 다음 모셔가야 한다"고 했다. 이때 하성군은 어머니 하동군부인河東郡夫人의 상을 당해 상례를 치르고 있었다. 그러나 환관 이외에는 하성군의 얼굴을 아는 사람이 없었다. 그리하여 이양원은 먼저 들어가 전교할 일이 있다고 하고 모든 형제를 뜰로 내려와 엎드리게 한 다음 그중 세 번째 엎드린 분을 모셔다 즉위시키니, 그가 바로 선조이다.

이처럼 명종은 죽어가고 후계자는 정해지지 않은 상태에서 원로대신인 영의정 이준경이 절차를 밟아 아무 탈 없이 대권을 승계하게 한 것은 큰 공로라 할 수 있다. 또한 창졸간에도 정확한 절차를 거쳐 새 임금을 모셔온 황대수의 지략도 높이 살 만하다. 그러나 안타깝게도 황대수는 일찍 죽어 크게 쓰이지는 못했다.

제5장

당쟁과 선비들

조신은 왕권 국가였기에 붕당을 지으면 살아남지 못하
게 되어 있었다. 그러나 사림이 정권을 잡자 군약신강
의 정국이 되어 법으로 금지된 붕당이 존재하게 되었
다. 처음에는 군자당과 소인당을 구별하더니 뒤에는
각 당에서 군자만 뽑아 쓰는 조제론調劑論이 유행했
다. 그리하여 붕당 간의 당쟁이 일어났다.

붕당과 당쟁

근래에 조선의 당쟁을 붕당정치朋黨政治로 부를 것을 주장하는 이들이 있다. '당쟁黨爭'이라는 말은 일제 학자들이 쓴 용어라는 것이 그 이유다. 어불성설語不成說이다. 물론 근대사학이 일제 학자들에 의해 그 첫발을 내디뎌 모든 용어가 일본인들에 의해 지어진 점은 대단히 유감스러운 일이다. 그렇다고 지금 일본인들이 만든 모든 용어를 버리고 새로 만들어 쓸 수도 없는 형편이다.

당쟁이란 당파끼리 서로 싸우는 것을 뜻하는 일반명사다. 굳이 따지자면 이건창李建昌의 『당의통략黨議通略』에 나오는 '붕당지쟁朋黨之爭'의 준말일 뿐이다. 그런데 '붕당정치'라고 하면 마치 식민통치를 극복하고, 당쟁을 긍정적으로 이해하는 것처럼 생각하는 것은 옳지 않다. 그런 사고라면 일본인들이 만든 국어, 영어, 물리, 수학과 같은 일반명사들도 다 쓰지 말아야 할 것 아닌가?

광복 이후 한국 사학계에서는 일제 식민사학의 굴레에서 벗어나기 위해 한국사를 긍정적으로 서술하려고 애쓴 적이 있다. 붕당정치도 이러

『당의통략』, 이건창. 영재 이건창이 조선왕조 당쟁사를 정리한 것으로, 이 책에서 '붕당지쟁'이라는 말을 쓰고 있다.

한 범주에 속한다. 이것은 일제의 한국사 왜곡과 마찬가지로 또다른 왜곡일 뿐이다. 역사는 사실대로 서술하는 것이 정도正道이기 때문이다.

'붕당정치'라고 한다 해 당쟁이 긍정적으로 평가되는 것도 아니다. '붕朋'은 '동사왈붕同師曰朋' '동도왈붕同道曰朋'으로 같은 선생 밑에서 같은 도를 배운 동창생이라는 뜻이니 나쁠 것이 없다. 그러나 '당黨'은 자기가 좋아하는 사람은 끌어들이고, 싫어하는 사람은 배격하는 '편당偏黨'일 뿐이다. 그러니 '붕당'이란 성리학을 신봉하는 같은 학통의 사람들이 구성하는 당파이다.

조선왕조는 왕권 국가였다. 따라서 모든 권력은 의제적擬制的으로 국왕에게 집중되어 있었다. 그렇게 하는 것이 양반 관료 간의 권력투쟁을 줄일 수 있다고 생각해서였다. 그러므로 국왕 앞에서는 붕당을 만들 수 없었다. 『대명률大明律』 간당조奸黨條에는 "만약 조정의 관원들이 붕당을 지어 국가의 정치를 문란하게 한다면 모두 목을 베어 죽이고, 처자는 노비로 삼으며, 재산은 관청에서 몰수한다"고 규정되어 있다. 조선은 이러한 『대명률』을 준용했다.

그러니 붕당을 지으면 살아남지 못하게 되어 있었지만 사림이 정권을 잡자 군약신강君弱臣强의 정국이 되어 법제적으로 금지된 붕당이 실제로 존재하게 되었다. 처음에는 군자당과 소인당을 구별하더니 뒤에는 각 당에서 군자만 뽑아 쓰는 조제론調劑論이 유행했다. 그리하여 붕당 간의 당쟁이 일어났다. 이로 미루어보아 붕당정치는 '당쟁'으로 쓰거나, 또는 정치 주체가 사림이니 사림정치로 불러야 마땅하다. 붕당은 실재하기는 했으나 국법으로는 금지된 것이었기 때문이다.

붕당사의 굵은 줄기들

붕당이란 무엇인가? 이는 학연과 그에 따른 혈연·지연으로 뭉친 학단學
團이라고 할 수 있다. 퇴계退溪, 남명南冥, 율곡栗谷, 우계牛溪 학단 등이 그
러하다.

당쟁은 사림정치의 부산물이다. 사림파는 막강한 훈구파와 싸울 때는
안으로 단결되어 있었다. 그러나 선조 초기에 훈척 세력이 무너지고 사
림파가 집권하자 그 내부에서부터 분열하여 붕당이 생기고 붕당 간에
당쟁이 일어났던 것이다. 처음에는 기호의 선배당(서인)과 영남의 후배
당(동인)으로 갈리더니, 동인이 우세해지자 퇴계학파인 남인과 남명학파
인 북인으로 갈렸다. 퇴계의 제자인 유성룡柳成龍이 임진왜란 이후 주화主
和의 책임을 지고 물러난 데 반해 남명의 제자인 정인홍鄭仁弘 등은 의병
을 일으켜 진출했기 때문이다.

그러나 북인은 광해군 조에 기호의 화담花潭 학단과 연립정권을 세웠
다가 결속력이 약해 사분오열되어 싸우다가 인조반정으로 무너지고 말
았다. 인조반정으로 정권을 차지한 서인은 북인들이 정권을 독차지했다

答退溪書

平生景仰有同星斗于天曠世難逢長

似巻中人忽蒙賜喻勤懇撥藥弘多曾

是朝暮之遇也植之愚蒙寧有所靳耶

只以構取虛名厚誣一世以誑聖明盗人

物猶謂之盗況盗天之物乎用是踢踏無

地日俟天誅天譴果至忽於去年冬腰

脊刺痛月餘右脚輒蹇已不得蓬行

조식편지, 『조선명현필첩 소수』, 조식, 30.5×21cm, 16세기, 국립중앙박물관. 남명 조식은 퇴계 이황과 쌍벽을 이뤄 낙동강을 사이에 두고 '좌퇴계 우남명'이라 불리며 각각의 학파를 구성했다. 이 편지는 남명 조식과 이황이 편지를 주고받는 가운데 남명이 이황에게 답한 것이다.

가 무너진 것을 교훈삼아 소북 등 온건 세력을 모아 관제 야당인 남인을 만들었다. 그런데 이러한 남인이 현종 조에 효종 내외에 대한 인조의 왕비(조대비)가 어떤 상복을 입어야 하는가 하는 예론禮論을 들고 나왔다. 이른바 기해·갑인예송禮訟이다. 그리하여 숙종 조에 이르면 서인과 남인의 밀고 밀리는 서남당쟁이 극심하게 일어나 국가가 존폐의 기로에 놓이게 되었다.

이에 국가를 살리기 위해 왕권을 강화하고 4색 당파를 고루 쓰자는 황극탕평론皇極蕩平論이 대두되었다. 어차피 왕권이 신권을 누를 수 없어 당쟁이 일어난 마당이라 그 타협안으로 대두된 이론이다. 반면 사림정치의 틀은 무너졌다. 그런데 영조는 온건파를 중심으로 탕평책을 쓴 데 비해, 정조는 강경파를 중심으로 탕평책을 쓴 것이 다르다. 또한 왕권 강화의 일환으로 대민정치를 개선해 영조, 정조 조의 문운文運을 일으키기도 했다. 정조는 군주도통론君主道統論을 내걸어 정국을 국왕 중심으로 이끌어갔다. 그리하여 4색 당파보다는 사도세자를 동정하느냐의 여부를 두고 정국이 시파時派와 벽파僻派로 갈렸다.

그런 와중에 탕평의 파트너로서 외척 세력이 성장해 외척세도정치의 길이 열렸다. 그리하여 19세기에 생산력은 저하되고 세도 가문의 가렴주구苛斂誅求로 민란이 일어나며 외세가 개입해 나라가 망하게 된 것이다. 외척세도정치 때문에 국가가 총체적 위기에 직면해 서세동점西勢東漸에 유연하게 대처하지 못한 것이다. 그러니 나라가 망한 이유는 당쟁 때문이 아니라 몇몇 노론 가문의 외척세도정치에 있었다고 해야 할 것이다.

당쟁의 조짐, 선배와 후배의 대결

이준경은 유차遺箚에서 당쟁의 조짐이 있다고 말한 바 있다. 그것은 헛말이었는가? 그렇지 않다. 하나의 실례를 들어보자. 김개金鎧와 기대승奇大升 등의 대결을 보면 이를 알 수 있다.

1569년(선조 2) 6월 1일 김개가 사림에게 죄를 얻어 문외출송門外出送(조선시대에 죄지은 자의 관작을 빼앗고 도성 밖으로 내쫓던 벌)되었다. 그는 김계휘金繼輝의 족인으로 윤원형尹元衡과 가까웠으며, 특히 선비들이 찬찬하지 못하고 나부대는 것을 싫어했다. 그는 경연에서 "선비라면 당연히 자기자신을 단속하고 입으로 남의 잘못을 말하지 말아야 하는데, 지금의 선비라는 자들은 스스로도 부족한 점이 많으면서 함부로 시비를 논하고 대신을 비난하니 이런 풍조를 키워서는 안 됩니다." "지금 선비라는 자들이 무슨 일을 해야 한다고 함부로 떠들어대고 있는데 그들을 억제하지 않으면 안 됩니다"라고 말했다.

기대승은 김개가 노리는 사람이 자기를 비롯해 이탁李鐸, 박순朴淳, 윤두수尹斗壽, 윤근수尹根壽, 정철鄭澈 등이라고 했다. 김개는 원래 지식이 없는 사람인데 명종 말년에 영의정 윤원형에게 정사를 위임하라고 해 사림으로부터 배척을 당했다. 김개뿐만이 아니었다. 대신 중에 어떤 이는 기대승이 사석에서 영의정은 쫓아내야 하고, 좌의정은 뺨을 쳐야 한다고 했다고 모함했고, 선비들이 이준경에게 김개를 쫓아내자고 하자 "이 일은 김개의 뜻만은 아닐 것이니, 만약 잘못 건드리면 큰 화를 당할 것이다"라고 한 것을 보아도 젊은 선비들을 내쳐야 한다는 것은 대신들의 중론이었음을 알 수 있다. 심의겸沈義謙이 중재하는 체하며 김개를 변명해 준 것도 혐의를 둘 만하다.

이준경은 대신들과 사림의 불화를 조율하고자 했다. 사림의 과격한 주장과 지나친 결속을 견제하고, 대신들이 세를 모아 사화를 일으키려는 것도 억제하고자 했다. 대표적인 예가 퇴계의 지나친 부상을 우려한 것이다. 1568년(선조 1) 이황은 우찬성으로 서울에 불려 올라왔는데 축하객이 많이 몰려 영의정인 이준경을 사흘 뒤에나 찾아갔다. 이준경이 화를 내면서 퇴계를 매우 나무랐다. 옛날에 조광조가 패거리를 많이 모으다가 기묘사화를 당했다는 이유에서였다. 이황은 병을 이유로 얼른 물러났다. 아니나 다를까 다음 해 김개가 "경호景浩(이황의 자)가 이번 걸음으로 인해 소득이 적지 않았다. 잠깐 서울에 왔다가 1품의 고신告身을 손에 넣어 향리鄕里의 영화거리가 되었으니 그 얼마나 만족할 만한 일인가?"라며 비아냥거렸다.

김개를 비롯한 대신들이 뭉치려 하자 기대승을 비롯한 사림들은 일제히 반발했다. 선조도 신정을 펴는 데 새로운 인재들이 여럿 필요했으므로 결국 김개를 쫓아내 사림들의 불만을 누그러뜨렸다. 김개도 이런 분

위기를 감지하고 스스로 물러나는 길을 택했다. 그리하여 동서분당은 6년 뒤로 미루어졌다.

"곧 붕당이 일어날 것이다"- 영의정 이준경의 유차

1572년(선조 5) 2월에 영의정 이준경이 죽었다. 죽기 전에 그는 붕당이
생길 것을 걱정하는 유차遺箚를 올렸다. 그러자 이이李珥를 비롯한 신진사
림들이 크게 반발했다.

이이는 "옛사람은 장차 죽으려 할 때 그 말이 착한데 이준경은 죽으려
할 때 그 말이 악하다"며 받아쳤다. 만일 신하 중에 사사로이 붕당을 짓
는 자가 있으면 재상의 지위에 있을 때 명백하게 전하에게 아뢰어 이를
없애지 않고 왜 이제 죽어가면서 분명치 않은 말로 사림을 어육魚肉으로
만들려 하느냐는 것이었다. 정철 또한 이준경의 관작을 삭탈해야 한다
고 주장했지만, 유성룡은 "대신이 죽음에 임해서 드린 말씀인데 불가하
면 그 옳고 그름을 가리면 그만이지 관작을 추탈할 것까지야 있겠는가?
이제 만약 그의 관작을 추탈하면 국체에 해가 될 것이다"라며 반대했다.
결과적으로 이러한 반발은 유야무야되었지만 이준경이 죽은 지 3년 후
인 1575년(선조 8)에 과연 동서분당이 일어났다.

이러한 견해 차이는 선배 후배 사림의 시국관의 차이에서 말미암은

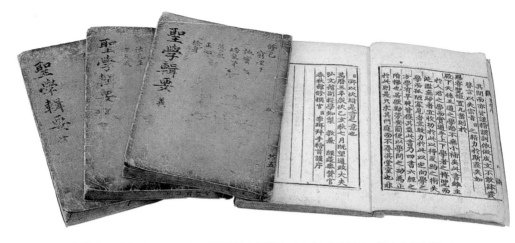

『성학집요』, 이이, 34×22cm, 1749, 강릉오죽헌시립박물관. 사림 가운데 선배 쪽은 이준경이, 후배 쪽은 이이가 무리를 대표했다. 이들은 출처관도 달라 이이는 왕이 개혁하고자 하는 뜻이 있을 때만 군주를 도우려했다.

것이었다. 이준경은 선배 그룹의 대표요, 이이는 후배 그룹의 대표라 할 만하다. 이준경은 이이가 지나치게 따지고 남을 신랄하게 비평하는 것을 싫어했다. 중종 때 조광조趙光祖가 급진적인 개혁을 시도하다가 기묘사화가 일어난 것을 경계했던 것이다. 반면에 이이는 당시의 정국이 무너지기 직전의 초가집 같으니 빨리 개혁하지 않으면 안 된다는 입장이었다. 이른바 경장론更張論이다.

출처관出處觀도 달랐다. 이이는 왕이 개혁하고자 하는 뜻이 있으면 나와서 돕고, 그렇지 않으면 돌아가 후진이나 양성하겠다는 태도였다. 반면에 이준경은 정치적 상황이 어떻든 간에 왕을 도와 경세經世를 하겠다는 입장이었다. 임금의 예우에 따라 나아가거나 물러나는 것은 기회주의에 불과하다고 보았던 까닭이다. 이것은 이른바 개혁이냐 보합이냐의 차이다. 대신인 이준경은 보합을, 신진세력의 대표인 이이는 개혁을 택한 것이다.

시국관의 차이는 쉽게 좁혀질 수 있는 것이 아니다. 시간이 지날수록 대립이 심해져 붕당이 생기고 붕당 간에 정쟁이 생기게 마련이다. 선조조의 초기 당쟁은 이러한 명종 조의 신구 대립에 의해서 생긴 것이다. 그리고 당쟁이 일어나지 않을 것이라 말했던 이이는 동서분당의 와중에서 이를 보합하기 위해서 동분서주했으나 뜻을 이루지 못하고 오히려 동인에 의해 서인으로 몰리기까지 했다. 역사의 아이러니라 할 만하다.

이준경이 이황을 꾸짖은 까닭

이준경과 이황은 홍문관에서 선후배로 근무하면서 1강9목소一綱九目疏를 올린 바도 있고, 서로 학문과 경륜을 인정해주기도 하며, 관직에 천거해 주기도 한 돈독한 사이였다. 그러나 둘은 서로 다른 입장을 견지하며 이 견을 좁히지 못했다. 이황은 자타가 공인하는 사림의 종장이었던 데 비해, 이준경은 영의정으로서 조정의 위계질서를 바로잡고 재상들의 구신 집단과 신진사림들의 충돌을 중재해보려는 입장이었다.

당시는 선조의 신정 초기라 왕의 뜻이 신진사림들에게 기울어져 있을 때였다. 신진사림들은 퇴계를 종주宗主로 삼고 있었다. 그들은 세도世道 를 만회하고 부정한 것을 제거하며, 깨끗한 것을 드러내야 한다고 주장 했다. 반면 윤원형尹元衡·이량李樑의 추종자로서 버림받아 쓰이지 못하는 무리들이 있었다. 또 다른 한편에는 세태에 따라 부침浮沈하면서 오랫동 안 부귀와 안일에 젖어 있는 명망 있는 구신들도 있었다. 이들은 신진사 림을 소기묘小己卯라고 불렀다. 조광조의 기묘사림己卯士林과 비슷한 위험 한 존재라는 뜻이다.

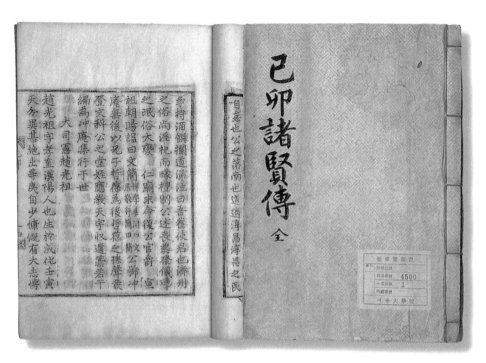

「기묘제현전」, 김육, 1639, 규장각한국학연구원. 기묘사화己卯士禍로 화를 입은 선비들에 관해 그 전기를 서술한 것이다.

이준경은 영의정으로서 한편으로 기묘사화를 거울삼아 신진사림의 과격한 처사를 견제하고, 다른 한편으로 구신들이 뭉쳐 신진사림을 일망타진하는 것을 미연에 방지하고자 했다. 1568년(선조 1) 7월 이준경의 추천으로 이황이 우찬성에 임명되었을 때의 이야기다. 이황은 병을 이유로 관직을 받을 수 없다고 물리치다가 선조의 강권으로 서울 건천동乾川洞 집으로 올라왔다. 그랬더니 축하객이 몰려 사흘이 지난 뒤에나 겨우 영의정 이준경을 찾아볼 수 있었다. 이준경은 대로했다. "공이 서울에

온 지 이미 오래되었는데 왜 빨리 찾아오지 않았는가?" 이황이 찾아오는 사람이 많아서 늦었다고 하자, "옛날 기묘사화 때도 사습士習(선비의 풍습)이 이와 같았다"며 엄하고 매섭게 나무랐다. 세인의 이목이 이황에게 지나치게 쏠리면 기묘사화와 같은 사림의 화가 생길 위험이 있었기 때문이다. 그렇지 않아도 이황에게는 이름을 좋아한다느니, 병을 핑계 댄다느니, 산새와 같이 달아나기를 좋아한다느니 하는 비난이 따르고 있었다.

아니나 다를까, 1569년 6월 대사헌 김개가 사림을 탄핵했다. 이 말이 나오자 윤원형·이량의 무리가 두 세력을 이간질시켜 사림에게 분풀이를 하려 했다. 이때 이준경은 이들의 편을 들지 않았다. 여기서 한발 더 나아가 이준경은 을사사화와 안처겸安處謙의 난에 피해를 입은 사람들을 신원해주고, 가해자들의 공신호를 삭제하는 일에 앞장섰다. 그러자 김개는 관직을 내놓고 물러나지 않을 수 없었다. 사림의 승리였다.

사림이 이겼으니 사림이 갈릴 차례였다. 기묘사림은 사림의 힘이 덜 성숙되었을 때 과격한 개혁을 주장하다가 실패했다. 이황은 이러한 실패를 거울삼아 안으로 서원書院·향약鄕約·유향소留鄕所 등을 통해 사림의 수와 힘을 늘리고, 밖으로 도학 이론을 깊이 연구해 사림의 시대를 감당할 만한 기반을 만드는 데 앞장섰다. 그리하여 17세기 이후 사림정치 시대를 열 수 있게 한 것이다.

이준경과 이이, 원수처럼 배척하다

이준경과 이이는 사이가 좋지 않았다. 이이는 사림의 대표로 선조와 같이 개혁 의지가 있는 왕이 있을 때 밀어붙여야 한다는 의견을 펼친 데 반해, 이준경은 노성한 재상으로서 신진사림의 과격한 개혁 의지를 견제하지 않으면 구신들에 의해 또다른 사화가 일어날 것이라며 경계의 끈을 늦추지 않았다. 두 사람 모두 개혁에는 동의하지만 서둘러 이루느냐, 서서히 진행시키느냐의 입장차를 보였던 것이다.

선조가 즉위하자 새로운 인재를 많이 기용하고자 했다. 그리하여 이이, 유성룡, 기대승, 정철 등 많은 인재들이 정계에 진출했다. 이이는 당시를 난세 끝에 천명을 받은 사람이 나와서 나라를 창업해 다스림의 시대로 이행하는 때로 보았다. 그러므로 일대 개혁을 이룰 수 있을 거라 여겼다. 하지만 당시의 풍조는 조종의 법을 묵수墨守하는 경향이 있었다. 이이는 토붕와해土崩瓦解와 같은 국가적 위기를 타개하기 위해서는 시의에 맞는 개혁을 서둘러야 한다고 주장했다. 반면에 이준경은 정치적 상황이 어떻든 왕을 도와 경세를 해야 한다고 생각했다.

이러한 두 사람 사이에 충돌이 없을 수 없었다. 1569년(선조 2) 9월 영의정 이준경은 을사사화와 안처겸 옥사에 희생된 사람들을 신원하자고 주장했다. 이이도 같은 생각이었다. 다른 점이 있다면 이준경은 명종이 관련되어 있고 당시의 가해자들이 살아 있어 반발할 수 있으니 서서히 단계적으로 하자는 것이었던 반면, 이이는 옳은 일이므로 지체해서는 안 되며 그때 공신호를 받은 사람은 위훈僞勳이니 삭제해야 한다는 입장이었다.

또 이준경이 승지가 왕을 직접 면대하는 것은 체통이 없는 일이라 비판하자, 이이는 "그 말은 옳지 않습니다. 다만 무슨 말을 했는지가 문제입니다. 승지 역시 경연관이니 왕을 면대하는 것은 그의 고유 업무에 속하므로 이준경의 말이 고집스러운 것입니다"라며 반박했다. 이런 까닭에 이이는 정부에 계속 남아 있을 수 없었다. 백인걸이라는 자는 평소에 이준경을 볼 때마다 이이가 어질고 재주가 있어 쓸 만하다고 칭찬했다. 그런데 이이가 왕 앞에서 두 번이나 자기 말을 꺾어버리자 이준경은 "그대가 말한 이이는 어찌 그리 말이 가벼운가?"라며 비판했다. 그로부터 얼마 지나지 않아 이이는 해직되어 강릉으로 내려갔다.

마지막으로 두 사람이 부딪친 것은 이준경의 유차가 올라왔을 때다. 이이는 붕당을 지은 사람이 있으면 입궐해서 발본색원할 것이지, 이준경이 있지도 않은 붕당을 은어隱語를 써가며 죽기 전에 여우나 도깨비처럼 있다고 지껄여 사림을 어육으로 만들려 한다고 공격했다. 그리고 마지막으로 "옛사람들은 죽으려 할 때 그 말이 착했는데, 지금 사람(이준경)은 죽으려 할 때 그 말이 악하다"고 호되게 몰아붙였다. 그러니 삭탈

관작해야 한다는 것이었다. 가히 원수처럼 배척한 것이다. 그러나 3년
뒤에 이준경의 예언대로 과연 동서분당이 일어났다.

십만양병이 가능한가

조선시대에는 대규모 군사를 일으킨다고 하면 십만양병을 거론했다. '호왈십만號曰＋萬'이다. 율곡 이이의 십만양병설도 그렇고, 효종의 북벌을 위한 십만양병설도 그렇다. 그런데 율곡의 십만양병설은 여러모로 의심이 간다. 우선 십만양병설을 주장했다는 율곡의 『율곡전서』에도, 반대했다는 서애 유성룡의 『서애집』에서도 그런 기록을 찾아볼 수 없다.

이 기록은 1814년(순조 14)에 간행된 『율곡전서』 부록에 수록된 김장생金長生의 「율곡행장」에 처음으로 나온다. 율곡이 십만양병을 주장했더니 서애가 반대했다는 것이다. 이를 근거로 이정구李廷龜의 「율곡시장諡狀」, 이항복李恒福의 「율곡신도비명」, 송시열의 「율곡연보」에 조금씩 가필되어 율곡의 십만양병설이 태어난 것이다. 그런데 송시열의 「율곡연보」에 오면 구체적으로 임진왜란 10년 전인 1583년(선조 16) 경연에서 도성에 1만, 각 도에 1만씩 10만을 기른다고 가필되어 있다.

그러면 과연 당시 문치주의 체제에서 십만양병은 가능한 일이었는가? 고려와 조선시대에는 땅덩어리가 작고 인구도 적어 군대를 키우기 어려웠다. 인구 1000만 치고 그렇게 많은 수치는 아니겠지만 절반은 여자요, 남자 500만 중 천인계급 40~50퍼센트, 16세 이하 60세 이상, 관직자, 관학생, 불구자, 폐질자를 빼고 나면 과연 얼마나 남겠는가? 그것도 3인 1조이면 군대는 과연 몇 명이나 갈 수 있겠는가? 더욱이 군사를 뽑는다 하면 모두 산골짜기로 달아나고 서리胥吏와 짜고 면제받는 사람까지 제할 경우 십만양병은 쉽지 않았다. 혹 이를 억지로 결행할라치면 사회는 혼란에 빠질 수밖에 없다. 전시가 아니면 군사를 모으기가 어려운 까닭이다. 군역을 군포로 대치한 것도 그 때문이었다.

그보다도 더 중요한 것은 경비 문제다. 조선은 농업국가였다. 그렇지만 실상은 농업에 가장 적합하지 않은 나라다. 산이 많아 농지가 적고, 늘 가물다가 7~8월에 계절풍이 불면 태풍이 와서 모조리 쓸어가기 때문에 국가는 가난하고, 백성들은 춘궁기를 넘기기 어려워 굶어 죽는 사람이 많았다.

성호星湖 이익李瀷은 『성호사설星湖僿說』에서 "백성이 하루에 2되升의 식량이 없으면 굶주리게 되니, 10만 명이면 하루에 식량 1330섬을 소비하게 될 것이고, 만약 한 달을 견딘다면 4만 섬을 소비하게 될 것"이라 했다. 거기다가 기병騎兵의 사료, 말몰이꾼의 식량 등을 포함하면 엄청난 비용이 든다는 것이다.

그런 까닭에 국방보다 외교가 값이 싸게 먹힌다고 생각하는 것이 당시 사대부들의 사고였다. 강병책을 쓰려면 노선을 바꾸어야 했다. 농업국가로서는 강국이 될 수 없었기 때문이다. 대평원이 있는 것도 아니고 기후가 적절한 것도 아니었다. 강한 나라가 되려면 무치주의를 택하고,

상공업을 육성하며, 노략질을 일삼아야 했다. 그러니 고구려가 망한 뒤
에는 만주 땅을 잃어버려 강국의 꿈도 사라진 것이 아닌가?

퇴계와 남명

퇴계退溪 이황과 남명南冥 조식은 같은 경상도에서 같은 해(1501)에 태어났다. 퇴계는 경상좌도에 태어나 인仁을 사랑했고, 남명은 경상우도에 태어나 의義를 사랑했다. 이익은 "남명은 우도에, 퇴계는 좌도에 해와 달처럼 있었으며 (…) 좌도는 '인'을 사랑하고, 우도는 '의'를 사랑한다"고 했다. 두 사람은 다 같이 『성리대전』에서 득력得力해 도학에 정진했으며, 학문과 실천을 모두 중시했다.

그러나 둘은 다른 점도 많았다. 남명은 "주자 이후에 꼭 저술을 남길 필요가 없다"고 해 이론보다는 실천의 중요성을 강조했다. 반면에 퇴계는 왜 심성 수양을 해야 하는가를 따지는 이론을 중시했다. 남명이 존덕성尊德性을 강조했다면 퇴계는 도문학道問學을 강조한 것이다. 이런 까닭에 퇴계는 이기심성론에 대한 연구와 토론에 열을 올렸던 데 반해, 남명은 물 뿌리고 소제하고 손님을 응대하는 법도 모르면서 오활하게 이기理氣를 논한다고 비아냥거렸다. 남명은 오히려 마음에 사욕이 침노하는 것을 막기 위해 이를 칼로 잘라내고, 정신을 늘 깨어 있게 하기 위해 경의

검敬義劍이라는 칼과 성성자猩猩子라는 방울을 차고 다녔다. 이 경의검은 뒤에 그의 수제자인 정인홍鄭仁弘에게, 성성자는 그의 외손녀 사위 김우옹金宇顒에게 물려줬다. 남명은 정신 수양에 필요하다면 비록 도교와 불교일지라도 원용하는 것이 옳다는 생각을 가지고 있었다. 반면에 퇴계는 평소에는 성격이 원만하지만 이단을 배격하는 데에는 혹독했다. 퇴계가 남명을 존경하면서도 이단에 감염되었다고 비평했던 까닭도 여기에 있다.

두 사람은 출처관出處觀도 달랐다. 퇴계는 도연명陶淵明을 좋아하는 자연주의자였다. 그렇지만 어머니와 형의 권유로 집안을 일으키기 위해 과거에 세 차례 낙방한 뒤 서른세 살 되던 해 문과에 급제해 37년 동안 벼슬살이를 했고, 우찬성에 양관 대제학까지 지냈다. 비록 관직을 버리고 초야에 묻혀 도학 연구에만 정진하려 했으나 이미 유학의 종장이 되어 뜻대로 물러날 수 없었다. 반면에 남명은 열세 차례나 왕의 부름을 받고도 한 번도 응하지 않았다. 나아가면 하는 일이 있어야 하고出則有爲, 은거해 있으면 지키는 것이 있어야處則有守 하기 때문이라는 것이었다. 명종 때에 한 번 불려나갔다가 명종의 실정을 신랄하게 비판하고 돌아왔다. 퇴계는 사림이 정치 주체가 되어가려는 당시의 정국이라면 나가서 한번 해볼 만하다고 생각한 데 반해, 남명은 문정왕후와 윤원형이 설치는 권신정치 시대에 나간들 자기의 뜻을 펼 수 없다고 보았다.

그렇다고 남명이 끝까지 벼슬을 하지 않겠다는 뜻은 아니었다. 세월이 좋아지면 나아가도 된다는 것이었고, 실제로 제자들을 내보내 화담 계열과 함께 광해군 조의 북인정권을 탄생시켰다. 그러나 인조반정으로

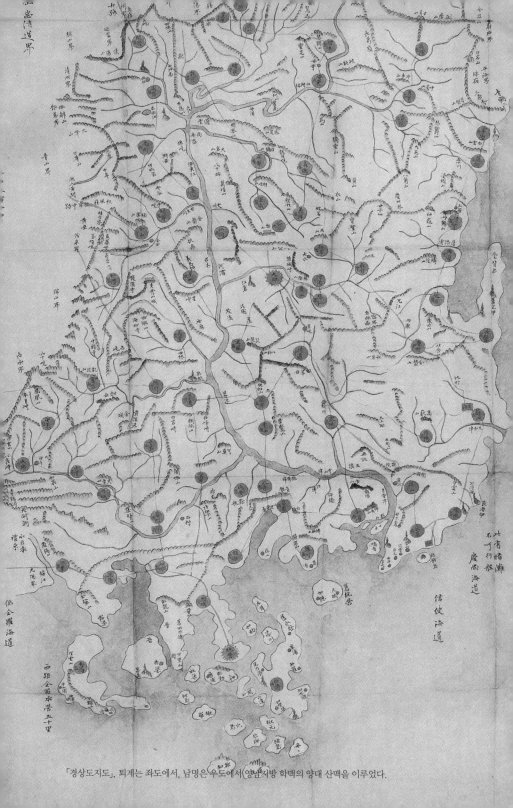

「경상도지도」, 퇴계는 좌도에서, 남명은 우도에서(영남지방 학맥의 양대 산맥을 이루었다.

남명계는 몰락하고, 그들은 퇴계계나 노론계로 전향하게 되었다. 이런 점에서 도통은 퇴계계로 넘어가고, 남명은 절의를 숭상한 마지막 인물로 남게 된 것이 아닌가 한다.

당쟁의 서곡, 동서분당

1575년(선조 8)에 동인과 서인이 갈렸다. 이준경이 붕당이 갈려 당쟁이 일어날 것을 예언한 지 3년 만의 일이었다. 분당分黨의 꼬투리는 이조정랑 자리를 둘러싼 선배와 후배 사이의 대립에서 생겨났다.

이조정랑이란 어떤 자리인가? 이조정랑은 당하堂下(정3품 통정대부 이하) 문신의 추천권通淸權과 자신의 후임을 지명할 수 있는 자대권自代權을 가지고 있었다. 고려시대에 재상이 독주하던 체제를 바로잡기 위해 사림파가 쟁취한 권한이었다. 물론 이러한 권한은 하나의 관행일 뿐 『경국대전』에 법으로 규정된 것은 아니었다.

1572년(선조 5) 2월에 이조정랑 오건吳健은 자신의 후임으로 김효원金孝元을 추천했다. 그러나 상관인 이조참의 심의겸沈義謙이 이에 반대했다. 독재자인 윤원형의 문객 노릇을 했다는 게 그 이유였다. 김효원은 그의 장인 정승계鄭承季가 윤원형의 첩 정난정鄭蘭貞의 아버지 정윤겸鄭允謙의 조카였기 때문에 공부를 하기 위해 그곳에 잠시 머무른 적이 있었다. 심의겸이 김효원을 반대한 것은 그를 중심으로 언관권이 강화되는 것을

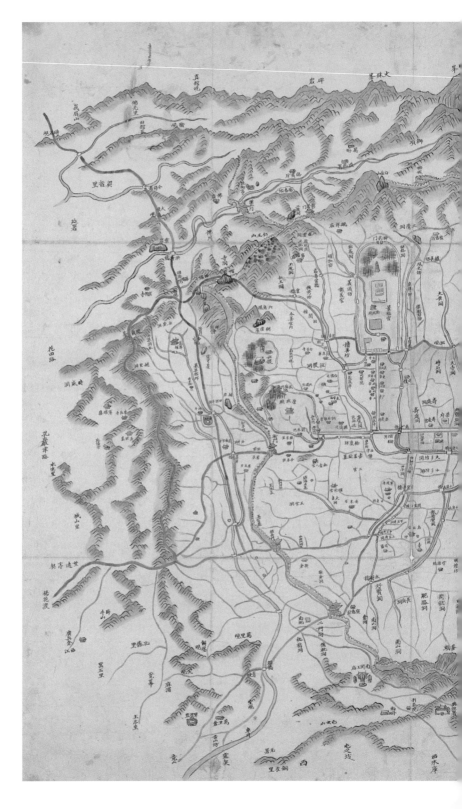

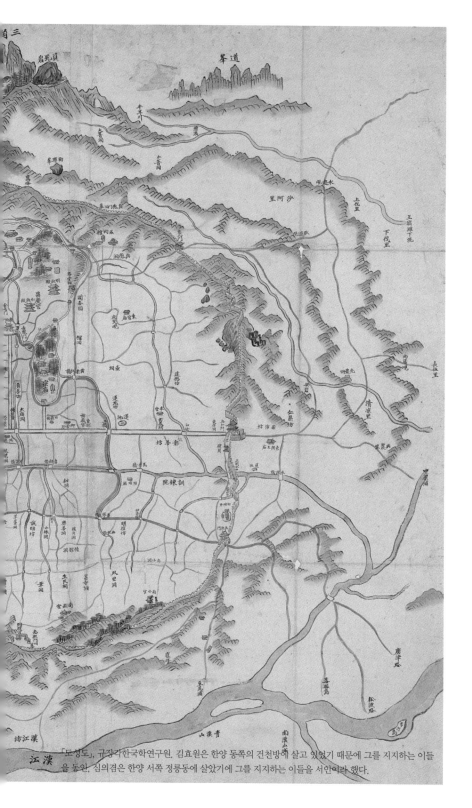

「도성도」, 규장각한국학연구원. 김효원은 한양 동쪽의 건천방에 살고 있었기 때문에 그를 지지하는 이들을 동인, 심의겸은 한양 서쪽 정릉동에 살았기에 그를 지지하는 이들을 서인이라 했다.

방지하기 위해서였다. 그런 까닭에 그 자리에는 심의겸계인 조정기趙廷機가 임명되었다.

그러나 김효원은 두터운 명성과 인망重望을 업고 결국은 이조정랑의 자리에 올랐다. 그런데 심의겸이 과거에 장원급제한 자신의 동생 심충겸沈忠謙을 김효원의 후임으로 추천했다. 이번에는 김효원이 반대하고 이발李潑을 후임으로 추천했다. 이에 조정 관료들이 선후배로 갈려 서로 다투었다. 이때 김효원은 한양 동쪽의 건천방乾川坊에 살고 있었기 때문에 그를 지지하는 사람들을 동인, 심의겸은 한양의 서쪽 정릉동貞陵洞(구 러시아 공사관 자리)에 살고 있었기 때문에 그를 지지하는 이들을 서인이라 일컬었다. 동인에는 이황李滉·조식曺植의 제자들이, 서인에는 이이李珥·성혼成渾의 제자들이 많았다. 영남 세력과 기호 세력의 대결이었다. 더욱이 여기엔 혈연·지연·학연이 가미되었다.

형국이 이러한 데 이르자 당쟁이 일어나지 않을 것이라던 이이의 입장이 딱해졌다. 그는 당쟁을 조정하기 위해 당쟁의 장본인인 김효원을 경흥부사로, 심의겸을 개성유수로 내보냈다. 동인이 우세했기 때문에 김효원에게 더 무거운 벌을 준 것이다. 여기에 동인의 불평이 없을 수 없었다. 그리하여 다시 김효원을 삼척부사로, 심의겸은 전주부윤으로 재발령했다. 그러나 동인은 이이조차 서인으로 몰아세웠다. 결국 이이는 당쟁을 조정하지 못한 채 관직에서 물러나야 했다.

당쟁은 사림정치의 부산물이다. 훈구파와 싸울 때는 사림파가 단결되었으나, 선조 조에 훈구파가 무너지자 사림파가 자체 분열해 붕당이 생겨나 당쟁이 일어나게 된 것이다. 동서분당은 그 서곡에 불과했다.

도통이란 도학의 학통을 의미한다. 좁은 의미로 주돈이周敦頤－장재張載－정호程顥－정이程頤－주희朱熹로 이어지는 송대의 주자학통을 뜻한다. 이러한 주자학은 원元의 지배를 받고 있던 고려로 전수되었다.

주자학은 새롭게 들어선 조선왕조의 지배 사상이 되었다. 따라서 문묘에 종사할 사람이 있어야 했다. 처음에는 이제현李齊賢, 이색李穡, 권근權近 등 관학파가 거론되었다. 그러다가 16세기에 이르러 사림파가 대두되자, 정몽주鄭夢周－길재吉再－김숙자金淑子－김종직金宗直－김굉필金宏弼－조광조趙光祖 등 사학파의 조선도학계보朝鮮道學系譜가 제시되었다. 그중 1517년(중종 12)에 정몽주가 일차로 문묘에 종사되었다. 이때의 기준은 절의節義였다. 김종직의 경우 「조의제문弔義帝文」을 지었고, 도학보다 사장詞章(시가와 문장)에 치우친 점이 문제가 되었다. 바로 직제자인 김굉필이 사장에 치중했다는 것을 지적했고, 퇴계도 이에 동의했다.

퇴계는 조광조와 이언적을 추천했다. 조광조는 학문은 좀 모자라지만 도학을 향한 지취가 훌륭하고, 지치주의至治主義(인간에 의해 다스려지는 이

세상이 바로 하늘의 뜻이 펼쳐진 이상세계가 되도록 해야 한다는 조광조의 정치사상)를 실현하려 했다는 이유로, 이언적은 학문적 업적이 뛰어나다는 이유로 꼽은 것이다. 그는 이 두 인물의 행장을 자진해서 지어 그 업적을 드러내고, 거기에 김굉필은 조광조의 스승이라는 이유로, 정여창은 김굉필의 친구라는 이유로 4현에 넣어 문묘에 종사할 것을 요구했다. 한편 율곡은 이언적이 을사사화 때 재판관을 지냈던 경력을 들어 적당하지 않다고 했다. 김굉필과 정여창도 일찍 죽어 연구 업적이 부실하지만 훈구파들이 물타기로 추천해 4현에 끼게 된 것이다.

그러다가 퇴계가 죽자 4현종사는 5현종사로 바뀌었다. 그러나 선조조에 이르러 동서분당과 임진왜란이 일어나 5현종사는 지지부진했다. 더구나 선조가 내심 왕권이 약화될 것을 우려해 5현종사를 반대했던 까닭에 성사되기 어려웠다. 물론 이에 대해서 중차대한 일이니 신중을 기해야 한다는 것을 변명으로 내세웠다.

그러나 5현종사는 중앙의 관료들뿐 아니라 지방의 유림들까지 들고 일어나 더 이상 미룰 수 없었다. 광해군은 또한 적자도 장자도 아니라는 약점 때문에 대다수의 관료와 유림의 요구를 계속 묵살할 수만은 없었다. 그리하여 1610년(광해군 2) 7월에 5현종사를 허락했다. 조선도학계보를 제시한 지 100년, 퇴계가 죽은 지 40년 만의 일이었다.

그 결과 퇴계의 이론이 정통 이론으로 군림하고 이와 다른 사상이나 이론은 역사의 뒤안길로 밀려나게 되었다. 무속, 불교, 도교는 말할 것도 없고, 육왕학陸王學, 기학氣學, 상수학常數學 등 유학의 다른 학파도 배제되었다. 다시 말하면 퇴계학이 국가의 지도 이념이 된 것이라 하겠다.

퇴계 묘소. 주자학의 도통을 이은 5현의 한 사람으로 퇴계가 포함되었다.

제6장

임진왜란과
신비들

김충신, 즉 사야가처럼 모국을 오랑캐의 나라라 하여
저버리고 조선으로 건너온 경우는 극히 드물지만, 그는
일본에 있어서 조선의 유교문화가 끼친 영향이 컸음을
증명한다. 우리는 보통 강항이 포로로 잡혀가서 일본에
유교가 전파된 것처럼 알고 있지만, 이미 그전에 통신사
를 통해 조선의 유교에 심취해 임진왜란 때 귀화한 '사
가야' 같은 사람이 있다는 사실을 알아야 할 것이다.

김충선, 선비의 나라에 귀의하다

김충선金忠善은 일본 사람이다. 그의 본명은 '사야가沙也可'이다. 그는 1571년(선조 4)에 일본에서 태어나 어려서부터 유교 경전을 읽어 중국 문물을 익히고 오랑캐의 나라에 태어난 것을 안타깝게 여겨 침식을 잊고 울기까지 했다고 한다.

그러던 중 스물두 살이 되던 1592년(선조 25)에 임진왜란이 일어나 조선에 출병할 군사를 모집한다는 소식을 들었다. 그는 이 전쟁이 '명분 없는 전쟁'이라는 것은 알았지만 예의의 나라 조선에 갈 수 있는 기회라 생각했다. 그래서 자원입대해 가토 기오마사加藤淸正의 우선봉장右先鋒將으로 조선에 왔다. 조선의 의관문물을 보니 과연 생각한 대로였다. 이에 그는 3000명의 군사를 거느리고 경상우병사慶尙右兵使 김응서金應瑞 장군에게 항복했다. 이후 경주·울산 등지를 전전하면서 500명의 왜적을 베어 군공을 세우기도 했다. 뿐만 아니라 조총鳥銃과 화포火砲의 제작에도 능해 그 제작법을 전수해주었다.

이에 도원수 권율權慄과 어사 한준겸韓俊謙이 그 공로를 주청해 선조가 김충선이라는 이름을 지어주고 종2품 가선대부嘉善大夫를 내려주었다. 그 후 1624년(인조 2)에 이괄李适의 난이 일어나자 이괄의 부하 장수 서아지徐牙之를 잡아 죽이고, 1636년(인조 14)에 병자호란이 일어나자 자진해서 출전해 큰 공을 세웠다. 그러던 중 청나라와의 화의和議가 이루어지자 대구大丘 수남면守南面 우록리友鹿里로 들어가 은거했다.

그는 인동목사仁同牧使 장춘점張春點의 딸과 혼인해 5남1녀를 두었는데 그 자손들이 그 뒤에도 우록리에 세거했다. 그는 가훈과 향약을 만들어 자손들을 훈도했으며, 그들끼리 혼인하게 했다.

이들은 우봉김씨牛峰金氏라고 자칭했다. 어떤 기록에는 김해김씨라고도 되어 있다. 그는 일흔두 살까지 살다가 죽었는데, 국가에서는 그의 공을 인정해 병조판서를 추증했다. 또한 불천위不遷位로서 제사가 끊이지 않게 했을 뿐만 아니라 1794년(정조 18)에는 녹동사鹿洞祠를 세워 그를 배향하게 했다.

그는 유교 지식이 풍부해 『모우당문집慕憂堂文集』을 남겼으며, 후손들이 펴낸 『모우당실기慕憂堂實記』도 있다. 그의 유문遺文과 필적筆跡은 거의 불타 없어졌지만 그의 6대손 김한조金漢祚가 1789년(정조 13)에 용강龍岡에 있는 김응서의 후손 김사눌金思訥의 집에서 그 일부를 찾아 1798년(정조 22) 3월에 부록을 붙여 『모우당전집』(상·중·하) 3책을 간행한 바 있다.

그런데 일제는 김충선이 일본 사람이 아니라고 우겼다. 이유인즉, '사야가'가 일본 이름이 아니며, 일본 무사가 그런 비열한 행동을 했을 리 없다는 것이었다. 문집의 문장에서 일본 냄새가 전혀 나지 않는다는 것 또한 그 근거로 들었다. 항왜인降倭人의 활동을 상당수 수록하고 있는 이

긍익의 『연려실기술燃藜室記述』에도 김충선이라는 이름이 보이지 않는다는 것이다. 그러니 이는 김한조의 위작僞作이라는 주장이다.

그러나 김충선에 관한 기록은 1768년(영조 44)에 출간된 『대구읍지大丘邑誌』에 수록되어 있고, 『조선왕조실록』『승정원일기』『영남읍지』『대구부사』『모우당실기』 등에도 소상히 기록되어 있다. 더구나 김충선이 큰 아들 김경원金慶元에게 써준 혼서지婚書紙가 남아 있으니 위작이 아님은 분명하다. 이 혼서지는 조선사편수회의 나가무라 에이고中村榮孝가 1919년에 소장자 김상옥金相玉으로부터 직접 조사해온 것이다.

조선이 일제의 식민지로부터 벗어나자 일본 사람들도 이 사실을 인정하기 시작했다. 예컨대 이시가와 다가오西川孝雄 같은 이는 그에 대한 글을 두 편이나 썼으며, 오히려 이를 한일 선린관계의 증표로 삼자고 했다. 이러한 경우는 극히 드물기는 하지만 일본에 있어서 조선시대 유교문화의 영향이 컸음을 증명하는 일화이다. 우리는 보통 강항姜沆이 포로로 잡혀가서 유교가 전파되기 시작한 것으로 알고 있지만, 이미 그 전에 통신사를 통해 조선의 유교에 심취해 임진왜란 때 귀화한 '사야가' 같은 사람이 있다는 사실을 알아야 할 것이다.

정철의 건저의建儲議

정철鄭澈은 기축옥사己丑獄事(선조 22년에 정여립 모반 사건을 계기로 일어난 옥
사)를 다스린 공으로 좌의정이 되었다. 당시 영의정은 이산해李山海였고,
우의정은 유성룡이었다. 조선왕조에서는 갓 정승이 되면 나라의 적폐를
개혁하는 제안을 하거나 새로운 제도를 제의하는 관례가 있었다. 이산
해는 유성룡에게 정철이 이 관례를 따라 무엇인가 건의하게 해야 하는
것이 아니냐고 말했다. 이에 유성룡 역시 아무 생각 없이 정철에게 이를
귀띔했다. 정철은 세자 책봉이 시급하니 3정승이 함께 건의하자고 했다.

그러나 여기에는 숨은 암수가 있었다. 기축옥사로 정철은 동인에게
인심을 많이 잃었던 터였다. 이산해는 이 기회에 정철이 낭패를 당하게
할 궁리를 냈다. 약속한 날 정철과 유성룡은 함께 어전에 나아갔는데, 이
산해는 나오지 않았다. 이산해는 아들 이경전李慶全을 보내 김공량金公諒
과 함께 있게 했다. 김공량은 인빈仁嬪 김씨의 오빠였다. 이때 선조는 인
빈의 아들 신성군信城君을 사랑했다. 정비인 의인왕후懿仁王后 박씨에게 아
들이 없었기 때문이다.

이경전이 김공량과 취흥이 한껏 올랐을 때 이산해의 하인이 와서 대감이 문을 닫아걸고 울고 있으니 가보라고 했다. 이경전은 짐짓 놀라는 체하면서 돌아갔다. 궁금한 나머지 김공량은 이튿날 이경전을 찾아가 그 이유를 물었다. 그러자 정철이 광해군光海君을 세자로 책봉하고 인빈과 신성군을 죽이려 해서 우셨다는 것이 대답으로 돌아왔다.

김공량은 이 사실을 즉시 인빈 김씨에게 알렸고, 인빈은 선조를 찾아가 정철이 우리 모자를 죽이려 하니 살려달라고 청했다. 선조는 처음에 그럴 리가 있겠느냐면서 믿지 않았다. 정철은 이런 음모가 있는지도 모르고 선조에게 세자를 세우자고 건의했다. 유성룡은 아무 말도 하지 않았다. 이에 선조는 대로했다. "내가 아직 젊은데 무슨 일을 꾸미려 하느냐"며 호통을 쳤다.

선조는 이 일을 발설한 이산해에게 어찰을 내리고, 신성군의 집을 호위하며, 정철의 집에 드나드는 사람들을 조사했다. 그러자 대간이 정철을 탄핵하기 시작했다. "정철은 성질이 편벽해 의심이 많고 제 편을 좋아하며, 자기와 뜻이 다른 사람을 미워해 널리 파당을 만듭니다"라고 고했다. 이리하여 정철은 파직되고 말았다. 정철이 선조의 뜻을 따라 기축옥사를 가혹하게 다루어 억울한 사람을 많이 죽였다는 비난이 일자 그 죄를 정철에게 뒤집어씌운 것이다. 결국 정철은 명천, 강계로 귀양갔다. 당쟁이 빚은 불화였다.

정철은 이간질하는 무리 때문에 임금을 떠나 있어야 하는 심정을 「사미인곡思美人曲」에 실어 읊었다.

이와 내 병이야 이 임의 탓이로다.
찰하리 식어디여 범나뷔 되오리다.
곳나모 가지마다 간대조족 앉니다가
향 묻은 날애로 임의 옷에 옮으리라.
임이야 날인 줄 몰라서도
내 임 좇아려 하노라.

오성과 한음, 삶과 죽음을 같이하다

오성鰲城과 한음漢陰은 가까운 친구 사이였다. 이들은 역사적인 일화를 많이 남기기도 했는데, 그러나 오늘날 우리가 알고 있는 것처럼 두 사람이 어릴 때부터 같은 동네에 살았던 것은 아니다. 오성은 한음보다 다섯 살 위였다. 그들은 과거시험장에서 처음 만나 일면여구一面如舊(처음 만났지만 오래된 친구 같은 사이)가 되었다고 한다. 그렇다고 같은 시험에 급제한 것도 아니었다. 한음이 문과에도 빨리 급제했고, 벼슬도 빨리 올라갔다. 다 같이 영의정을 역임했지만, 한음은 37세에 영의정이 되었던 반면 오성은 그보다 훨씬 늦었다.

한음은 이덕형의 호이지만 오성은 이항복의 군호君號일 뿐이요, 호는 처음에 필운弼雲이라 했다가 뒤에 백사白沙로 바꾸었다. 오성이 필운동에 있는 처갓집에 살았기 때문이다. 지금도 창덕여고 뒤에는 필운대弼雲臺가 있다. 오성은 해학도 좋아하고 사람도 잘 사귀는 성격이었던 반면 한음은 수재였고 착실한 성격이었다. 그러나 국사를 논의할 때는 뜻이 맞았다.

「이덕형초상」, 비단에 채색, 146.8×90.1cm, 대한제국, 광주이씨종중.

두 사람은 유명한 장인을 둔 것으로도 잘 알려져 있다. 오성의 장인은 임진왜란 때 도원수로 행주대첩을 이끈 권율權慄이요, 한음의 장인은 임진왜란 때 영의정을 지낸 이산해李山海였다. 두 사람은 어릴 때 굉장히 궁핍한 삶을 살았던 공통점이 있다. 오성은 소과에 급제해 성균관 기재寄齋에서 공부한 적이 있었다. 이때 영의정을 지낸 권율의 아버지 권철權轍의 권유로 권율의 사위가 되었다. 한음은 이산해의 삼촌 토정土亭 이지함李之菡의 추천으로 이산해의 사위가 되었다. 왜 가난한 한음을 추천하느냐고 토정에게 물었더니, "너보다 먼저 영상이 될 것이다"라고 했다 한다. 오성은 서인, 한음은 남인이지만 두 사람은 당파와 무관하게 사람을 사귀었다.

그러면 둘은 국가를 위해 어떤 역할을 했는가? 오성은 우선 선조 때 병조판서로서 병권을 장악하고 있던 사람이다. 그런 까닭에 광해군 조의 대북정권에서도 오성을 함부로 건드리지 못했다. 그는 장만·정충신·남이흥 등 무장들을 많이 거느리고 있었으며, 선조가 의주로 피난갈 때는 도승지로서 가장 가까이서 호종했고 이로 인해 호종 1등공신이 되었다. 한편 한음은 외교관으로서 뛰어난 능력을 발휘했다. 그는 일본과 명에 사신으로 가 일본과 평화조약도 맺고 명나라 원병을 끌어들이기도 했다. 만약 명나라의 원병이 오지 않았더라면 조선은 멸망하고 말았을 것이다.

그러나 두 사람은 대북정권의 폐모살제廢母殺弟를 반대하다가 죽었다. 한음은 1513년(광해군 5) 8월 8일에 영의정으로서 영창대군을 죽이는 것을 반대하다가 9월에 삭탈관작되어 용진龍津으로 물러나 울면서 굶어 죽

文忠公白沙李先生像

世有理亂之相乘天為英
豪之間出文足以揚厲為國
華武之奮其以筆安王室
相而以議節年弱其抗拊正義於軒
倡揆之得揭扶於壬辰
昭偈之得揭扶日晷日壬辰
諸公之辭拜再月亥月壬辰
張揆賀葉其本林資史遺絶狄偈其若門天下地壬辰唐之
寅事蓋之本原拾為先生傳於所萋之
云五百的生拾己曠久猶而
發諛後神風度今拾己曠久猶而
可識精之不可傳諡北毫若
其妙覆之熊悲

九世孫崔錫鼎撰
後學崔錫鼎書

「이항복초상」, 이한철, 비단에 채색, 93.6×49.2cm, 19세기, 삼성미술관 리움.

었고, 오성은 그의 묘지문을 써서 죽음을 애도했다. 그리고 오성 또한 1617년(광해군 9) 11월 23일에 폐비정청廢妃庭請을 반대하는 상소를 올리고 삭탈관작되어 용강龍岡, 북청北靑으로 귀양갔다가 그곳에서 죽었다.

선릉 · 정릉 도굴사건

선릉宣陵은 성종릉成宗陵이요, 정릉靖陵은 중종릉中宗陵으로 오늘날 강남구 선릉역 근처에 있다. 정릉은 본래 고양 원당元堂에 있던 것을 문정왕후가 자신이 함께 묻히기 위해 이곳으로 옮겼다. 그러나 합장을 하는 것이 좋지 않다고 해 문정왕후는 결국 태릉泰陵에 묻혔다. 일설에는 권승權僧 보우普雨가 자신의 세력을 굳히기 위해 자신이 주지로 있던 봉은사奉恩寺 근처로 이장하게 한 것이라고도 한다.

그런데 이 선릉과 정릉은 임진왜란 때 왜적들에 의해 파헤쳐졌다. 1593년(선조 26) 4월 경기감사 성영成泳의 치계로 이 소식을 들은 체찰사 유성룡은 양녕대군의 후손인 이홍국李弘國을 시켜 그 사실을 조사하게 했다. 왕조 국가에서 왕릉이 적에게 파헤쳐졌다고 하는 것은 여간 큰 수치가 아니었기에 반드시 갚아야 할 원한이 될 수밖에 없었다. 그러므로 명나라 군대에 의해 서울이 수복되자 선조는 부랴부랴 환도를 서둘렀다. 파헤쳐진 능들을 복구하기 위해서였다.

이홍국이 가보니 두 능의 재궁梓宮은 불타버려 재만 세 군데 남아 있었

선릉(위)과 정릉.

고, 부서진 옥주玉柱, 못 22개 등만 흩어져 있을 뿐이었다. 그런데 중종의 시체는 재궁이 불타기 전에 능 근처 송산松山에 옮겨져 있는 것을 광중壙中에 다시 묻었다고 한다. 그러나 그 시체가 진짜 중종의 시체인지는 알 수 없었다. 그리하여 강섬姜暹과 심수경沈壽慶 등 중종의 얼굴을 아는 사람들과 궁인들에게 봉심奉審하도록 했다.

그런데도 부패가 심해 이를 알아보기는 어려웠다. 단지 중종은 말랐는데 시신은 살쪄 보였고, 자색紫色 수염이 있었는데 수염이 없고, 눈 사이에 녹두점이 있었는데 시신에는 없으며, 어깨 왼쪽에 작은 구멍이 두 군데나 있어 진가眞假를 확인하기 어려웠다. 그렇다고 그대로 둘 수는 없는 노릇이었다. 그리하여 1593년(선조 26) 7월 21일에 선릉을, 8월 15일에 정릉을 개장改葬하고, 10월 15일에 위안제慰安祭를 지냈다.

그러나 이 사건은 조선과 일본 사이에 계속 외교 문제로 남았다. 도요토미 히데요시가 죽고 도쿠가와 이에야스가 집권하자 일본은 조선과 평화적인 관계를 유지하고 싶어했다. 조선도 처음에는 완강히 거절했지만 차차 일본과 통신사를 교환하게 되었다. 여기엔 전제조건을 달았는데, 선·정릉을 파헤친 범인을 먼저 인도하라는 것이었다. 그리하여 대마도주는 궁여지책으로 37세 된 마고사구麻古沙九 등을 도굴범으로 잡아 보냈다. 그러나 그에 의하면 자신은 도주島主의 군관의 노자奴子였는데 부산 선소船所까지만 갔지 서울에는 간 적도 없다고 했다. 그런 자신이 대마도주에게 죄를 얻어 시골집에 있다가 10월 8일에 갑자기 잡혀왔으니 억울하다는 것이었다. 이로 미루어보아 그들은 진범이 아닌 것은 확실하나 조·일 통교의 희생양이 되고 말았다.

유극량의 살신성인

유극량劉克良은 임진왜란 때 임진강 전투에서 왜적과 싸우다 전사한 조방 장助防將이었다. 그는 원래 천인 출신이었다. 그가 무과에 급제하고 집에 돌아오자 그의 어머니가 슬피 울었다. 그 까닭을 물으니 "이 어미는 원 래 사비私婢였는데, 하루는 잘못해 주인집 옥잔을 깨트려 죄를 받을까 두 려워 도망쳐 너의 아버지를 만나 너를 낳았다. 그런데 내가 듣기로는 국 법에 천인 출신은 과거에 급제해도 삭과削科된다고 하니, 네가 필시 과거 급제가 취소될 것 같아 슬피 우는 것이다"라고 했다.

　이 말을 듣고 유극량은 서울에 있는 상전 정씨 집을 찾아가 그 사유를 낱낱이 고하고 과거급제를 포기한 채 다시 종이 되기를 청했다. 상전은 이 말에 탄복해 그를 종의 신분에서 풀어주었다. 그리하여 그는 장교로 근무할 수 있게 되었다. 그는 벼슬을 하면서도 항상 상전을 섬기고, 상전 집에 갈 때는 동구 밖에서부터 예물을 손에 들고 걸어 들어가 공손히 인 사를 했다고 한다.(『중경지中京誌』)

　그 후 유극량은 임진왜란이 일어나자 조방장으로서 임진강 전투에 투

입되었다. 당시 총사령관인 도원수都元帥는 김명원金命元이었고, 도순찰사都巡察使는 한응인韓應寅이었다. 김명원은 군사를 임진강가에 배치하고, 모든 배를 거두어 북쪽 강가에 매두었다. 적은 강의 남쪽에 와서 강을 건너지 못하고 강가에서 도전했으나 조선군은 응전하지 않았다. 그러자 어느 날 갑자기 적이 막사를 불태우고 퇴각했다. 아군을 유인하기 위한 작전이었다.

방어사防禦使 신길申硈은 적의 계략에 빠져 강을 건너 추격하려 했다. 이때 조방장 유극량은 연로하고 경험이 풍부한 무인으로서 경솔하게 강을 건너 진격하는 것을 반대했다. 신길은 그를 비겁한 사람으로 여겨 목을 베어버리려 했다. 그러자 유극량은 기가 막혀하면서 "내가 어려서부터 머리를 매고 종군한 사람으로서 어찌 죽음을 두려워하며 피할 것인가. 내가 이렇게 반대하는 것은 오직 국가대사를 그르칠까 두려워하기 때문일 뿐이오"라고 하면서 진중으로 돌아갔다.

김명원도 유극량의 말을 옳게 여겨 신길을 말렸으나 그는 따르지 않았다. 게다가 경기감사 권징權徵이 적세가 허약해졌으니 빨리 진격하게 할 것을 주청하자 선조는 한응인에게 김명원의 지휘를 받을 것 없이 빨리 진격하라고 명했다. 이에 한응인은 전 병력을 이끌고 강을 건너갔다가 결국 대패하고 말았다.

유극량은 신길과 의견은 다르지만 함께 진격하지 않을 수 없었다. 그는 말에서 내려 "여기가 나의 죽을 곳이다"라고 말하고는 활로 적 수명을 쏘아 죽인 후 장렬하게 전사했다. 결과는 대패였고, 김명원·한응인은 선조가 있는 평양으로 갔으나 처벌받지 않았다. 전쟁에 임해서 목숨

「동래부순절도」, 변박, 비단에 채색, 145×96cm, 보물 제392호, 1760, 육군박물관. 임진왜란의 각종 전투에서 조선의 무사들은 활약상을 드러냈다. 이 그림은 부산 동래성에서의 전투를 묘사한 것이며, 유극량은 임진강 전투에서 왜적과 싸우다 전사했다.

을 바쳐 싸운 사람은 그것으로 그만이고, 작전에 실패한 장수는 살아남는 불공평이 있는 한 나라는 위태롭다. 유극량은 비록 천출이지만 진충보국盡忠輔國하는 정신은 양반보다 높았던 것이다.

재주꾼 이산해

아계鵝溪 이산해는 재주 있기로 유명한 목은牧隱 이색李穡의 후손이다. 이색의 후손은 그 혈통 덕분인지 문장에 능한 사람이 많았다. 그중에서도 이산해는 단연 특출했다.

이산해는 태어남부터가 신이神異하다. 이산해의 아버지 성암省庵 이지번李之蕃이 보령읍 서쪽 고만산高灣山 기슭에 선영先塋을 정하면서 "해년亥年이 되면 귀한 아들이 태어날 것이다"라고 했는데, 1539년己亥에 이산해가 태어나자 "이 아이가 우리 가문을 일으킬 것"이라 했다고 한다.

이산해는 예상대로 두 살 때부터 이미 글을 깨치기 시작했다. 이웃 상사上舍가 귤을 보여주자 '黃(황)'자로 대답하고, 농부가 쇠스랑을 들고 지나가자 '山(산)'자를 말했다고 한다. 그뿐만이 아니었다. 세 살 때 유모의 등 뒤에서 동해옹東海翁의 초서草書를 보고 손가락으로 그어서 휘둘러 쓰는 것처럼 했더니 먹이 번져 더러워졌다. 아버지가 돌아와 유모를 나무라자 이산해가 종이와 붓을 가져다가 진본眞本과 비슷하게 썼다고 한다.

다섯 살에는 삼촌 이지함이 「태극도太極圖」를 가르쳤다. 그랬더니 이산해가 천지와 음양의 이치를 깨달아 이를 논설하는 데까지 이르렀다 한다. 이산해는 특히 글씨를 잘 썼다. 여섯 살 때 그는 큰 붓을 잡고 비틀거리면서 글씨를 쓰고 먹 묻은 발로 낙관을 찍으니, 글씨 모양이 품위가 있고 기상이 있었다. 이에 사람들이 그의 글을 받으려고 줄을 이었다. 장안에는 '서대문 자대필子大筆'이라는 동요가 나돌기까지 했다. 아버지 이지번은 어려서 너무 이름이 날까 우려해 이산해를 데리고 동작동 정자로 피해 있을 정도였다.

그 후 이산해는 열한 살 되던 1549년(명종 4)에 소과에 응시해 『만초손부滿招損賦』 110여 구를 지어 장원으로 합격했다. 이 시는 과거시험장에 있던 이들이 돌려가면서 외웠다고 한다. 시관들은 이 글을 정말 어린 이산해가 지었을까를 의심해 다시 분송부盆松賦를 지어보라고 했더니 단숨에 지었다 한다. 고시관들도 그 시험지를 나누어 가지고 가서 보물처럼 여겼다고 한다.

이산해는 그러나 초기 당쟁시대에 태어나 당쟁의 소용돌이 속에서 비판과 비난에 휩싸이곤 했다. 동인, 북인, 대북, 골북의 영수로서 영의정에까지 올랐으나 상대 당의 공격을 끊임없이 받았고, 인조반정으로 그가 소속된 북인이 몰락하고 서인이 정권을 독차지함으로써 역사의 그늘 속으로 사라졌다. 그는 실리적 현실주의자로서 청렴하고 충직해 국왕의 인정을 받았다.

그러한 그에게는 따르는 사람이 많았다. 당파의 영수로서 권력투쟁에서 자유스러울 수가 없었다. 그렇다보니 이산해 부자에게는 온갖 비난

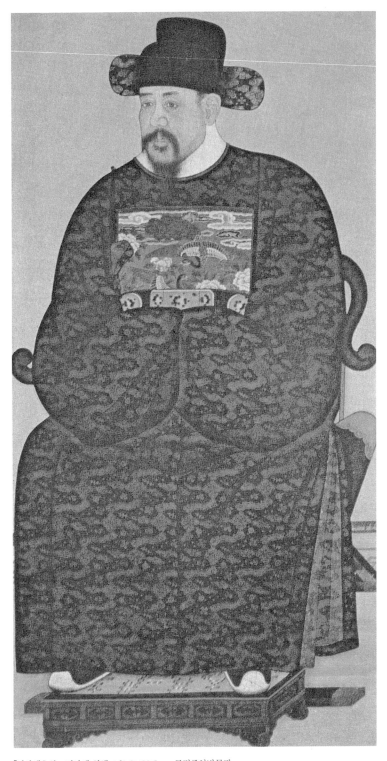

「이산해초상」, 비단에 설채, 162.5×83.5cm, 국립중앙박물관.

이 뒤따라다니고, 죽은 뒤에 어느 한 곳의 서원에도 배향되지 못했다. 신
도비도 정조대에 남인 재상인 채제공에 의해 겨우 세워질 정도였다.

이구 부인 전주이씨

이구李久의 부인 전주이씨는 선조의 호종공신 순령군順寧君 이경검李景儉의 딸이자 성종의 아들 이성군利城君의 손녀딸이다. 왕실에서 태어났으니 어려서부터 유족한 삶을 살았다. 그녀가 아홉 살 때의 일이다. 당시 그녀의 아명兒名은 효숙孝淑이었다. 이경검은 외동딸 효숙을 각별히 사랑했다. 그리하여 난리 통에 무너진 집을 수리할 때도 등에 업고 공사를 감독할 정도였다.

그러던 어느 날 이경검은 무심코 실언을 했다. 이 집을 효숙에게 주겠다고 약속한 것이다. 그러자 효숙은 그 이후 이 집이 자기 것이라 주장했고, 이경검은 선비로서 자신이 내뱉은 말에 책임을 지지 않으면 안 될 처지에 놓였다.

이와 비슷한 이야기는 주周나라 성왕成王의 고사에도 나온다. 나이 어린 성왕은 아우와 놀다가 오동잎으로 아우를 제후에 봉했다. 이 소식을 들은 삼촌 주공周公이 하례했다. 성종이 재미삼아 한 말이라고 하자 "천자는 농담을 할 수 없습니다"라고 하면서 아우를 당나라 제후로 봉했다는 것이다.

실제로 이경검은 서울 남쪽 명예방明禮坊에 있는 기와집 한 채를 사서 효숙에게 주었다. 그 분재기分財記가 오늘날까지 남아 전한다. 오빠 이안국李安國이 그 증인으로서 서명했다.

그 후 효숙은 영의정 이산해의 손자며느리, 재상 이경전李慶全의 며느리가 되었다. 시집을 잘 간 것이다. 하지만 불행히도 남편 이구가 네 살 난 아들 상빈尙賓을 남겨둔 채 스물네 살의 나이로 죽고 말았다. 청상과부가 된 것이다.

전주이씨는 스스로 집안을 일으키기로 결심했다. 우선 이산해의 전장田庄이 있는 예산禮山 한가리開暇里로 이사갔다. 거기서 보령保寧과 신창新昌, 아산峨山의 토지를 경영할 수 있었기 때문이다. 그리하여 그녀는 노비 300구를 소유할 정도로 재산을 늘려나갔다.

전주이씨는 서울 집은 그대로 남겨두었다. 자손들의 교육과 벼슬길로의 진출을 위해서였다. 그녀의 노력으로 아들 상빈이 진사시에 합격했지만 서른둘에 일찍이 세상을 등졌고, 아들 운근雲根은 다행히 생원시에 합격해 의령현감까지 지냈다. 운근의 처남은 연안이씨의 이관징李觀徵이요, 처조카는 이옥李沃이었다. 이들은 숙종 조 남인의 핵심 세력이었다. 이때에 와서 이산해의 집안은 북인으로 몰락했다가 남인으로 자정한 것이다.

또한 운근의 아들 덕운德運은 문과에 급제해 병조정랑을 지냈으며, 덕운의 손자 수일秀逸은 문과에 급제해 승지를 지냈고, 수일의 5대손 남규南珪는 문과에 급제해 궁내부특진관을 지냈다. 전주이씨는 기울어가는 이산해 가문을 일으킨 여장부였다. 지금도 예산에는 수당고택修堂古宅이라는 이름으로 전주이씨가 지은 낡은 고택이 한 채 남아 있다.

허준의 출생과 경력의 진위 논쟁

경상남도 산청군에서는 『동의보감東醫寶鑑』을 지은 허준許浚이 산청에서 태어났다고 널리 알리고 있다. 또한 명의 유의태柳義泰가 그의 스승이었다고 주장한다. 그렇지만 허준이 산청에서 태어났다는 정확한 근거는 발견되지 않는다. 한의학자 노정우는 답사를 통해 허준의 선대는 대대로 중부 지방에 거주했는데 할아버지 허곤許琨이 경상우수사를 역임했고, 그 할머니가 진주유씨인 점을 미루어 허준이 어렸을 때 산청에서 자랐다고 보았다. 또한 당시에 유의태柳義泰라는 신의神醫가 있었는데, 그가 허준의 스승이라는 것이다. 그러나 산청에서 태어난 유이태劉以泰는 숙종 대에 활동한 다른 사람이다. 거창유씨인 그는 1652년(효종 3)에 태어나 『마진편麻疹篇』을 지은 100년 뒤 사람이다. 그런데 이은성이 이를 토대로 소설 『동의보감』(창작과비평사)을 집필함으로써 허준이 스승인 유의태를 해부해 명의가 되었다고 결론지었다.

허준은 무과에 급제해 용천龍川부사 및 부안군수를 지낸 허논許碖과 그의 양첩 영광김씨 사이에서 1539년(중종 34)에 태어났다. 어머니가 양첩

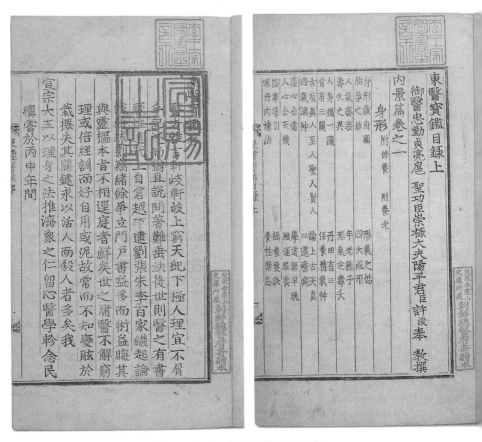

右頁:

東醫寶鑑目錄上

御醫忠勤貞亮扈聖功臣崇祿大夫陽平君臣許浚奉　教撰

內景篇卷之一

身形　附修養　附養老

身形藏府圖
形氣之始
人氣盛衰
壽夭之異
人身猶一國
背有三關
古有眞人至人聖人賢人
論上古天眞
四氣調神
保養精氣神
形氣定壽夭
年老無子
丹田有三
虛心合道
以道療病
學道無早晚
攝養要訣
養性禁忌
心合天機
虛心內煉法
按摩導引
服食法

左頁:

岐軒之上窮天紀下極人理宜不屑
猶且說問著難垂決後世則醫之有書
自一百爾越下逮劉張朱李百家繼起
立門戶書益多而術益晦其
緒餘爭立門戶書益多而術益晦其
與靈樞本旨不相遠庭者鮮矣世之庸醫不解窮
理或倍經訓而好自用或泥故常而不知變肱於
裁擇失其關鍵求以活人而殺人者多矣我
宣宗大王以理身之法推濟衆之仁留心醫學軫念民
瘼嘗於丙申年間

서녀庶女였기 때문에 허준 역시 서자인 셈이다.

허준이 태어난 곳은 양천허씨의 세거지와 가까운데, 그의 무덤이 있는 경기도 파주인지 혹은 생모의 거주지인 전라도 담양인지는 확실치 않다. 어쨌든 그가 『미암일기眉巖日記』를 쓴 담양 출신의 유희춘柳希春과 가까운 것으로 보아 담양 사람일 가능성도 있다. 조선시대에는 대개 외가에서 아이를 낳는 경우가 많았고, 유희춘이 허준을 생모 영광김씨와 연관시켜 소개하는 것으로 보아 출생지와 자란 곳은 담양일 가능성이 크다. 허준은 전남지역을 중심으로 의생醫生 혹은 심약審藥을 지내다가 20~30대에 의술로 이름이 나 서울로 진출한 것이 아닌가 추정된다. 허준을 내의원 의원으로 천거한 이도 유희춘이었다. 1569년(선조 2) 윤6월에 유희춘은 이조판서 홍담洪曇에게 허준을 내의원 의원으로 추천한 것이다. 어의御醫 양예수楊禮壽를 소개해준 이도 유희춘이었다.

『양천허씨세보』에는 허준이 의과에 합격한 것으로 되어 있으나「방목榜目」에는 보이지 않는다. 명의 양예수를 사사해 실력으로 어의御醫가 된 것이다. 1601년(선조 34) 선조는 허준에게 『태산집胎産集』『창진집瘡疹集』『구급방救急方』 등의 의서를 다시 편찬·번역하게 했다. 또한 정유재란으로 중단된 『동의보감』을 편찬하도록 명했다. 그러던 중 1608년(선조 41) 2월에 선조가 승하하자 수의首醫로서 책임을 지고 2년 동안 귀양살이를 했는데, 『동의보감』(25권) 편찬에는 계속 관여함으로써 1610년(광해군 2)에 이를 끝마쳤다. 광해군의 보살핌이 있었기에 가능했던 일이었다. 허준은 광해군이 어렸을 때 두창痘瘡을 치료해준 적이 있고, 선조를 호성扈聖한 공이 있으며, 선조의 유업인 『동의보감』 편찬까지 마무리 짓게 된 것이다.

『동의보감』 다시 보기

『동의보감』은 1610년(광해군 2)에 허준이 편찬한 의서이다. 이 책은 근래에 유네스코 세계기록문화유산에 등재되었다. 왜일까? 그럴 만한 까닭이 있다. 사학자 김호 교수는 그 이유를 두 가지로 들었다. 하나는 향약鄕藥을 집대성한 의서라는 점이요, 다른 하나는 16세기의 성리학적 심성론을 투영한 새로운 의학서이기 때문이라는 것이다.

물론 한의학은 중국으로부터 많은 영향을 받았다. 그렇지만 약재만큼은 토산품이어야 더 효과가 있다. 즉 신토불이身土不二이다. 따라서 향약을 조사하고 실험하는 일은 매우 중요했기에 고려 말 이후 『향약재생집성방』 『향약집성방』 등 경험방經驗方, 속방俗方들이 쏟아져 나왔던 것이다. 『동의보감』은 이러한 의학 지식을 집대성한 것이라 할 수 있다.

『동의보감』 서문에 선조는 "사람의 병은 다 제 몸을 보살피지 못하는 데서 생기므로 수양하는 방법을 먼저 쓰고 약과 침·뜸은 그다음에 쓸 것이며, 여러 가지 처방이 번잡스러우니 되도록 요긴한 것만 추려낼 것이다. 산간벽지에는 의사와 약이 없어서 일찍 죽는 사람이 많다. 우리나라

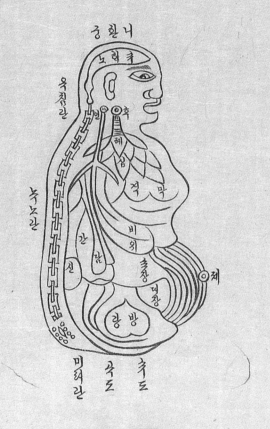

『동의보감』 한글본에 실린 인체도.

곳곳에는 향약이 많지만 사람들이 잘 알지 못하니 이를 분류하고 고을 이름을 함께 적어 백성들이 알기 쉽게 하라!"고 했다. 정확한 편찬 지침을 내린 것이다. 『동의보감』의 편찬에는 허준을 비롯한 의원들뿐만 아니라 유학자들도 동참하게 했다. 서문은 월사月沙 이정구李廷龜가 썼다.

허준은 동아시아의 의학 권역을 중국의 북의北醫·남의南醫와 조선의 동의東醫로 나누어 동의의 독자성과 우수성을 내세웠다. 이는 조선 주자학이 중국 주자학을 모본으로 하면서도 독자성을 확보한 것과 무관하지 않다. 성리학은 도교·불교의 형이상학을 받아들여 종합적인 동양의 철학을 확립했고, 『동의보감』은 이러한 성리학 체계를 의학에 도입해 인륜의 정당성을 자연의 법칙으로 설명함으로써 성리학 이론의 과학적 근거를 얻게 했다.

이러한 예방과 수양의 의학서인 『동의보감』은 곧 중국과 일본에 전파되었다. 그럴 만한 가치가 있었기 때문이다. 그런데 일본에는 철학적인 측면보다는 실용적인 탕약편만 보급되었다. 성리학적 뒷받침이 없었기 때문이다. 성리학에서는 하늘에서 품부된 천리를 인욕이 가리는 것을 막기 위해 심성 수양을 해야 한다고 했다. 경敬이 그것이다. 인간의 몸도 삼강오륜을 지키고 하늘에서 품부한 착한 마음을 보존하는 것이 건강을 유지하는 최선의 길이라는 것이다. 그러니 『동의보감』은 16세기에 성립된 성리학적 철학 체계 위에서 개발된 조선적인 의학서라고 할 수 있다. 이 책이 출판된 이후에 이와 같은 책이 다시 나오지 않은 것도 이 책의 시대성을 말해주는 것이라 하겠다.

임진왜란 18년간의 기록, 『고대일록』

근래 정경운鄭慶雲이 쓴 『고대일록孤臺日錄』이 번역·출간되었다. 이 책은 임진왜란이 일어난 1592년(선조 25)부터 18년에 걸쳐 쓴 일기이다. 임진왜란 이후의 일기는 미암眉菴 유희춘의 『미암일기眉菴日記』, 오희문의 『쇄미록鎖尾錄』, 이순신의 『난중일기亂中日記』, 유성룡의 『징비록懲毖錄』 등 37종이 전한다. 이러한 일기를 통해 임진왜란의 실상을 좀더 사실적이면서도 세밀하게 알 수 있다. 전란 중에는 국가의 기록이 미비한 터이니 그 가치는 더욱 크다.

『고대일록』의 저자는 정인홍鄭仁弘의 제자인 정경운이다. 정인홍이 남명 조식의 제자이니 정경운은 조식의 재전제자再傳第子이다. 정경운은 진양晉陽 사람으로 1556년(명종 11) 2월 29일에 경상도 함양읍 백연리栢淵里 들뿍에서 태어났다. 그는 두 살 때 부친을, 아홉 살 때 외조부를, 열세 살에는 어머니를, 열다섯에는 외조모를, 열아홉 살에는 형을 차례로 잃었다. 이 때문에 어린 시절 외조부모와 형 내외에게 의탁해 살았다. 그러다가 1581년(선조 14) 스물여섯 살에 내암乃菴 정인홍의 제자가 되었다.

그의 일기는 임진왜란이 일어난 1592년(선조 25) 4월 23일부터 1609년(광해군 1)까지 18년 동안 4권으로 나누어 기록되어 있다. 그런데 지금 남아 전하는 『고대일록』은 정경운이 직접 쓴 원본은 아니다. 초서로 된 원본은 넷째 아들 정주석鄭周錫이 소장해왔는데 9대손 정용호鄭龍鎬 대에 이르러 소실되었다. 지금의 『고대일록』은 8대손 정동규鄭東圭가 필사한 것이다. 이때 필사하지 않았더라면 이 책은 영원히 사라지고 말았을 터이니 희귀 자료라고 할 수 있다.

아쉽게도 원본을 필사할 때 80군데의 결락이 발생했다. 필사본이 손상을 입은 것이다. 손상된 곳에는 '결缺'이라고 표시해두었기에 자료의 신빙성이 더해진다. 『고대일록』은 매일 매일 일어난 일을 일기체로 썼는데, 더욱이 임금의 행적과 관료들의 행태까지 그 기록에서 빼놓지 않았다. 이를 위해 관보官報, 격문檄文, 교문敎文, 통문通文, 사신私信 등을 이용했고 이를 '별록別錄'에 분리하여 수록했다. 시문 또한 별도로 '시집詩集'에 실었다.

이 책은 저자가 유학자인 까닭에 춘추대의春秋大義에 의해 집필되었고, 그가 김성일金誠一과 김면金沔의 소모사召募使(조선시대 의병을 모집하기 위해 임시로 파견하던 벼슬)였던 까닭에 의병활동을 누구보다도 소상히 기록할 수 있었다. 또한 임진왜란이 끝난 뒤에는 남계서원南溪書院을 옮겨 짓는 것과 배향 문제로 향전鄕戰에 말려들어 마음고생한 것을 엿볼 수 있다. 그러므로 이 책은 임진왜란과 향촌사회 연구에 매우 중요한 자료라 할 수 있다.

『고대일록』 외에 정경운의 종매부 박여량朴汝樑의 친필 일기인 『감재일기感齋日記』 또한 전해 내려온다. 이 책은 함양읍에 거주하는 박여량의 후손 박호정씨의 집에 보관되어 있다. 이는 경상대 경남문화연구원에서 소개한 적이 있긴 하나 아직 번역·출간된 바는 없다. 후속 작업이 기다려지는 이유이다.

주화오국主和誤國

임진왜란이 끝날 무렵 북인인 이이첨李爾瞻과 정인홍은 유성룡에게 주화
의 책임을 지고 물러나라고 했고, 같은 퇴계의 제자인 조목趙穆 역시 "선
생이 성현의 책을 읽고 결국 한 일이 '주화오국' 네 자인가?"라며 힐책
했다. 당쟁의 여파였다. 이이첨과 정인홍은 북인이요, 조목은 같은 남인
이며 퇴계의 제자이나 수제자가 되기 위해 북인에 협력한 것이다.

선조의 태도는 더 가관이었다. 겉으로는 유성룡을 두둔하는 체하면서
실제로는 그에게 주화의 책임을 물어 삭탈관작을 했다. 임진왜란을 통
해 선조가 한 일은 무엇인가? 의주로 달아났다가, 왜군이 계속 북상하자
백성들을 버리고 명나라로 달아나려 하는데 유성룡의 만류로 가지 못한
것뿐이다. 광해군은 오히려 동분서주하며 왜군과 싸우기 위해 애썼지만
선조야말로 도망다니기만 했지 한 일이 별로 없었다. 오히려 연전연승
하는 이순신을 감옥에 가두고 사형시키려 한 것밖에 없다. 그러니 백성
들이 선조에게 돌을 던지고, 궁궐에 불을 지른 것이었다.

그런데 1597년 명나라는 일본과 막후교섭을 해 화의를 맺기로 하고

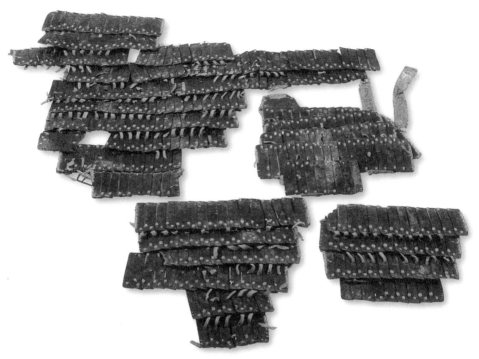

임진왜란 때 활약한 유성룡의 갑옷. 류영하 소장.

조선에 이에 동의하라라며 압력을 가해왔다. 이제 더 이상 군사도 군량도 도와줄 수 없고, 왜적이 조공을 바친다고 하니 너희도 그만 우리 뜻에 따르라는 것이었다. 그렇지 않으면 왜가 다시 쳐들어와 너희 나라는 망할 것이니 오히려 후일을 기약하는 것이 낫지 않겠느냐는 얘기였다.

　유성룡은 국제 정세를 누구보다도 잘 꿰뚫고 있던 자였다. 이미 명과 일본이 화의를 하기로 마음먹었다면 조선이 반대해봤자 아무런 소용없음을 잘 알고 있었다. 한국전쟁 때 미국과 중국이 휴전에 합의한 터인데 이승만이 단독으로 북진을 부르짖었다고 될 노릇이 아니었던 것과 마찬가지다. 그런 까닭에 명 사신의 말을 잘 들어보고 순리대로 해야 한다고 말했을 뿐이었다. 결코 화의를 적극적으로 주장한 것은 아니었다.

그뿐만이 아니었다. 명나라 일각에서는 조선을 직할통치하거나 분할통치하자는 의견이 제기되었다. 선조는 분할통치를 하더라도 왕권만 보장되면 문제없다는 입장이었다. 조선군은 믿을 수 없고, 명나라 군대가 없으면 나라도 자기 자신도 지킬 수 없다고 믿었기 때문이었다. 유성룡이 명군에 군량을 대는 것보다 조선군을 훈련시키는 것이 낫다고 주장했지만 이를 믿지 않았다.

그런데 반대파에서는 유성룡이 화의를 주도했다고 매도했고, 선조는 겉으로는 유성룡을 비호하는 척하면서 이에 동조해 패전의 책임을 그에게 전가시키려 했다. 그리하여 유성룡은 불명예 퇴직을 하지 않을 수 없었다. 또한 공신을 정할 때 선조는 자신을 호종한 사람을 주로 책록해 유성룡은 선조 묘정廟廷에도 배향되지 못했다. 북인 정권 아래에서 기록된 『선조실록』에는 이이첨은 성인처럼, 유성룡은 나라를 그르친 원수처럼 평가되고 있다. 그나마 그가 쓴 『징비록』과 이순신이 쓴 『이충무공전서』마저 없었더라면 유성룡은 나라를 망친 역적으로 폄하되었을 것이다.

『퇴계집』 편찬으로 갈라진 조목과 유성룡

조목趙穆과 유성룡은 다 같이 퇴계 이황의 고제高弟(학식과 품행이 뛰어난 제자)이다. 한 사람은 고향인 예안禮安에서 오로지 퇴계 존숭 사업에 종사해 도산서원에까지 배향되었고, 다른 한 사람은 중앙 정계에서 영의정에 올라 임진왜란을 진두지휘했다.

그런데 두 사람 사이는 그리 좋지 못했다. 둘의 의견이 어긋난 것은 『퇴계집』을 간행하면서부터였다. 퇴계의 제자들은 『퇴계집』의 편찬을 유성룡에게 맡겼었다. 유성룡은 책을 편찬하면서 퇴계에게 이롭지 못한 부분은 삭제하고 싶어했다. 반면 조목은 "퇴계의 말씀은 일 자 일 구도 뺄 수 없다"고 하면서 일방적으로 지방에서 『퇴계집』을 간행했다.

나아가 조목은 유성룡을 주화오국主和誤國으로 몰아붙여 실각에 이르게 했다. 이는 이이첨 등 북인의 이해관계와도 일치하는 것이었다. 선조는 비난에서 벗어나기 위해 이를 말리는 척하면서 유성룡에게 모든 책임을 덮어씌웠다. 그런 까닭에 유성룡의 실각은 북인의 공격과 선조의 묵인, 조목의 협조로 이루어진 것이라 할 수 있다.

『퇴계선생문집』, 이황, 31×20.5cm, 국립진주박물관. 월천과 서애는 다 같은 퇴계의 고제였지만, 『퇴계집』 간행을 둘러싸고 둘 사이는 벌어졌다.

조목은 유성룡에게 서신을 보내 "상국相國이 평생 동안 성현의 글을 읽고 배운 것이 고작 '주화오국' 넉 자란 말이오?"라고 공격했다. 이로써 두 사람은 가히 원수지간이 되었다. 여기에는 북인의 간여가 있었다. 북인은 1598년(선조 31)에 유성룡을 탄핵해 파직시켰다. 유성룡은 이에 분노를 감추지 못했다. 「서애연보西厓年譜」에 "선생의 노기가 날로 심해져 빈개을 만날 수조차 없었다"고 기록할 정도였다. 이때 북인의 영수 이산해가 조목의 문인을 자처하고, 서인 정조鄭懙가 안동에 자주 들렀다. 퇴계학파의 분열을 이용해 남인의 본거지인 안동에 북인 세력을 부식扶植시키려 한 것이다.

그런 가운데 1611년(광해군 3)에 정인홍의 회퇴변척晦退辨斥(대북파가 자신들의 정통성과 학통을 강조하기 위해 조식을 문묘에 종사하고, 이언적·이황은 문묘에서 쫓아내야 한다는 주장)이 있었다. 이황과 이언적의 문묘종사를 반대한 것이다. 팔도 유림은 이에 분노하고 한강寒岡 정구鄭逑가 반발했지만 조목의 문인들은 미온적인 태도를 취할 수밖에 없었다. 조목은 이미 1605년(선조 38)에 죽고 없었다. 그런데도 1614년(광해군 6) 11월에 조목이 도산서원에 배향되었다. 사림의 여론과는 다른 것이었다. 이는 당로자當路者인 북인의 지원 없이는 불가능한 일이었다. 조목과 북인의 결합은 퇴계 제자 가운데 많은 이들이 친북적 성향을 띠게 했다. 영천이씨 이덕홍 계열, 봉화금씨 금난수 계열, 예안이씨 김택룡 계열 등이 그러했다.

정인홍은 조목의 배향을 적극 지지했다. 조목은 유성룡을 실각시킨 공로가 있었던 까닭에서다. 정인홍은 자신의 정적인 유성룡을 제압할 수 있고, 퇴계학파인 조목의 문인을 북인의 우익으로 포섭할 수 있었다. 조목의 문인들은 최대의 라이벌인 유성룡을 배제하고 자신들의 스승을 도산서원에 배향할 수 있는 이점이 있었다. 그러나 북인이 몰락한 이후 조목의 문인들은 남인의 본고장인 안동에서 많은 불이익을 받게 되었다.

제7장

정묘·병자호란과 선비들

서인 관료들은 인목대비가 광해군의 어머니이니 부모의 도리를 다해야 한다고 주장했다. 그러나 서인이 적자인 영창대군을 노골적으로 옹립하려 하니 정권 보위를 위해 무리수를 둔 것이다. 이에 서인은 왕조례의 특수성을 무시하고 가례에 입각한 천하동례를 내세웠다. 왕조례도 사대부의 예를 따라야 한다는 것이었다. 이른바 국가나 국왕보다 사대부가 우월하다는 논리를 주장한 것이다.

인조반정의 명분

인조반정의 명분은 광해군이 존명사대尊名事大를 어겼고, 폐모살제廢母殺弟를 했다는 데 있었다. 그러나 이것은 반정군反正軍이나 서인의 거사 명분일 뿐이었다. 선조는 임진왜란을 당해 고립무원의 처지에 놓였다. 난리가 나자 신료들은 모두 달아나고 관군은 연전연패하며, 백성들은 도망가는 왕에게 돌팔매질을 했다. 선조는 서울과 평양을 지킨다고 큰 소리만 쳐놓고 달아나 의주에서 명나라로 건너가려다 유성룡의 만류로 가지 못했다. 그런 와중에 명나라 군대가 와서 왜군을 쫓아내고 자신의 왕위를 지켜주었으니 명나라에 고마워할 수밖에 없었다. 그리하여 전쟁이 끝난 뒤의 논공행상에서도 자기를 호종扈從한 신하들에게만 공신호를 주고, 의병을 일으키거나 전공을 세운 무장들은 죽이거나 혹은 귀양보냈다. 그들의 인기가 왕보다 높으니 마음만 잘못 먹으면 역성혁명도 가능하다고 본 듯하다.

반면에 광해군은 분조分朝(임진왜란 때 선조의 본조정本朝廷과 별도로 임시로 설치한 조정)를 이끌고 백성들을 안정시키며 군사를 모아 국권을 지키는

데 효과적으로 대처했다. 선조는 왕위를 지킬 명분이 없었다. 그리하여 여러 차례 선위禪位 소동을 벌이고, 쉰여섯의 나이에 열아홉 살 된 처녀에게 장가를 들어 적자를 얻음으로써 광해군을 갈아치우려 했다. 그러다가 시운이 따르지 않아 죽었던 까닭에 광해군이 왕이 될 수 있었다.

동인에게 밀린 서인은 이 기회를 정권 탈환의 명분으로 삼았다. 광해군은 적자도 아니요, 장자도 아닌 약점이 있었다. 이 약점을 극복하기 위해 북인 정권은 여러 가지 무리수를 두었다. 폐모살제가 그것이다. 이것을 빌미로 서인은 인조반정을 일으켜 광해군을 몰아낸 것이다.

서인 관료들은 인목대비가 광해군의 어머니이니 부모의 도리를 다해야 한다고 주장했다. 그러나 서인이 적자인 영창대군을 노골적으로 옹립하려 하니 정권 보위를 위해 무리수를 둔 것이다. 이에 서인은 왕조례의 특수성을 무시하고 가례에 입각한 천하동례天下同禮를 내세웠다. 왕조례도 사대부의 예를 따라야 한다는 것이었다. 이른바 국가나 국왕보다 사대부가 우월하다는 논리를 주창한 것이다.

물론 군약신강君弱臣强의 정국에서 나올 수 있는 논리이기는 하나 16세기 동아시아 대변환기에 명나라만 맹종하고 신흥 청나라에 무모하게 대항하다가 정묘·병자호란을 자초한 것은 잘한 일인가? 광해군은 오히려 이러한 난국을 헤쳐나가기 위해 이중 외교를 펼치면서 적절히 대처했다. 과연 어느 쪽이 현명한가?

폐모살제만 해도 그렇다. 골육상쟁骨肉相爭이니 잘한 일이라고 할 수는 없지만 왕권을 보위하기 위해서 광해군만 유독 패륜을 저질렀던가? 태종의 왕자의 난과 외척 제거, 그리고 세조의 단종 제거는 어떤가? 크게

庚午二月十三日

掌樂院提調爲招送李節　豊呈大禮所用靈光妓

生順介則平山居前萬戶蔡紳韋畜安岳地接妓生林生則

管飼使軍官前縣監李井吉韋畜安岳地接置不爲上

送爲卧乎所自古如值　豊呈大禮則雖王子韋相韋畜

有子女之妓乙良置不敢擅頉者莫非重大禮敬　至尊

之事而今者　豊呈大禮只備數自而么廢武夫韋畜不

遂殊無人臣享　上之意極爲駭愕一邊以家長依軍目

廢置爲乎喻在果到闕即時蔡紳韋畜在咸後妓生

林生等乙多因次知使別定同畫授送京現到付上使房

准事道内平山安岳兩官良中星火捉文伴無天禮欠缺

歟向事　黃海藍司

庚午正月　日

時辛酉年及　正後甲子年干十年之內凡兩度行
之而甲子年丁卯空城六日文籍並皆蕩失無憑
可攄以五禮儀
磨鍊儀註多有臨時刪補之慮今不爲謄錄分藏
京外則後日無可據亦必如今時全監都雜罷謄膽
摸出郎廳一負書寫一書吏一使一侤音俱事畢間
令戶兵曹給料布從速完畢以爲後日憑攄之地何如
傳曰依啓
呈才色
庚午正月二十九日
府　啓功臣賜牌奴婢以各司所屬克給而不許以管奴婢云
給者　聖敎丁寧不啻再三故新功臣等敬此遵行不敢
違越而忠勳府都事尹仁演以其父洞恭錄光國之

錄

『풍정도감의궤』, 44.8×35.5cm, 1630, 외규장각의궤. 인조 8년 3월, 인목대비의 장수를 기원하기 위해 인경궁에서 행한 잔치 행사를 기록한 의궤. 인조는 자신의 반정을 합법적으로 인정해준 대비에 대한 고마움의 뜻으로 풍정풍呈(궁중 연회)을 올렸다.

보면 정쟁에는 늘 있을 수 있는 일이다. 국가를 더 중시한다면 이해할 수 있는 부분이다. 그런데도 지금까지 사림의 입장에서, 또한 서인의 입장에서만 인조반정을 바라보는 것은 무슨 까닭인가?

월사 이정구 가문의 영광

월사月沙 이정구李廷龜의 본관은 연안延安이다. 이무李茂를 시조로 하는 연안이씨는 대체로 네 파로 나뉜다. 즉 습홍襲洪을 중시조로 하는 첨사공파詹事公派, 현려賢呂를 중시조로 하는 소부감판사공파小府監判事公派, 지淔를 중시조로 하는 부사공파副使公派, 원주元柱를 중시조로 하는 대장군파大將軍派가 그것이다. 이 가운데 소부감판사공파는 3대 대제학을 배출한 명문 중의 명문이었다.

조선시대에 3대 대제학을 낸 집안은 넷이 있는데 연안이씨 이정구 가문(이명한李明漢, 이일상李一相), 광산김씨 김만기金萬基 가문(김진규金鎭圭, 김양택金陽澤), 전주이씨 이민서李敏敍 가문(이관명李觀命, 이휘지李徽之), 대구서씨 서유신徐有臣 가문(서용보徐龍輔, 서기순徐箕淳) 등이다. "열 정승이 대제학 하나만 못하다"는 말이 있다. 부자 대제학만 해도 대단한데 3대 대제학이란 참으로 하늘의 별 따기였다.

이정구는 생후 8개월 만에 문자를 깨쳤고, 여섯 살에는 유모의 품에서 지나가는 행인을 보고 시를 지었다 한다. 일곱 살에는 기자헌奇自獻이 금대錦帶를 주자 받지 않았다고 전해진다. 기자헌이 인조반정 때 처형될 것을 일찍이 꿰뚫어보았던 것일까? 그리고 열 살부터는 학업에 전념해 경사에 박통했고, 한 번 본 것은 잊어버리지 않았다고 한다. 가히 천재 소년이라 이를 만하다. 그 후 스물두 살에 진사시에, 스물넷에는 문과에 급제해 고속 승진했다.

월사는 특히 문장에 뛰어났다. 그리하여 국가에 어려운 일이 있을 때마다 외교문서를 전담해서 썼다. 하루에 외교문서 서른아홉 통까지 쓰기도 했다. 그러니 서른여덟의 나이에 대제학에 오르는 것은 당연했다. 그것도 홍문관, 예문관 양관 대제학이었다. 그 대신 중국에서 사신이 오면 반드시 영접사로 뽑혀 그들과 문장으로 수작酬酌을 했다. 이로 인해 상도 많이 받고 칭찬도 많이 들었다.

그러던 중 인목대비仁穆大妃 폐비정청廢妃庭請에 참여하지 않아 대북파의 이이첨 등으로부터 핍박을 받았다. 이에 광해군은 국가에 어려운 일이 있을 때는 앞장세우고, 그 일이 지나가면 처벌하자고 하면 되느냐면서 그를 비호해주었다. 1618년(광해군 10)에 뜻밖의 어려운 일이 일어났다. 서광계徐光啓라는 명나라 사람이 조선이 오랑캐와 내통한다고 무고해 조사를 나온 것이었다. 비록 정청에 참여하지는 않았지만 이정구의 문장이 아니면 해명할 수 없었다. 그는 서인으로서 정청에 참여하지 않은 것이고 인조반정 공신 중에는 우계牛溪 성혼成渾의 제자들이 많아 반정 후에는 벼슬길로 나아갈 수 있었다. 그는 같은 우계 제자인 오윤겸吳允謙과 함께 스승인 우계를 신원해주어야 한다고 주장했다. 우계는 선조가 파천播遷갈 때 찾아보지 않았다고 죄를 받은 처지였기 때문이다. 이들의 집단적인 노력으로 우계는 풀려나왔다. 이정구는 상촌象村 신흠申欽, 계곡谿谷 장유張維, 택당澤堂 이식李植과 함께 한문 4대가로 불린다.

이정구 가문은 재주를 타고났던 듯하다. 그의 고조인 저헌樗軒 이석형李石亨은 생원·진사시, 문과에 모두 장원한 수재로서 세종대에 문풍을 일으키는 데 크게 기여했다. 그 뒤를 이어 월사가 문장에 뛰어나 양관 대제학으로서 활약했다. 월사 가문의 벼슬생활은 여기서 끝나지 않았다. 그의 아들 2한(명한明漢, 소한昭漢)과 손자 8상(일상一相, 가상嘉相, 만상萬相, 단상端相, 은상殷相, 홍상弘相, 유상有相, 익상翊相)이 모두 벼슬길에 나아갔다. 아들 손자 열 명 중 일찍 죽은 만상을 제외하고는 모두가 문과에 급제했다. 손자 15조(성조成朝, 중조重朝, 해조海朝, 봉조鳳朝, 희조喜朝, 가조賀朝, 윤조潤朝, 의조儀朝, 태조泰朝, 관조觀朝, 사조師朝, 진조震朝, 광조光朝, 흥조興朝, 창조昌朝)도 부조父祖 때만은 못하지만 훌륭한 혼맥을 찾아 저헌이 세운 관동파館洞派(이석형이 성균관 근처 관동에 살았기 때문에 그 직손들을 관동파라 했다)의 핵심 세력으로 우뚝 섰다. 손자 대까지 3대 동안 관동파 38인 가운데 문과 12명, 생원·진사 15명을 배출했다. 그중에서도 특히 장자 명한은 문재가 뛰어나 그 역시 양관 대제학을 지냈다. 또한 단상은 우암 송시열의 제자로서 경학에 밝아 사위인 김창협金昌協을 비롯한 많은 제자를 두었는데, 숙종의 강요로 우암 비명碑銘에 그의 오례를 못 박아야 하는 수모를 겪기도 했다.

관동이씨에게 영광만 있었던 것은 아니다. 병자호란을 당해 강화도로 피난갔다가 청군이 그곳을 점령하자 소한의 부인 여주이씨, 일상의 부인 전주이씨, 명한의 부인 반남박씨, 가상이 자결하거나 죽었고, 이어 명

航壹風雲際会新

馮君夢仙侠白髮

四朝臣

崇禎元年至夏月四明■■人稿

李廷龜

奉送

登極副使

閔侍郎之行

聞說今

皇帝欽推

大聖人雄畧鷹醒虜

恩詔涖庶民玉帛梯

「등극부사 민시랑을 보내며奉送登極副使閔侍郎之行」, 종이에 먹, 34.5×49.7cm, 1628, 경남대 데라우치문고. 명필 이정구의 글을 엿볼 수 있다.

한과 소한 형제가 전염병으로 삶을 마쳤다. 한 달 만에 여섯 명이나 죽은 것이다. 그럼에도 불구하고 정관재靜觀齋 단상은 아들 이희조李喜朝를 비롯해 사위 김창협, 김창흡金昌翕, 임영林泳·박필주朴弼周·김량행金亮行 등 인물성동론人物性同論을 주장하는 낙론洛論 제자들을 배출해 뒤에 이항로李恒老·김평묵金平黙·유중교柳重教·유인석柳麟錫 등 위정척사파衛正斥邪派로 그 명맥이 이어졌다. 또한 관동파 후손 중에는 영의정을 지낸 천보天輔·시수時秀, 좌의정을 지낸 존수存秀·복원福源·성원性源, 대제학을 지낸 정보鼎輔·복원福源·만수晩秀·성원性源 등 많은 인재들이 배출되었다.

월사 산소의 명당 찾기

월사 이정구는 1635년(인조 13)에 죽었다. 아들 백주白洲 이명한李明漢은
아버지를 용인 문수산文殊山에 묻었다. 그런데 그해 7월 묘를 조성하기
위해 구덩이를 파다가 백주는 선잠이 들었다고 한다. 이때 월사가 꿈에
나타나 다음과 같은 시를 남기고 갔다.

열두 여울가에서 둥근 달을 돌아보고	十二灘頭看月圓
편주 가득히 빈 배로 돌아오네	扁舟贏得載虛船
뉘라서 단청의 일을 알아	何人解得丹靑事
나를 청산의 녹수변에 그려줄 건가	畵我靑山綠水變

이명한은 이 꿈이 도대체 무슨 의미인지 알 수 없었다. 장례를 마친 다
음 월사가 다시 꿈에 나타나 "내가 지금 봉도蓬島의 부사副使가 되었는데,
호를 선영仙瀛으로 바꾸었다"고 말했다 한다. 그러나 그 의미 또한 알 수
없었다. 그 후 1637년(인조 15) 이명한은 강화 교동에서 어머니를 반장返

명당도 목판, 19세기, 국립중앙박물관. 옛사람들이 그러했듯이, 이명한은 아버지 월사의 묏자리를 찾고자 수년 동안 전국을 샅샅이 뒤지고 다녔다.

葬해오다가 우연히 뱃사람에게서 강화는 열두 개의 섬으로 이루어져 있으며 교동도 그중의 하나라는 말을 들었다. 순간 현몽한 월사의 말이 바다를 여울이라 했을 뿐, 이것과 무관하지 않다고 여겨졌다. 더구나 월사의 산소는 자리가 좋지 않다는 지관의 말도 있고 해서 백주 형제는 월사의 묘를 다른 곳으로 천장하기로 결심했다.

그로부터 2년 동안 백주 형제는 전국을 샅샅이 뒤지고 다녔다. 그러나 '십이' 자가 들어가는 좋은 묏자리는 찾을 수가 없었다. 그러던 어느 날 한 지관이 자기가 봐둔 자리가 있으니 함께 가보자고 하였다. 왕산탄王山灘이라는 여울가의 땅이었다. '왕王' 자의 가운데가 열 십이고 상하 두 획을 합치면 두 이二가 된다는 것이었다. 일리는 있지만 백주 형제는 그래도 믿지 않았다.

그러던 중 1639년(인조 17) 3월 백주 형제는 이삼등李三豎이라는 술사를 만났다. 그도 상중이었지만 백주 형제의 간곡한 청을 저버릴 수 없어 함께 묏자리를 찾아 나섰다. 열흘 동안 헤맸으나 역시 실패하고 말았다. 그즈음 백주 형제가 좋은 묏자리를 찾는다는 소문이 나자 어떤 사람이 찾아와 가평 방길方吉에 좋은 터가 있다기에 이삼등과 함께 가봤으나 역시 허탕을 쳤다.

이렇게 저렇게 2년의 세월이 흘렀다. 백주 형제는 지칠 대로 지친 터였다. 이때 이삼등이 방길에서 수십 리 떨어진 곳에 평소에 봐둔 길지가 있다고 알려왔다. 그곳으로 가기 위해서는 같은 내를 열 번이나 건너야 했다. 그러자 1622년(광해군 14) 백주가 체찰부 종사관으로 왔을 때 지은 "한 개울을 무려 열 번이나 건너고, 다섯 걸음 걷고 나면 세 숨을 쉬어야

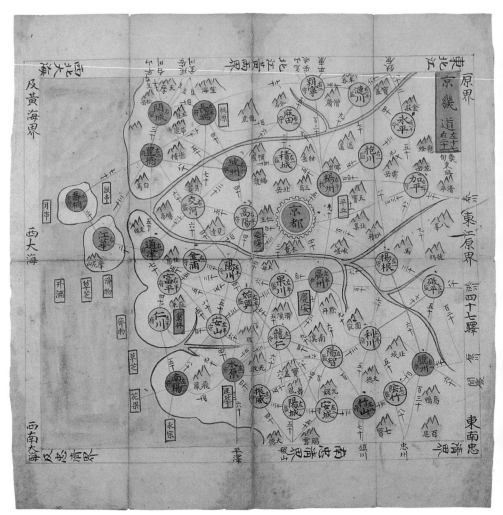

「경기도」, 『천하총도』, 종이에 채색, 34.3×35cm, 1822년 이후, 서울역사박물관. 월사의 후손은 묏자리를 찾다가 마침내 가평에 정착했다.

하네"라고 한 시가 생각났다. 그런데 산 넘고 물 건너 한 지점에 도달하니 웅장한 산세와 빠른 물줄기가 갑자기 완만해져 평탄한 지형이 나타났다. 물어보니 조종현朝宗縣이라 했다. 이삼등이 점지한 터는 역驛의 서쪽 산록이었다. 좌향은 해좌亥坐 사향巳向이었다. 개울을 열두 번 건넜고, 역 이름이 영등瀛登이니 월사가 현몽한 길지임에 틀림없었다. 선영仙瀛으로 호를 바꾸었다는 말은 '영등역'을 두고 한 말이었다.

그해 4월 백주는 이삼등을 데리고 다시 한번 그곳을 찾아가보았다. 그날 밤 산 아래 마을에서 잠을 자는데 꿈에 누군가가 나타나 '신유辛酉' 두 자를 써서 보여주었다. 다음 날 산에 올라가 나침반을 대보니 좌향은 유향酉向이었다. 이삼등도 "산의 주맥이 어디서 오던가요? 반드시 유방酉方일 텐데요"라고 했다. 길지 중에 길지임에 틀림없었다. 그리하여 백주 형제는 월사의 산소를 마음 놓고 이곳 가평으로 옮길 수 있었다.

오윤겸, 목숨 걸고 지도자의 모습을 보여주다

오윤겸吳允謙(1559~1636)은 인조 조에 영의정을 지낸 인물이다. 영의정은 일인지하 만인지상一人之下 萬人之上의 자리다. 그런 까닭에 영의정은 국가를 경영하는 소신과 리더십을 갖춘 사람이 맡아야 했다. 오윤겸 역시 그러한 소신과 리더십을 갖추고 있었다.

오윤겸은 다른 인재들에 비해 발신發身이 늦었다. 36세의 늦은 나이에 문과에 급제했고, 그전에는 미관말직에 종사했다. 그러했기에 정철이 이산해에게 사윗감을 구해달라고 해 오윤겸을 추천했더니, 정철은 이산해 자신은 이덕형과 같은 준재를 고르고 내게는 오윤겸과 같은 시원찮은 사람을 추천했다며 절교를 했다는 말이 있을 정도였다.

오윤겸은 우계 성혼의 문하에 들어가 학문과 덕행을 쌓아 수문首門이 되었다. 그는 남과 교제하는 일待人接物에 있어서 언제나 모가 나지 않았고, 자기 자신을 낮추고 남을 높여 겸허한 태도를 보였다. 몸가짐이 단정하고 엄숙한 가운데서도 봄바람과 같은 화기和氣가 있어서 사람들에게 친밀감을 주었다. 그는 또한 정경세鄭經世와 함께 경전에 가장 밝은 사람으로 평가되기도 했다. 실력을 갖춘 재상이었다는 말이다.

오윤겸은 과거시험에 관심이 없었다. 그러나 아버지 오희문吳希文의 간절한 바람 때문에 과거시험을 치르기는 했다. 그러했기에 과거시험 문제가 마음에 들지 않으면 응시하지 않고, 다 써놓은 답안지에 다른 사람이 실수로 먹물을 쏟아도 화를 내지 않았다. 그러던 중 평강현감으로 있을 때 우연히 문과에 응시해 급제했다.

오윤겸은 훌륭한 목민관牧民官으로서도 유명했다. 백성을 사랑하고 세금을 경감해주어 가는 곳마다 그의 선정비가 세워졌다. 인사 역시 공정하게 했다. 인조 반정공신 구사맹具思孟이 그의 아들 구성具宬을 대사성에 임명하는 것을 정랑으로서 끝까지 반대했으며, 평소에 대소 관료들에게 벼슬할 만한 사람들을 추천받아 적재적소에 사람을 쓰니 인조조차 자신이 쓰려 했던 잡류들을 쓸 수 없었다.

이 때문에 인조반정 후에 반정공신이 아닌데도 혁명 과업을 완수해야 하는 대사헌에 임명되었다. 오윤겸은 서인이었지만 당색을 초월했다. 그런 까닭에 오윤겸은 남인 같은 서인이요, 이수광李睟光은 서인 같은 남인이라는 말까지 생겨났다.

오윤겸이 지도자로서 출중한 점은 무엇보다도 국가를 위해서 목숨을 아끼지 않았다는 것이다. 그는 고위관료로서 목숨을 걸고 인목대비의 폐비를 반대했고, 인조가 추진하는 생부 정원군定遠君의 원종 추숭元宗追崇을 반대했다. 1617년(광해군 9)에는 통신사로 일본에 다녀오다가 풍랑으로 죽을 뻔했고, 1622년(광해군 14) 희종熹宗 황제의 등극사로 명나라에 다녀오다가 역시 풍랑으로 죽을 뻔했다. 다른 사람들은 요리조리 피하

短碣乎書之也遂來請

為軍罷監十二傳而為

撰為吏不仁也安李氏

嘉靖乙未十月生公在
娠有異夢生景閔左贊
學移弘文館副修撰又

「오윤겸묘갈명 원고」, 송준길, 종이에 먹, 25×12.7cm, 한국서예박물관, 동춘당 송준길이
오윤겸의 묘갈명을 쓴 원고로, 묘갈명을 지은 이는 청음 김상헌이다.

고 가지 않았으나, 오윤겸은 지명을 받자마자 서슴없이 갔다. 목숨 걸고
지도자 역할을 수행한 하나의 분명한 모델을 보여준 것이다.

오달제와 『남한산성』

김훈의 『남한산성』은 주인공으로 오달제를 내세웠다. 아내가 임신한 자식이 유복자가 될 운명을 무릅쓴 오달제의 충성과 사랑을 그리기 위함이었다. 이를 위해 작가는 기생 매향을 등장시킨다. 소설이라면 모름지기 러브 스토리가 필요하기 때문이다. 오달제와 부인 남씨, 매향과의 삼각관계를 통해 소설의 재미를 더해보자는 생각이었던 듯하다. 오달제는 유복자를 가진 28세의 충성스러운 젊은 대간이었다. 이러한 그를 과감하게 소설의 주인공으로 삼은 것은 무모한 선택일 수도 있다.

소설 『남한산성』은 그 배경인 병자호란의 실상과 다른 점이 많다. 오달제는 명분론에 사로잡힌 대간 중 한 사람일 뿐이다. 이른바 386세대에 비견되는 척화파의 일원이었다. 그러나 그는 척화파를 대변할 위치에 있지도 않았고 대신들과 정책 대결을 펼칠 위치에 있지도 않았다. 역사에서는 김상헌이나 최명길이 주인공으로 내세워질 만하다.

소설의 작가는 전쟁에서 민초의 삶을 그리는 데 중점을 두었다. 전쟁이 지배층의 싸움이라고는 하나 전쟁터에서 무고하게 죽어가는 민중의

「남한산성도」, 종이에 채색, 47×66cm, 19세기 전반, 규장각한국학연구원.

妙筆吾東豈有
二觀畵仍忽感
前事辭君不暫
心忘國對虜何
嘗口絕詈節義
昭昭三子同考
忠炳炳一身備
誰知嗣續終無
傳於此難諶福
善理
乙酉臘月下澣題 [印]

忠烈公吳達濟梅花簇
御詩續賛仍賜其孫大司成井備
今日皇杆褊憶 昔年逶堂中洲僻初倡然豈李
此辰得墨一蕉東湖一梅忠烈荣蹟工有
御詩逸其典敬韻律佇久敢續以貧桐忠何廐漢南
夕雲何以綽表特賜其孫
宗姪熙載上六年歲十月二十八日孫公後孫奉
松毅書

「묵매도」, 오달제, 104.9×56.4cm, 17세기, 국립중앙박물관. 병자호란 때 청나라와의 화의를 극력 반대하다가 훗날 결국 죽임을 당한 오달제의 그림.

삶의 애환을 부각시키고 싶었던 것이리라. 진눈깨비가 오는 추운 날씨에 성을 지키는 군병들의 고생을 낱낱이 그리고, 서날쇄(서흔남) 부녀를 등장시킨 것도 그 때문인 듯하다. 그러나 그들의 행보는 어딘가 겉도는 감이 있다.

소설은 꼭 사실대로 쓸 필요는 없다. 가상적인 이야기를 만들어 넣는 것도 무방하다. 이것은 문학의 속성이기도 하다. 역사는 빤히 보이는 것도 증거가 없으면 말하지 못하는 약점이 있는 반면, 문학은 얼마든지 상상력을 더할 수 있는 픽션이기 때문에 사고의 폭이 넓고 늘푼수가 있다. 그렇다 해도 역사적인 사건의 줄기를 바꾸거나 남의 족보까지 바꾸는 일은 비판을 면하기 어렵다. 그렇게 하려면 아예 인물의 이름과 역할을 바꾸거나 상황을 새로 만들어야 한다. 요즈음 궁중 사극이나 대하역사 드라마가 자주 범하는 실수이기도 하다.

뮤지컬은 소설보다 한 수 더 뜬다. 이야기를 간략히 하고 노래와 춤이 가미되기 때문이다. 소설의 이야기가 추상적인 춤과 노래로 응축되기 때문에 튀는 동작과 표현을 요구한다. 그러기에 상징성은 더욱 강화된다. 관객의 주의를 끌기 위해 하는 수 없는 노릇이다. 간단하지만 강렬한 메시지를 주면 되는 것이다. 재현이 아니요 공연이기 때문이다.

소설과 뮤지컬의 메시지는 무엇인가? 김훈은 소설에서 척화파와 주화파를 너무 적대적 관계로 보지 말라고 했다. 애국하는 방법이 다를 뿐이라는 것이다. 뮤지컬에서는 삶이 아무리 혹독하더라도 살아내야 한다는 메시지를 전달하려 애썼다. 남한산성을 한낱 처절한 전쟁사로만 볼 것이 아니라 그 속에 꿈틀거리는 인간의 진솔한 삶을 이야기하자는 것이다.

장만과 정충신

정충신鄭忠信은 광주光州 아전의 아들로서 평민 출신이다. 출생은 그러했지만 그는 재주가 비범해 광주부윤 권율에게 발탁되어 벼슬길에 오를 수 있었다. 광주의 금남로는 그의 군호인 금남군錦南君을 따서 지은 것이다.

임진왜란 때 선조가 의주에서 명나라로 망명하려 하자 권율은 이치梨峙 전투에서 이겨 전세가 좋아지고 있으니 망명을 유보하라는 것을 알리기 위해 급히 사람을 찾았다. 이때 열일곱 살 된 소년 정충신이 자원하고 나섰다. 권율은 그가 너무 어려 처음에는 거절했었다. 그러던 중 그의 거동을 살펴보니 충분히 일을 해낼 만하다고 여겨졌다. 정충신은 밤낮없이 달려 임무를 수행했고, 선조는 이를 기특하게 여겨 벼슬을 내려주었다.

그 뒤 권율은 정충신을 친자식처럼 여겨 사위인 이항복에게 키워줄 것을 부탁했다. 이항복은 처음에 문과를 보라고 했으나 평민 출신이라 떨어지기 쉽다고 하여 무과를 보았고, 그 결과 급제했다. 이에 이항복은 정충신을 장만張晩 장군에게 위탁했다. 그러던 어느 날 병조판서가 정충신을 기용하고자 했지만 정충신은 이항복을 찾아와 장만 장군 밑에 계속 있게 해달라고 부탁해 그는 이항복의 집에 살면서 장만 장군 휘하에 근무했다. 장만 역시 그를 골육과 같이 여겨 중국에 사신으로 갈 때도 별장으로 데리고 가고, 밤새도록 그와 마주해 이야기를 들어주기도 했다.

그는 재주만이 아닌 의리도 겸비했다. 1618년(광해군 10) 5월 이항복이 인목대비 폐출을 반대하다가 함경도 북청으로 귀양가게 되자 벼슬을 버리고 귀양길을 따라나섰다. 그뿐 아니라 자신을 입신시켜준 권율을 부모처럼 섬기고, 권율이 죽은 뒤에는 이항복을 부모처럼 섬기다가 이항복마저 죽자 고아처럼 울부짖었다. 그 뒤에는 장만을 따라 변방을 누볐다. 이 세 사람이 없었으면 정충신은 출세할 수 없었을 것이다.

1624년(인조 2) 이괄의 난 때 정충신은 남이흥南以興과 함께 장만 휘하에서 안현鞍峴 전투를 승리로 이끌었다. 정충신과 남이흥은 인조반정을 받아들이지 않다가 옥에 갇혔는데, 장만이 여러 차례 상소를 올려 이들을 풀려나게 했고, 토벌군의 선봉을 서게 해 공으로 죄를 갚게 했다. "나라를 지켜낼 재주 있는 장수를 죽이는 것은 국가의 재앙입니다. 그에게 공을 세울 기회를 주어 이로써 죄를 씻게 하소서"라고 간청하니 인조도 들어주었던 것이다.

그런데 양반 출신인 남이흥은 평민 출신 정충신과 어울리려 하지 않았다. 그리하여 사사건건 부딪칠 수밖에 없었다. 장만은 이들을 불러 "전장의 장수는 서로가 위하는 의리 없이는 아무것도 이룰 수가 없다. 너희들도 이순신과 원균의 일을 잘 알 것이다. 아무리 용맹한들 혼자서 할 수 있는 일은 아무것도 없다. 너희가 진정으로 합치면 두려울 것이 없

정충신 장군의 갑옷.

을 것이나 시기하면 너희는 아무런 쓸모가 없다"고 충고했다. 또한 남이흥만 불러서는 "신분은 씨가 따로 있는 것이 아니다. 인간의 씨는 본래 같은 것이다. 다만 교양을 갖추지 못해 상민이 되는 것이다. 정충신은 이미 갖추었고 인정을 받아 벼슬을 한 지 오래다. 백사(이항복) 선생이나 나도 정충신을 친형제처럼 대해온 지 오래다. 그대가 한번 굽혀 마음을 열면 큰 것을 얻을 것이다. 굽히는 것은 작은 것이요, 마음을 얻는 것은 큰 것이다"라고 타일렀다. 이에 남이흥이 감복해 "내가 옹졸해 마음 문을 열지 못했다. 장군의 말을 듣고 보니 마음의 문이 열리는 듯하다. 이제부터는 정공을 손위로 깍듯이 모실 것이다"라고 했다. 정충신도 "우리는 귀중한 형제를 얻었다"고 하면서 기뻐했다. 장만 또한 "어찌 너희들만 형제냐? 나 또한 너희들의 형제다"라고 했다. 도원결의를 맺은 것이다. 이로써 이괄의 난을 평정하고, 정묘호란도 함께 막을 수 있었다. 심하深河전투 때에도 이 세 장수는 일치단결해 누르하치의 군대를 압록강에서 물리칠 수 있었으니 세 번의 전쟁에서 나라를 구한 것이다.

정충신은 남이흥보다 7개월 앞서 태어났다. 정충신의 어머니는 인동 장씨다. 그리하여 정충신은 장만을 외가의 존장이라 받들고, 장만과 남이흥이 죽은 후에도 제사 때마다 찾아가서 성심으로 제를 올렸다 한다. 무장들의 경우 특히 뭉치면 살고 흩어지면 죽는다는 사실을 확인할 수 있는 실례이기도 하다.

장만에 대한 양면적 평가

장만(1566~1629)은 16~17세기 조선의 국방을 전담했던 문관 출신 장군이다. 그는 출장입상出將入相(문무를 다 갖추어 장상將相의 벼슬을 모두 지냄)의 표상이기도 했다. 나가면 도원수 체찰사요, 들어오면 병조판서이자 우찬성이었다.

이러한 장만이건만 그가 어떤 사람인지 잘 알고 있는 이는 드물다. 그 까닭은 문치주의 국가에서 무장을 저평가한 데 있기도 했지만, 인조반정 공신들의 시기와 질투 때문이기도 했다. 장만은 몸집이 크고 어려서부터 무예에 관심이 깊어 자연스럽게 국방의 일을 맡았다. 더구나 행정 능력이 뛰어나고 부하를 잘 통솔해 일찍부터 장재將才로 손꼽혔다.

특히 1599년(선조 32)에 봉산군수가 되어 명나라 장수들의 생트집을 잘 무마한 이후로 선조는 인사 발령만 있으면 "장만은 어떠한가?"라고 할 정도로 그를 신임했다. 그리하여 함경도·평안도 관찰사, 평안도 병마사 등 주로 북방 지역을 방어하는 직임을 맡겨 여진족을 물리치게 했다. 장만의 이러한 능력은 광해군·인조 조에도 인정을 받아 체찰부사,

「장만초상화」, 253×113cm, 충정공 종친회.

도체찰사, 병조판서 직을 두루 맡아 나라의 국방을 책임졌다.

그렇지만 그의 공과에 대해서는 평가가 둘로 나뉜다. 하나는 남들이 싫어하는 전장에 과감하게 나아가고 이괄의 난을 평정했으니 공로가 크다는 것이고, 다른 하나는 머뭇거리기만 하다가 이괄 군이 조선 역사상 최초로 서울을 점령하게 내주고 왕이 공주로 피난가게 한 죄를 지었다는 것이다. 장만의 공로를 끝까지 인정한 사람은 인조였다. 인조는 처음에 머뭇거린 것은 병들고 거느린 군사가 없어서이고, 결과적으로 군사를 수습해 이괄을 잡아 죽임으로써 자신의 왕위를 보존해준 공이 있다고 했다.

반면 이귀 등 인조반정 공신들의 견해는 다르다. 그들은 장만이 병권을 장악하고 있는 것은 자신들의 권력을 유지하는 데 걸림돌이 된다고 여겼다. 그런 까닭에 장만의 성공을 과소평가하고 사찰을 강화해 아무 일도 못 하게 했다. 장만이 이괄의 난을 평정한 것도 운이 좋아서일 뿐이라는 것이었다. 만약 이괄의 군대가 장만의 군대를 상대하지 않고 곧바로 공주로 달려가 인조를 잡았다면 낭패를 당했을 터이고, 또 서울에서 파견한 장수가 먼저 이괄의 군대를 진압했으면 장만은 공을 세울 기회가 없었을 터라는 것이다.

어찌되었든 장만은 이괄의 난을 평정한 공으로 정충신·남이흥과 함께 진무振武 1등공신에 책봉되었다. 이렇게 될 수 있었던 데는 장만이 권율·이항복 계열에 속한 것도 한몫했다. 장만은 서인이고 이항복과 가까운 사이였다. 장만은 또한 인조반정 1등공신인 최명길의 장인이기도 했기에 공로로써 와석종신臥席終身할 수 있었다. 그러니 장만의 영광은 그가

문신이요, 서인 인맥과 깊은 관계를 맺고 있었기 때문에 얻게 된 것이라
할 수 있다.

척화파 김상헌 vs 주화파 최명길

병자호란 때의 일이다. 국난을 당해 조정은 척화파斥和派와 주화파主和派로 갈려 다투었다. 김상헌金尙憲은 척화파의 대표이고, 최명길崔鳴吉은 주화파의 대표였다.

척화파의 주장은 이러했다. 명나라는 우리나라의 부모와 같은 나라요, 청나라는 부모의 원수이니 청은 곧 우리의 원수라는 것이다. 더구나 임진왜란 때 명은 나라를 구해준 은혜가 있으니 우리가 망하는 한이 있더라도 청과 일전을 불사해야 한다고 주장했다. 싸워보지도 않고 화의를 해서는 안 된다는 요지이다. 국가는 망할 수 있으나, 의리를 잃으면 영원히 소생할 수 없기 때문이라는 것이다. 과도한 모화慕華주의적 명분론이다.

반면에 주화파는 명나라를 위해 복수하는 위명爲明도 좋지만 다급한 대로 나라를 보존하는 존국存國이 우선이라는 입장이다. 군사력으로 버틸 수 없다면 타협해서 일단 급한 불부터 끄고 봐야 한다는 것이다. 반정 공신들의 현실론이다.

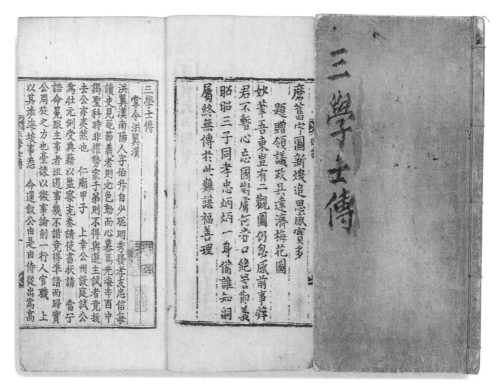

『삼학사전三學士傳』, 송시열, 30×20cm, 1671, 국립중앙박물관. 송시열이 편찬한 삼학사三學士의 전기로, 곧 홍익한, 윤집, 오달제를 가리킨다. 병자호란 전후 주화파와 척화파 지식인의 동향을 살펴볼 수 있는 자료이다.

두 주장 가운데 절대적으로 우세한 것은 척화론이었다. 그런 점에서 한국인은 명분주의자라고 할 만하다. 청군 15만에 아군 1만의 대결이었다. 청군은 당대 동아시아의 최정예군이요 아군은 오합지졸이었다. 식량도 한 달 버틸 것밖에 없었고, 군병들은 진눈깨비 속에서 얼어 죽어가고 있었다.

이에 최명길을 비롯한 주화파가 나섰다. 최명길은 단신으로 적진에 들어가 목숨을 건 협상을 시작했다. 청군은 척화파 대표들을 잡아 보내라고 명했다. 홍익한, 윤집, 오달제가 자원해 심양으로 끌려가 끝까지 저항하다가 처형되었다. 최명길이 항복 문서를 썼으나 김상헌이 달려들어 이를 찢어버렸다. 최명길은 찢는 사람도 있고 깁는 사람도 있어야 한다면서 이를 다시 주웠다. 군병들은 견디다 못해 들고일어났다. 척화파를 모두 잡아서 청진으로 보내라는 것이었다. 인조도 항복하지 않을 수 없었다. 김상헌은 목을 맸으나 가족들 앞이라 살아날 수 있었다.

인조는 삼전도三田渡에서 항복했다. 김상헌은 북문을 통해 고향인 안동 학가산 아래에 은거했다. 대간은 그를 공격했다. 최명길이 열어놓은 문으로 김상헌이 왕도 돌아보지 않고 달아났다는 것이다. 절체절명의 위기였다. 그런데 마침 김상헌이 삼전도비를 부수었다는 헛소문이 돌았다. 그는 심양의 중죄수를 가두는 남관南館에 갇혔다. 최명길도 중 독보獨步를 보내 명과 밀통했다는 죄로 역시 심양의 사형수 감옥인 북관北館에 갇혔다. 김상헌과 최명길은 감옥에서 화해했다. 방법이 다를 뿐이었지 둘 다 애국자라는 것을 인정했다.

그러나 인조는 척화파가 우세한 정국에서 온건파인 소현세자 대신 강경파인 봉림대군을 후계자로 삼아 북벌운동을 벌이게 했다. 여기엔 송시열의 도움을 받았다. 그렇지만 효종과 송시열의 북벌론은 가고자 하는 길이 달랐다. 효종은 왕권을 강화하는 방편으로, 송시열은 서인 지배 정국을 구축하고자 북벌을 부르짖었다. 그 때문에 김상헌의 척화론이 힘을 얻어 19세기에 안동김씨의 세도정치로까지 이어지게 되었다.

이경석을 비난만 할 수 있는가

서울특별시 송파구 석촌동에 '대청황제공덕비大淸皇帝功德碑'가 세워져 있다. 이른바 삼전도비三田渡碑다. 높이 395센티미터, 넓이 140센티미터이다. 이 비석은 1637년(인조 15) 청나라의 요구로 세워진 승전비다. 조선으로 보면 치욕의 비석이라 할 수 있다.

1637년 3월에 청나라는 자신들의 전승기념비를 세우라고 명했다. 인조는 이를 거절할 힘이 없었다. 한문 비문은 조선에서 지어 바치라고 했다. 이에 인조는 하는 수 없이 글 잘하는 이경석李景奭, 장유張維, 조희일趙希逸, 이경전李慶全에게 비문을 지어 올리라 했다.

이들은 물론 달가워하지 않았다. 두고두고 의리를 저버린 사람으로 낙인찍힐 것이 뻔했던 까닭이다. 마침 이경전이 병으로 글을 지을 수 없었고, 불명예를 짊어질 이로는 세 사람만 남겨졌다. 이들은 2~3일 사이에 비문을 지어 올렸다. 그런데 조희일은 일부러 글을 졸렬하게 지어 채택되지 않았고, 결국 이경석과 장유의 글만이 청나라로 보내졌다.

청나라에서는 귀화한 명의 유학자 범문정范文程 등이 이경석의 글을 최

종적으로 뽑았지만 글이 너무 간략하니 보완해서 다시 올리라고 했다. 마음이 내키지 않아 간략하게 사실만 서술했던 것이다. 이경석이 고쳐 쓰기를 싫어할 것은 뻔했다. 그리하여 인조는 "지금 저들이 이 비문으로 우리의 향배를 시험하려 하니, 우리나라의 존망이 이것에 의해 판가름 나게 되어 있다. (…) 오늘의 할 일은 다만 문자로 저들의 마음을 맞추어 사세가 더욱 격화되지 않도록 하는 것뿐이다"라고 하면서 간곡하게 비문을 고쳐줄 것을 부탁했다. 이경석은 왕의 청을 받고 하는 수 없이 글을 고쳐 쓰기로 했다. 이 위기를 넘기기 위해서는 누군가가 글을 쓰기는 써야 했기 때문이다.

당시에는 대제학이 없었고 이경석이 3월 13일에 제학에 임명되었던 터라 이 일은 더욱 피할 수 없었다. 그리하여 결국 이경석이 고쳐 쓴 비문이 채택되었다. 비문의 글자 수는 1009자였다. 한문 비문은 여진어와 몽고어로 번역되어 여진어는 앞면에, 한문은 뒷면에, 몽고어는 오른쪽 면에 실었다. 공사는 10월 30일에 모두 끝났다. 이경석은 이 비문을 쓰고 그의 형 이경직李景稷에게 편지를 보내어 글을 배운 것을 후회했다고 한다.

이경석에 대한 논란의 여지는 있겠지만, 여기서 우리는 이경석의 살신성인殺身成仁 정신을 엿볼 수 있다. 왕의 부탁을 받기는 했지만 모두 기피하는 비문 찬수를 국가를 위해서 지은 것이다. 뒤에 청나라에서 북벌 운동을 조사하러 나왔을 때도 효종은 모르는 일이고 영의정인 자기가 다 한 일이라고 주장해 백마산성에 갇힌 것도 이러한 이경석의 애국심에서 우러나온 것이라 할 수 있다.

삼전도비.

이 비석은 1895년에 청나라가 세운 것이라고 파묻었던 것을 지금은 어느 조그만 공원 가에 다시 세워놓았다. 얼마 전 원래의 위치인 송파구 잠실동 47(석촌호수 서호언덕)로 복구시켜놓았다고 한다. 부끄러운 역사도 우리의 역사다. 이 비석 역시 우리가 반면교사로 삼지 않으면 안 될 것이다.

"개도 그 똥을 먹지 않을 것이다" — 송시열과 이경석

1645년(인조 23) 4월 송시열宋時烈은 이조판서 이경석李景奭의 추천을 받고 출사했다. 이런 두 사람의 사이가 말년에는 좋지 못한 관계로 변했다. 어떤 까닭에서였을까?

1668년(현종 9) 11월 27일에 이경석에게 궤장几杖이 내려졌다. 궤장이란 원로대신의 공로를 기리기 위해 주는 의자와 지팡이를 말한다. 대단히 영광스러운 일이었고 모든 관료가 축하하는 글을 바쳤다. 송시열도 궤장연几杖宴을 축하하는 글을 지었다. 그런데 그 서문에 송시열은 '수이강壽而强'이라는 말을 넣었다. '편안하게 오래 잘 살았다'는 뜻이다. 이때만 해도 이경석조차 이 말이 무슨 뜻인지 잘 몰랐다.

그러던 중 1669년(현종 10) 3월 현종이 온천으로 행차하면서 이경석을 유도대신留都大臣으로 임명했다. 그는 관직 임명을 사양하는 글에서 "군왕이 병 치료를 위해 멀리 가는데 문안드리러 오는 사람이 없다"며 세태를 비판했다. 이 말을 전해 듣고 송시열은 자기를 일컫는 말이라며 대죄待罪했다. 그는 이 일로 이경석에게 유감을 가졌다. 그리하여 '수이강'이라는 말이 송나라 흠종欽宗을 따라 잡혀간 손적孫覿이 금나라에 아부해 잘 먹고 잘 살았다는 뜻이라고 밝혔다. 그러면서 "이경석은 향원鄕愿의 심리로 청나라 세력에 아부해 일생을 행세했다. 만일 경인년의 일(백마산성 유폐)이 아니었으면 개도 그 똥을 먹지 않을 것이다"라고 강도 높게 비판했다. 삼전도비문을 쓴 것을 두고 한 말이었다. 이경석은 송시열이 오해한 것이라며 대꾸하지 않았다.

반청숭명反淸崇明의 의리를 목숨처럼 여겼던 송시열은 청나라를 위해 삼전도비문을 쓴 이경석을 용서할 수 없었다. 이경석이 자기를 발신시켜준 원로인데도 불구하고 이처럼 심하게 공격한 것도 그 때문이었다. 송시열과 함께 양송兩宋으로 불리던 송준길宋浚吉 역시 송시열의 이런 행위를 과도하다고 여겼다.

한편 송시열을 반대하는 세론도 비등했다. 소론의 여론이 그러했다. 소론 박세당은 그의 이경석 신도비명에서 이경석을 군자의 상징인 '봉황'이라 하고 송시열을 불선자의 상징인 '올빼미'라 하였다. 또한 이경석을 나라의 전형典型인 '노성인老成人'이라 하고, 송시열을 그를 모욕하는 '불상인不祥人' '불선인不善人'이라 평가했다.

송시열은 박세당을 사문난적斯文亂賊으로 몰았다. 박세당이 『사변록思辨錄』에서 주자와 다르게 경전을 해석했다는 것이 그 이유였다. 송시열은 주자 지상주의와 숭명의리로 정국을 좌지우지했고 여기에 위배된 것은 모두 이단이요 적당으로 몰았다.

이경석에 대한 핍박은 그가 죽은 뒤에도 계속되었다. 이경석의 신도비는 노론의 방해로 세우지 못하다가 그가 죽은 지 84년 만인 1754년(영

「지영궤장도砥迎几杖圖」, 「사궤장축시첩」, 종이에 채색, 43.2×30cm, 경기도박물관. 이경석이 궤장을 받는 장면을 후대에 그린 것이다.

조 30)에 원교圓嶠 이광사李匡師의 글씨를 받아 세웠으나 글자가 뭉겨진 채 100여 년 동안 넘어져 있다가 1974년에야 재건되었다. 이경석의 묘와 신도비는 지금 경기도 성남시 분당구 낙생면 석운리에 있다.

이경석, 나라를 위해 목숨을 걸다

김자점金自點은 인조의 반정공신으로 영의정의 자리까지 올랐던 인물이다. 그러나 봉림대군鳳林大君은 그가 청나라와 친밀히 지내는 것을 알고 그를 좋아하지 않았다. 훗날 봉림대군은 효종으로 즉위해 북벌운동을 벌였다. 이를 본 김자점은 효종이 북벌 준비를 한다며 청나라에 고자질했다. 그리하여 1650년(효종 1) 2월 8일에 청나라 사신 여섯 명이 문책사問責使로 조선에 왔다. 이경석은 영의정으로서 사태의 책임은 자신이 지겠다며 의주로 직접 가서 사신을 맞았다.

3월 7일 남별궁(지금의 조선호텔 자리)에서 중신들을 앞에 놓고 청나라 사신의 심문이 계속되었다. 청나라 사신은 치제문致祭文에 황제의 칭호를 쓰지 않은 것이나, 일본을 핑계로 성곽과 병기를 수리한 것이 모두 국왕의 책임이라고 몰아붙였다. 이경석은 이러한 일은 영의정인 자신이 도맡아 한 것이지 국왕은 모르는 일이라고 우겼다. 그는 죽을 각오를 하고 가족들로 하여금 상구喪具를 준비하라고 했다. 청나라 사신도 이경석이 왕을 위해 희생적으로 방패막이 역할을 하고 있다는 사실을 알고 있었

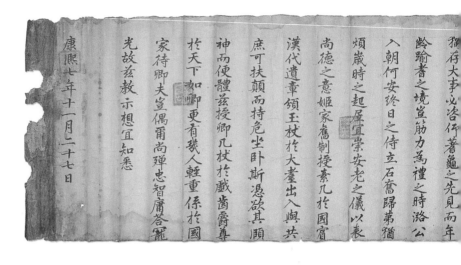

다. 다른 관료들은 입을 다문 채 아무런 말도 하지 않았다.

결국 이경석은 상국을 속인 죄로 백마산성白馬山城에 위리안치圍籬安置되었다. 효종은 임금 대신 곤욕을 치르는 이경석을 구명하고자 백방으로 노력했다. 청나라 사신에게 뇌물을 주기도 하고, 일개 사신을 몸소 찾아가 여덟아홉 차례나 선처해줄 것을 간곡히 부탁하기도 했다. 이경석에게 손수 편지를 써 보내 위로하기도 하고, 평안도에 명해 먹을 것을 넉넉히 대주라고도 했다. 인평대군麟坪大君, 원두표元斗杓, 이시백李時白 등의 사신을 계속 보내 이경석을 살려줄 것을 간곡히 요청했다.

그 결과 9개월 뒤인 12월에 '영부조용永不調用'(영구히 등용되지 못함) '방귀전리放歸田里'(벼슬을 떼고 시골로 내쫓는 형벌)를 조건으로 이경석은 석방되었다. 그는 그때의 심경을 이렇게 읊었다.

멀고 먼 압록강아! 높고 높은 백마산아! 　　　　　迢迢鴨綠江 兀兀白馬山

그대에게 의탁해 두 줄기 눈물을 상림 간에 뿌리리라 　憑君寄雙淚 灑向上林間

　이경석을 그토록 비난하던 송시열도 이 일에 대해서만큼은 그의 충성을 인정했다.

　그 후 이경석은 영의정이 아닌 영중추부사로서 20여 년 동안 국정을 자문했다. 석방 조건이 관직에 임명해서는 안 된다는 것이었기 때문이다. 이경석은 주화파였지만 국가가 위기에 처했을 때는 이처럼 신명을 바쳐 애국했다. 그리하여 1668년(현종 9) 이경석에게는 궤장이 내려졌다.

궤장, 나무에 옻칠, 보물 제930호, 1668, 경기도박물관. 임금이 이경석에게 내린 궤장.

원종元宗 추숭

인조는 반정反正으로 왕위에 오른 인물이다. 더욱이 인조는 부항父行의 매개 없이 할아버지인 선조로부터 곧바로 왕위를 물려받았다. 이 때문에 인조가 할아버지인 선조를 아버지라 불러야 하는가, 아니면 생부인 정원군定遠君 이부李琈를 왕으로 삼아 아버지의 자리를 채워야 하는가가 쟁점으로 떠올랐다.

인조와 반정공신들은 종법상의 입지를 강화하기 위해 정원군을 왕으로 추숭하고자 했다. 이 문제는 1623년(인조 1) 인조가 정원군 가묘家廟에 반정 사실을 고묘告廟할 때 불거졌다. 축문祝文에 정원군을 아버지라 쓸 수 있는지의 여부가 논란거리가 된 것이다.

김장생은 인조가 선조를 아버지로, 정원군을 백숙부伯叔父로 불러야 한다고 주장했다(숙질론叔姪論). 밖에서 들어와 왕이 된入承大統 경우에는 할아버지를 이었어도 그 할아버지를 아버지로 불러야 하기 때문이라는 것이었다. 그러니 정원군을 아버지라 부르면 아버지가 둘이 되는 우를 범하게 된다.

「김장생초상」, 비단에 채색, 101.5×62cm, 조선후기, 국립중앙박물관. 조선 예학의 기틀을 다지는 데 커다
란 역할을 한 인물로서, 인조가 아버지 정원군을 백숙부로 불러야 한다며 숙질론을 주장했다.

박지계朴知誡는 남의 후사를 이은 사람은 백숙부라 불러야겠지만 할아버지의 뒤를 이을 경우에는 생부를 아버지라 불러도 된다고 했다(칭고칭부론稱考稱父論). 이 이론대로라면 정원군을 왕으로 추숭할 길이 열리는 셈이다. 따라서 인조와 반정공신들은 이 이론을 적극적으로 지지했다. 한편 조신들 대부분은 이 이론에 반대하고 나섰다.

그러던 중 1626년(인조 4) 1월 14일에 인조의 생모인 계운궁啓運宮 구씨가 죽었다. 이에 예관들은 왕자 부인의 예에 따라 장례를 치러야 한다고 한 반면, 인조는 국장의 예에 따라야 한다고 했다. 인조는 또한 스스로 주상主喪이 되고자 했으나 그 뜻을 이루지 못했다. 상복도 3년복을 입으려다 1년복을 입을 수밖에 없었다.

그러다가 1628년(인조 6) 계운궁상을 탈상脫喪할 때 정원군 추숭 문제가 본격적으로 거론되었다. 논리적 근거는 박지계가 제공했다. 마침 1630년(인조 8) 12월 명나라 호부낭중戶部郎中 송헌宋獻이 할아버지의 뒤를 이은 사람은 아버지를 추숭해도 좋다는 유권해석을 내렸다. 이에 고무된 인조는 1632년(인조 10)에 추숭도감을 설치하고 정원군을 원종으로, 계운궁을 인헌왕후仁獻王后로 추숭했다. 그리고 3년 후인 1635년(인조 12) 3월에는 원종 내외를 종묘에 부묘祔廟했다. 이로써 인조가 즉위한 지 12년 만에 원종 추숭이 마무리되었다.

원종 추숭은 사림의 공론에 위배되는 사안이었다. 그러나 이 시대는 반정 세력들이 정국을 주도하던 때였고, 이에 인조의 종법상의 입지를 강화하기 위해 거센 공론의 저항이 있었음에도 원종 추숭을 강행할 수 있었던 것이다. 종법상의 입지가 튼튼하지 않으면 조그만 틈이라도 엿

보아 역모가 일어나 정권이 불안정해질 위험이 있었기 때문이다. 중종은 추대된 왕이라 사랑하는 왕비조차 지키지 못했지만 인조는 직접 반정을 주도한 군주였기에 무리를 해서라도 아버지를 왕으로 추대할 수 있었던 것이다.

제8장

숙종 조의
당쟁과 선비

송시열과 윤휴는 불구대천의 원수가 되었다. 그 보복은
예론과 당쟁에서 나타났다. 두 사람은 당파도 달랐다. 우
암은 노론이고 백호는 남인이었다. 경신환국에 윤휴가
먼저 죽고, 기사환국에 우암이 죽었다. 숙종대 서남당쟁
에서 두 사람 모두 희생된 것이다. 교조주의자와 자유주
의자가 극단론을 주장하다가 낭패를 당한 경우이다. 교
조주의와 극단주의를 경계하는 까닭도 여기에 있다.

송시열은 왜 윤휴를 두려워했나

우암尤庵 송시열宋時烈은 1636년(인조 14)에 백호白湖 윤휴尹鑴를 처음으로 만났다. 우암은 서른 살이요, 윤휴는 스무 살 때였다. 당시에 윤휴의 학문적인 명성이 널리 알려졌던 까닭에 송시열은 그를 만나 확인해보고 싶어했던 것이다. 만난 곳은 충청도 삼산三山이었다. 우암은 곧바로 친구인 송준길에게 편지를 썼다. "내가 삼산에 이르러 윤휴와 더불어 사흘간 학문을 토론해보니 우리의 30년 독서는 참으로 가소롭기 그지없다"는 내용이었다. 그 후 우암은 백호와 많은 편지를 주고받았고 다른 사람에게도 그에 대한 칭찬을 아끼지 않았다.

우암이 사십대에 접어들면서 둘 사이는 서서히 금이 가기 시작했다. 백호가 주자와 견해를 달리했던 것이 빌미가 되었다. 우암은 주자 지상주의자인 데 비해 백호는 주자 상대주의자였다. 김굉필은 『소학』을, 조광조는 『근사록』을, 이황은 『심경』을, 이이는 사서를, 김장생은 『가례』를 받든 데 비해 송시열은 『주자대전』과 『주자어류』를 받들었다. 우암은 안질과 각질도 주자가 앓던 병이라며 좋아했고, 약혼한 손녀가 죽은 것도 주자와 같다는 이유로 좋아할 정도였다. "주자의 말 한마디도 격언 아닌 것이 없으며, 말마다 옳고, 행위마다 정당한 이는 바로 주자다"라고 했다. 그런데 백호는 주자의 해석을 그르다 하고『중용장구中庸章句』를 멋대로 고쳤다. "경전의 깊은 뜻을 어찌 주자만 알고 우리는 모른단 말인가?" 백호의 말이다. 우암은 백호를 직접 찾아가 설득해보고, 편지로 달래보기도 했지만 허사였다. 우암은 격분한 나머지 백호를 사문난적斯文亂賊으로 몰았다. 우암에게 사문난적으로 몰린 사람은 백호와 서계 박세당 두 사람뿐이었다.

그런데 우암의 불만은 엉뚱한 곳에서 폭발했다. 1653년(효종 4) 황산 서원에서 우암은 윤선거 등과 만났다. 이때 윤선거가 백호를 은근히 두둔하자 우암의 분노가 폭발해 사문난적으로 몰아붙인 것이다. "분서갱유焚書坑儒의 화가 미칠지라도 윤휴를 배척한 일을 후회하지 않는다." "만약 윤휴의 손에 죽는다면 더 이상 영광이 없겠다." 우암의 말이다.

이리하여 두 사람은 불구대천의 원수가 되었다. 그 보복은 예론과 당쟁에서 나타났다. 두 사람은 당파도 달랐다. 우암은 노론이고 백호는 남인이었다. 경신환국에 윤휴가 먼저 죽고, 기사환국에 우암이 죽었다. 숙종대 서남당쟁에서 두 사람 모두 희생된 것이다. 교조주의자와 자유주의자가 극단론을 주장하다가 낭패를 당한 경우이다. 교조주의와 극단주의를 경계하는 까닭도 여기에 있다.

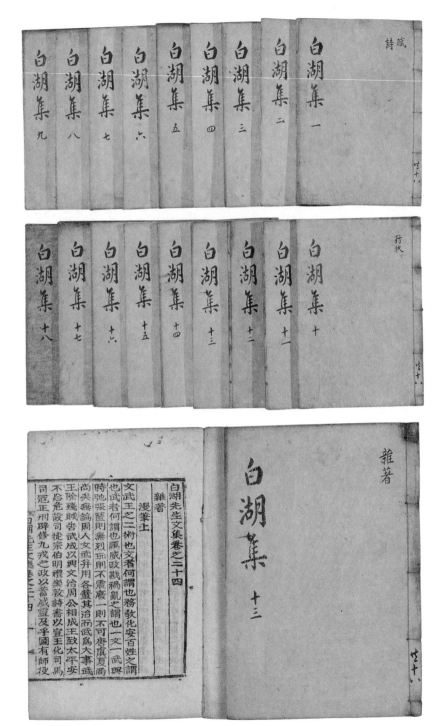

『백호집』, 윤휴, 30.5×20.7cm, 1927, 국립중앙박물관.

「주희 주자어류」, 『우옹유묵』, 송시열, 종이에 먹, 33.4×24.5cm, 이곤순 소장. 우암과 백호 사이에는 주자를 절대적으로 보는가, 상대적으로 보는가의 입장 차이가 거다랗게 존재했다.

평안감사 박엽의 권력형 비리

1619년(광해군 11) 1월 9일 평안도 순안어사巡按御使 이창정李昌庭이 평안
감사 박엽朴燁을 탄핵했다. 백성들을 마구잡이로 착취하고 죽였다는 것
이 그 죄목이었다. 그러나 박엽은 즉각 해명하는 상소를 올렸다. 박엽은
장살杖殺된 사람은 다섯 명뿐이고, 어사의 탄핵은 마귀의 글일 뿐이라고
비난했다. 그리고는 사실을 날조해 자신의 살인죄를 용서해달라고 왕
에게 청했다.

이처럼 박엽이 중앙의 고관까지 멸시하자 승정원은 즉각 박엽을 처벌
할 것을 상소했다.

"삼가 박엽이 스스로 해명한 상소를 보건대, 조정을 업신여기고 공의公議를
무시하고 군부君父를 우롱한 정상이 한두 가지가 아니니, 진실로 통탄스러운
일입니다. (…) 지금 박엽이 이미 어사의 탄핵을 받았으니, 그 자신은 바로 살
인한 죄인입니다. 박엽은 위인이 사납고 잔혹해, 전에 의주義州에 있을 때에
는 매를 맞고 죽은 자가 즐비했으며, 성천成川의 수령으로 있을 때에는 억울

하게 죽은 자의 시체가 쌓였습니다. 심지어는 남편을 찔러 죽인 다음 그의 아내를 빼앗았고, 기생을 끼고서 기강을 어지럽히기까지 함으로써 사람들에게 버림받고 공론公論에 죄를 지은 지 오래되었습니다. 방백方伯(관찰사)이라는 중요한 직책에 대해 갑자기 잘못된 은혜를 내리시고, 대각臺閣의 탄핵하던 상소가 끝내 침묵으로 돌아가니, 이로 인해 박엽의 교만함과 포악함이 더욱 심해져 사람을 마구 죽여 그 해가 개와 고양이에까지 미치게 되었습니다. (…) 지금이 어느 때인데 평안도의 중요한 지역을 저런 미친 애송이에게 맡김으로써 한 도의 쇠잔한 백성으로 하여금 전부 시랑과 독사의 입 속의 고기가 되게 하겠습니까?"

이에 대한 광해군의 답변은 엉뚱했다. 지금 중전의 병이 심한데 이런 사소한 문제를 가지고 번거롭게 한다며 용서하는 것이 옳다고 했다. 그렇다면 광해군은 왜 박엽을 비호한 것일까? 박엽은 행정능력을 갖췄을 뿐 아니라 유덕신柳德新이라는 이가 광해군 처가 사람을 통해 광해군에게 접근했던 것이다. 박엽은 재주가 있고 중국어도 잘했으므로 역관들과 친분이 있었다. 그리하여 중국과 통상해 진기한 보물과 기이한 장신구를 많이 모았다. 명주明珠를 꿴 공작 깃털과 비단으로 만든 이불도 있었다. 박엽은 이러한 물건들을 왕에게 뇌물로 바쳤다. 그런 박엽을 광해군은 자나 깨나 잊지 못했다. 박엽은 평안도 영내에서 지극히 사치스런 생활을 했으며, 8개의 방에 기생을 뽑아 채우고, 술과 음식과 의복에 드는 돈도 거만巨萬에 이르렀다. 그리고 그러한 자금을 마련하기 위해 백성들을 마구 착취하고, 말을 듣지 않으면 형벌로 사람을 죽음에 이르게까지

한 것이다. 조선시대 권력형 비리의 대표적인 예라고 할 수 있다.

박엽은 왕권을 배경으로 부정과 비리를 저지른 자였다. 그러니 중앙의 재상도, 암행어사도 겁날 것이 없었다. 평안감사 박엽은 왕과 유착관계가 있었던 것이다. 사실 이창정은 당시의 권력자 이이첨의 배경을 뒤로하고 당시의 현안이었던 평안감사 박엽의 비리를 고발한 것인데 박엽은 그보다 더 큰 왕권의 비호를 받고 있었던 것이다. 그리하여 순안어사를 갈아치우라고 명했고, 여기에 박엽은 한 술 더 떠 순안어사 이창정에게 공문을 보내 알아서 처신하라고 협박을 했다. 이창정은 도내에 그대로 있기 어려워 서울로 올 수밖에 없었다. 이창정은 "신이 어사로서 박엽에게 업신여김을 당했고 또 홍명원에게 무고를 입었으니, 체면을 이만저만 떨어뜨린 것이 아닙니다. 그대로 본도에 있을 수 없는 형편이니 조정에서 처치하소서"라고 치계馳啓했다. 이에 대해 광해군은 이창정이 양식을 옮기는 책임을 제대로 수행하지 않고 감히 궁궐의 역사를 중지해야 한다고 아뢰니, 직언直言의 명예를 노리는 꼴이 매우 가증스럽다고 했다. 이창정이 분호조참의로서 호남에 있으면서 민생이 매우 곤란하니 궁궐 신축을 중지하라고 상소했던 것을 트집 잡은 것이다.

결국 이 사안은 흐지부지되고 다른 일을 가지고 이창정은 추고推考(심문)를 받는 선에서 일이 마무리되었다. 가히 오늘날의 권력형 비리 척결에 귀감이 될 만한 사건이다.

이만부의 실학사상

이만부李萬敷는 숙종대 청남淸南의 핵심인 좌참찬 이관징李觀徵의 손자요, 남인의 맹장인 예조참판 이옥李沃의 아들이다. 명문인 연안이씨 출신이다. 숙종대에 서남당쟁이 격화되어 아버지 이옥은 1678년(숙종 4) 선천宣川에서 시작해 12년 동안 정주定州, 가산嘉山, 안령安寧, 회령會寧, 갑산甲山, 곡성谷城 등을 전전하며 유배생활을 하다가 1689년(숙종 15)에 겨우 방면되었다. 이를 곁에서 지켜보고 자란 이만부는 일고여덟 살에 이르러 "정주程朱의 학문을 배워 도학을 밝히겠다"고 하고는 벼슬길을 포기했다. 이에 할아버지 이관징은 자신이 가지고 있던 내사본內賜本 성리학 책들을 모두 손자에게 주었다. 스물다섯 살의 이만부는 아버지에게 과거科擧를 포기하고 공부만 할 것을 허락받았다.

그리하여 서호西湖(현 서강) 족한정足閒亭에서 유학 연구에 전념했다. 그는 외고조부인 지봉芝峰 이수광李睟光의 실학사상을 이어받고, 윤휴·허목 등 청남학자들의 수사학洙泗學을 이어받아 실학자로서의 면모를 갖추었다. 또한 성호 이익의 형인 이잠李潛·이서李漵 등 기호남인계 학자들과

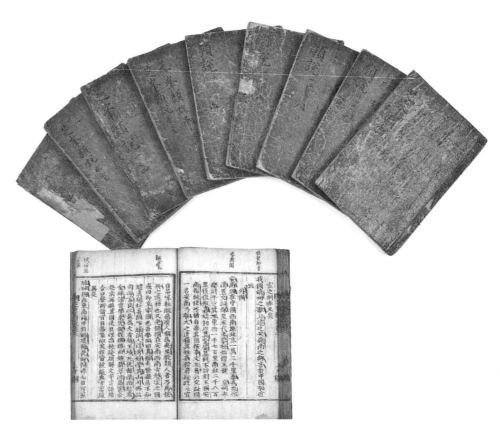

『지봉유설』, 이수광, 28.1×19.5cm, 17세기, 실학박물관. 이만부는 외고조부인 지봉의 사상을 이어받아 실학자로서의 면모를 갖추었다.

교류했다. 특히 그는 성호에게 자신의 학문을 이어받을 것을 부탁하고 죽은 뒤에 자신의 행장을 그에게 지어달라고 했다.

이만부는 서른네 살 되던 1697년(숙종 23) 늦가을에 선대의 연고지인 상주 노곡魯谷으로 내려가 은거했다. 상주는 퇴계학파와 남명학파가 교차하는 지역이었다. 그의 후취 부인은 퇴계학파의 종장인 서애 유성룡의 증손녀였다. 그러니 이만부는 퇴계학파에 속하는 학자였다고 할 수 있다.

그렇지만 그는 학문에 있어서는 당파와 학통을 초월했다. 더욱이 이만부는 「천도유경설天道有敬說」을 지어 갈암葛菴 이현일李玄逸에게 인정을 받았으나 퇴계설과 다르다는 이유로 같은 학통으로부터 배격당했다. 45세(1698)에는 조선의 『성리대전』이라 할 수 있는 『도동편道東編』을 지었는데, 여기에 율곡의 학설을 넣었다는 이유로 동료 학자들로부터 비판을 받았다. 그리하여 47세(1710)에는 문경의 화음산華陰山 청화동靑華洞에 숨어 살았다. 그곳에서 그는 자신의 학설을 총정리한 『지서志書』 열다섯 권을 지었다.

58세 되던 1721년(경종 1)부터 이만부는 금릉金陵 섬봉蟾峰으로 옮겨 소신껏 살기로 결심한다. 그해 10월 그는 남명 조식을 모신 덕천서원德川書院의 원장을 5년간 맡았다. 남명의 실천철학에 공감해서였다. 또한 탕평론자인 경상감사 조현명趙顯命을 도와 낙육재樂育齋의 절목을 만들고 상주향교의 도훈장導訓長을 맡는 등 학문을 일으키는 데 앞장섰다. 그의 실천적인 실학사상을 몸소 이행한 것이다.

이처럼 이만부는 18세기 남인 실학자로서 당파와 학통을 초월해 실천실학을 일으키는 데 지대한 공헌을 했다. 그러나 그에 대한 연구는 굉장히 미진하다. 앞으로 연구가 필요한 까닭이다.

윤휴에 대한 서인의 평가

윤휴尹鑴는 서인의 송시열과 대비되는 남인의 대표적인 이론가다. 처음에 송시열은 윤휴의 식견에 감동해 깊이 사귀고자 했지만 그의 행보가 자신이 신봉해 마지않는 주자 지상주의에 어긋나자 여지없이 사문난적으로 내쳤다. 그리고 윤휴의 손에 죽는다면 더 이상 영광이 없겠다고 말하기까지 했다.

1659년(현종 즉위년)에 두 사람은 기해예송己亥禮訟에서 부딪쳤다. 송시열은 효종에 대한 조대비(인조의 계비)의 상복으로 1년복을, 윤휴는 3년복을 주장했다. 이때는 서인이 집권하고 있던 시기였기에 송시열이 이겼다. 그러나 1674년(현종 15)의 갑인예송甲寅禮訟에서는 효종비 인선왕후仁宣王后에 대한 조대비의 상복을 서인은 9개월복, 남인은 1년복을 주장했다. 현종은 죽기 직전에 용맹을 떨쳐 남인의 손을 들어주었다. 그리하여 남인이 집권하게 되자 "효종을 서자庶子라고 해도 무방하다"고 말한 송시열의 목숨은 경각에 달렸다. 숙종은 희빈 장씨의 어린 아들을 세자로 책봉하는 것을 반대했다는 트집을 잡아 송시열을 사사시켰다. 과연 송

「윤휴초상」.

시열은 윤휴와 예론을 다투다가 죽은 셈이다.

　서인들의 윤휴에 대한 원한은 극에 달했다. 윤휴가 하는 일은 사사건
건 물고 늘어졌다. 처음에 민정중閔鼎重이 윤휴를 추천했을 때 효종은 직
접 가서 만나보겠다고까지 했으나 스스로 포의布衣(버슬 없는 선비)라 해
나오지 않았다 한다. 이때 이일상李一相의 형제들은 같은 마을에 살았기
때문에 "이 사람이 출세하면 반드시 일을 그르칠 것이다"라고 했다 한
다. 서인들은 윤휴가 속으로는 음험하나 겉으로는 부드러운 체한다며
모두 그와의 관계를 끊었다는 것이다. 반대로 남인들은 그를 사랑하고
중히 여겼다.

　윤휴는 오랫동안 버슬을 하지 못한 까닭에 매우 궁핍해 여러 날을 굶
기도 했다. 일찍이 현감에라도 임명해주기를 바랐지만 뜻을 이루지 못
했다. 그렇더라도 말로는 "내가 지금은 곤궁하지만 반드시 크게 현달할
것"이라고 했다 한다. 그의 아내가 인평대군麟坪大君의 부인과 가까워 그
녀의 아들 3복(복창군福昌君 · 복평군福平君 · 복선군福善君)과 왕래했기 때문이
라는 것이다.

　숙종이 즉위하고 남인이 집권하자 윤휴의 집에는 사람들이 몰려들기
시작했다. 윤휴는 숙종이 한 번 부르자 단번에 나왔다고 한다. 성품이 탐
욕스러워 인사권을 쥔 지 한 달 만에 집을 호화롭게 고쳤다 한다. 윤휴의
눈동자는 그늘지고 어두운 기운이 많아서 관상 보는 사람이 '뱀의 눈'이
라 했다. 또 윤상궁과 결탁해 내윤內尹, 외윤外尹이라 칭하기도 했다고 전
해진다.

　윤휴는 미치광이 같고 방자해 오로지 보복만을 일삼으니 사람들이 그

를 독수리나 올빼미처럼 보았다 한다. 윤휴의 집은 어영군영御營軍營 가까이에 있어서 아들들을 데리고 그곳에 가서 무예를 익히고, 안으로는 왕손과 결탁하며, 밖으로는 날쌔고 건장한 무부들과 사귀니 모두 두렵고 위태롭게 여겼다는 것이다. 복창군이 궁녀를 농락한 사건이 일어났을 때 대비(숙종의 어머니)가 울면서 대신들을 개유開諭한 일을 가지고 "대비를 관속管束(단속)해야 한다"고 했으니 패륜에 속하는 말이라는 것이다. 드디어 윤휴를 반란꾼, 패륜아로 몰아세운 것이다. 윤휴는 결국 이 일로 사사되고 말았다. 송시열과 윤휴가 숙종 조에 앞서거니 뒤서거니 하며 함께 죽게 된 것이다. 그들이 한 일이 꼭 목숨까지 내놓아야 했던 일인지는 알 수 없으나 당쟁의 소용돌이 속에서 서인과 남인의 대표적인 이론가가 다 같이 죽어간 것이다.

윤휴가 죽은 뒤 서인들은 온정적인 논평을 하기도 했다. 윤휴도 처음부터 화를 얽어 만들려는 뜻은 없었으나, 다만 남에게 이기기를 좋아해 억지 말을 하는 데 지나지 않았다는 것이다. 그런데 시론이 그를 심하게 배척하고, 사람들이 그와의 관계를 끊어버려 분한 마음에 독심을 품게 되었다는 것이다. 그러니 조그만 벼슬이라도 주고 달랬더라면 개과천선改過遷善해 화를 만들지는 않았을 것 아니냐는 것이었다. 그리고 혹 그들이 집권을 하더라도 이처럼 패악하게 하지는 않았을 것이 아니냐는 것이었다. 사후약방문이요 승자의 아량을 위장한 말에 불과하지 않은가?

이옥의 배사론背師論

이옥李沃은 숙종 조의 서남당쟁에서 남인의 맹장으로 활약한 사람이다. 그의 가문은 명문인 연안이씨로, 아버지는 좌참찬을 지낸 이관징李觀徵이다. 이옥은 1674년(현종 15) 갑인예송에서 서인이 실각하고 남인이 집권하자 남인 언관으로서 기해예송 때 송시열의 오례誤禮를 공격해 송시열을 죽음으로 내몰았다.

이에 서인들은 이옥을 신랄하게 공격했다. 그리하여 1680년(숙종 6) 경신환국으로 남인이 실각하자 이옥은 선천, 정주, 가산, 안령, 회령, 갑산, 곡성 등 극변으로 내몰려 12년간이나 귀양살이를 해야만 했다. 그러다가 1689년(숙종 15) 기사환국己巳換局으로 남인이 재집권하자 석방되어 서인의 맹주인 송시열을 죽였다. 서인은 분기탱천했다. 서인은 1694년(숙종 20) 갑술환국甲戌換局으로 재집권했다. 이로써 남인 세력은 재기 불능이 되었다. 이옥은 실각했을 뿐 아니라 패륜아로 몰렸다. 서인이 편찬한 『숙종실록』에는 이옥에 관해 다음과 같은 기록이 보인다.

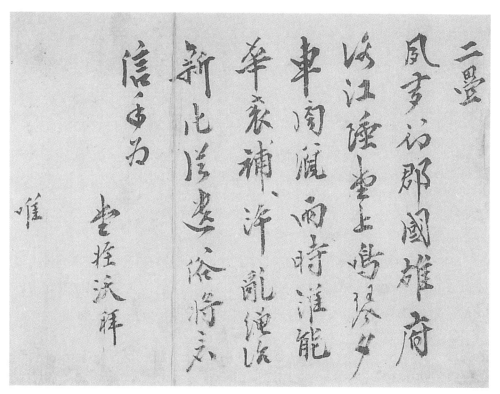

이옥李沃의 시고. 이옥은 직간을 서슴지 않아 여러 번 유배되었다. 그는 글씨에 능하고 문명도 높았다.

"이옥은 이관징의 아들이다. 쥐의 낯짝에 여우의 얼굴이어서 암계暗計와 간사함을 헤아릴 수 없었으니, 참으로 하늘이 낸 소인이다. 글재주가 조금은 있어 젊어서 과거에 올랐다. 일찍이 송시열의 문하에 출입해 스승으로 섬기면서 매양 송시열을 정자·주자의 도학道學과 반고·사마천의 문장이라 일컬었으며, 서신의 왕복도 매우 많았다. 일찍이 네 폭의 종이에 행신行身하고 종사從仕하는 요어要語를 써 받기를 청했는데, 그 말이 아첨에 매우 가까웠다.

그는 송시열에게 받은 글을 도장圖章에 새기고 사람들에게 말하기를 '이는 선생이 가르친 교훈이라 이 몸이 다하도록 차고 다니려 한다'고 했다. 그러나 이에 미쳐 이옥이 참새가 설치듯 일어나 송시열을 앞장서서 공격하고 배척하기에 온힘을 다했다. (⋯) 이에 이르러 조세환趙世煥이 시를 짓기를 '동방 앞뒤에 이옥이 나니 사문斯文의 액운이라 하늘에 어찌 하리前後東方生李沃 斯文 厄會奈何天'라고 했다. 그러나 이옥의 무리가 이를 미워해 마침내는 조세환을 어떤 일로 죄를 주고야 말았다."(『숙종실록』권4, 숙종 1년 윤5월 12일)

이옥이 스승인 송시열을 배반했다는 배사론을 제기한 것이다. 권력투쟁에서 패배하면 패배자는 결국 패륜아로 몰리게 마련이다. 이옥 역시 마찬가지였다. 이옥은 경신환국 이후 12년 동안이나 여러 유배지를 전전했다. 그러다가 모처럼 재기의 기회가 왔으니 적당의 핵심인 송시열을 죽였던 것이다. 약체인 남인은 조급했다. 이옥은 송시열을 그저 평상의 스승으로 섬겼을 뿐이라고 했다. 당이 다르고 집권의 기회는 쉽게 오는 것이 아니니 남인의 첨병으로서 적당의 괴수를 공격한 것일 뿐이다. 당쟁이란 본래 그런 것이 아닌가? 그러니 당쟁에 관한 기록을 읽을 때는 일정한 과장이 있다는 사실을 감안해야 할 것이다.

영남호강론嶺南豪强論

인조반정으로 북인이 물러가고 서인이 집권했다. 그러나 당시의 여론은 반정이 단지 군주를 바꾼 것에 지나지 않는다고 할 정도로 냉소적이었다. '서인이 이를 갈고 남인이 원망하며 소북이 비웃는' 형국이었다. 이에 서인은 남인을 관제야당으로 만들어 정국을 이끌어가고자 했다.

그러나 이것은 집권당인 서인의 민심 수습책에 지나지 않았다. 이런 상황에서 인조 정권은 이괄의 난, 이인거李仁居의 난, 유효립柳孝立의 난 등 여러 역모·고변사건에 휘말렸다. 서인은 이러한 위기를 극복하기 위해 강온强穩 양면책을 썼다. 한편으로는 정경세鄭經世·이준李浚 등 상주학맥을 기용하는가 하면 퇴계학파의 본거지인 안동·예안학파를 영남호강론嶺南豪强論(영남의 재지 지배세력이 관권官權에 대립하면서 국가의 지배 범주에서 벗어나 있다는 비판론)으로 제재하고자 했다.

그리하여 이원익李元翼, 정경세, 이준, 정온鄭蘊, 최현崔晛, 이윤우李潤雨 등이 조용調用(등용)되었다. 이들 중에는 이원익을 비롯한 근기남인과 정경세를 비롯한 영남남인(풍산, 상주, 안동, 성주, 단성)이 포함되어

「이원익초상」, 166×93cm, 경기도 유형문화재 제80호.

「장현광초상」, 비단에 채색, 120×90cm, 1632, 유엄당.

있었다. 이로써 정경세와 장현광張顯光은 인조 조 영남남인의 양대 축이 되었다. 장현광, 유진柳珍이 산림으로 징소되어간 것도 같은 맥락에 서였다.

이와는 대조적으로 서인정권에서는 예안의 조목趙穆계를 철저히 배제시켰다. 이들은 대북세력과 연계된 전력이 있기에 극히 경계했던 것이다. 그리하여 영남호강론을 내세워 이들을 억제하려 했다. 영남호강론은 사실상 선조 말 경상우도의 정인홍을 견양한 것이었는데, 광해군이 즉위하고 대북정권이 들어서는 바람에 실효를 거두지 못했다.

그러던 중 1620년(광해군 12) 의성의 빙산서원氷山書院과 1621년(광해군 13) 예안의 도산서원陶山書院『심원록尋院錄』에서 유생들이 서인계 경상감사 정조鄭造의 이름을 삭제하는 사건이 일어났다. 정조의 전횡과 대북정권의 발호가 그 이유였다. 이것은 인조반정 이후 서인이 영남호강론을 제기하는 구실이 되었다. 서인은 1624년(인조 2) 민성징閔聖徵이라는 강력한 서인 출신 감사를 이곳에 파견했다. 그는 사족까지도 형장으로 다스렸다. 이어서 다음 해에는 송상인宋象仁을 안동부사로, 원탁元鐸을 상주목사로 파견했다. 이런 가운데 1626년(인조 4)에는 신진악申振岳 치폐사건置斃事件(신진악이 부역에 응하지 않는다고 매를 때려 죽인 일), 이유도李有道 치폐사건(퇴계 후손 도산서원장 이유도를 노비 소송과 관련해 매를 때려 죽인 일)이 연달아 일어났다. 이에 감사 배척운동이 일어나기에 이르렀다.

정경세, 이준, 정온 등 비안동권 관료들은 크게 반발했다. 이들은 영남신원론嶺南伸寃論을 펼쳤다. 이것은 퇴계학파의 본거지인 안동·예안권을 구하는 데 그치는 것이 아니라 영남 전역에 대한 포괄적인 옹호론이

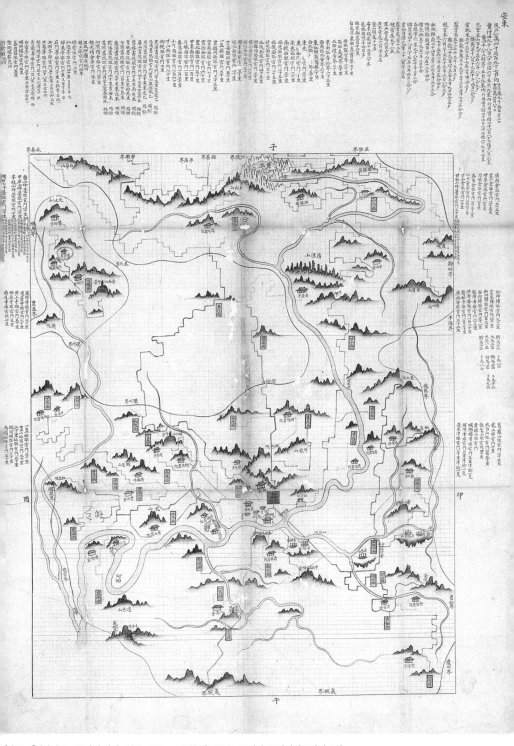

「안동」, 『영남지도』, 종이에 채색, 36.5×22.5cm, 보물 제1585호, 18세기, 규장각한국학연구원.

었다. 인조는 영남호강론을 펴는 이귀李貴를 추고하고, 정경세를 파직하는 선에서 사태를 무마시켰다. 그렇지만 영남에 대한 서인의 견제는 계속되었다.

퇴계변무소

1635년(인조 13) 8월 영의정 윤방尹昉과 최명길은 경연에서 "이황이 상중에 서자를 낳아서 이름을 상동喪童이라고 했다"고 했다. 이 소문을 들은 영남 사림들은 격분했다. 근거 없는 말을 날조해 선현을 무함했다는 것이었다. 이에 영남 사림들은 대대적인 변무소를 기획했다. 이른바 퇴계변무소退溪辨誣疏가 그것이다.

그날(8월 9일) 경연에서 최명길은 인조에게 이이를 꺼리는 다른 이유가 있는가를 묻자, 이귀李貴가 생전에 "이이에게는 상중에 아이를 가졌다는 비방이 있다"고 한 말을 들었다고 했다. 당황한 최명길은 항간에 이런 말이 있기는 했지만 이황을 두고 하는 말일 뿐이라고 대답했다. 승지 한필원韓必遠은 이는 정인홍이 이황을 무함하기 위해 한 말이라고 했고, 최명길은 "이귀의 말은 곧 이황을 가리킨 것이지 이이가 아닙니다. 이귀도 이황에게 참으로 이런 일이 있었다는 것이 아니고, 일찍이 이황이 이런 무함을 받았다는 말이었습니다"라고 했다.

퇴계변무소에 적극적이었던 이는 조목趙穆의 문인 김중청金中淸의 제자들이었다. 처음에 영남 사림들은 정보에 어두워 영의정 윤방을 무함의 수론자로 알고 있었다. 그런데 알아본 결과 상동喪童설이 사실로 밝혀진 것이 아님을 알게 되자, 강경론자였던 정경세의 문인 이찬李燦·이환李煥 형제나 도산서원 원장 김광계의 조카 김초金礎 등이 상소 반대로 돌아섰다.

한편 영주·예안의 강경론자들은 상소를 강행하고자 했다. 다만 사론의 적극적인 지지는 받지 못했다. 정경세가 정인홍이 상동설로 이황을 무함하는 소리를 듣고 이를 변석辨釋하지 않으면 안 된다고 말했기 때문이다. 정경세는 「퇴계연보」에 "첩의 아들 아무개가 아무 해에 태어났다"고 추록했다. 이는 강경론자들을 당혹스럽게 했다.

이로 인해 정경세의 문인 이환은 병을 핑계로 소두(연명상소에서 맨 먼저 이름을 적은 사람)를 사피辭避했고, 새로 소두로 낙점된 장현광의 문인 신흥망·장경우도 행공을 회피하기에 이르렀다. 이들은 공론의 지지를 받지 못하는 퇴계변무소보다는 후금 침략이 예상되는 비상시국에 국력과 민심을 한데 모아야 한다고 주장했다. 그럼에도 불구하고 강경론자인 김중청 문인들은 박돈朴燉을 소두로 삼아 봉소를 서둘렀는데, 중도에 상동설의 주론자가 윤방이 아니라 최명길이라는 이야기를 듣고 소사疏辭의 8할을 바꾸는 웃지 못할 일이 일어났다. 그리하여 그해 12월 2일에 봉소했으나 받아들여지지 않았다.

최명길은 즉시 자변소를 올려 영남유소를 조목조목 비판하며 사실상 기존의 입장을 조금도 굽히지 않았다. 뿐만 아니라 이번 상소는 이황이 아닌 정인홍을 신원하려는 것이라고 비꼬았다. 더구나 정온鄭蘊이 유진

柳珍으로부터 상동설을 전해 들은 적이 있다는 사실을 들추어냈다. 상동설을 기정사실화하려 한 것이다. 이리하여 퇴계변무소는 흐지부지 끝나고 말았다.

48조목으로 집안을 이끌다 - 분봉가훈

조선시대에는 많은 가훈이 있었다. 그중에서도 연안이씨 분봉盆峯 이주李澍(1534~1584)의 가훈은 특별하다. 우선 가훈의 조문이 48조나 되고 자손들이 대대로 이를 성실히 지켜왔다는 점에서 그러하다. 그 내용 또한 구체적이면서 분석적이다.

이주는 삼척도호부사를 지낸 파조派祖 이말李昩의 손자요, 여산礪山군수 이종경李宗慶의 아들이다. 그런데 그의 아들이 선조의 호종공신이요 이조판서를 지낸 이광정李光庭이었던 까닭에 죽은 후에 영의정으로 증직되었다.

가훈의 내용을 소개하면 다음과 같다.

1. 도량은 크게 하고量欲其大
2. 위엄은 묵중하게 하고威欲其重
3. 덕을 두텁게 하고德欲其厚
4. 마음은 바르게 하고心欲其定

5. 의지는 굳게 하고志欲其堅

6. 언어는 바르게 하고言欲其忠

7. 용모는 단정하게 하고貌欲其恭

8. 생각은 자세하고 깊게 하고慮欲其審

9. 매사에 신중해야 한다.事欲其愼

이러한 몇 가지를 겸하면 군자가 되는 것이다. 그것을 이루어가는 데에 있어 가장 중요한 것이 있으니, 즉 마음은 전일해야 하고 행실은 의로워야 한다. 앞의 말은 총론이다.兼斯數者 君子人矣 成之者有要 內敬外義 右 總論

10. 지절志節은 마땅히 고상하고 굳세며 공명정대하게 가져야 한다. 志節 宜磊磊落落

위의 말은 뜻을 세우는 것이다.右 立志

11. 모든 사람이 선하지 못한 짓을 하면 반드시 숨기는 것이 있을 것이다. 이 것은 착한 것을 좋아하고 악한 것을 미워하는 지혜와 나의 잘못을 부끄러워하고 남의 잘못을 미워할 줄 아는 마음이 없는 것이다. 남이 보지 않을 때에는 하고 남이 볼 때에는 숨기는 것이니 그 어찌 자기를 이기는 성실한 공력이 있다고 하겠는가? 그러므로 남에게 감추어야 할 짓은 일체 하지 말아야 한다.凡有不善 必有所諱 是非無好惡之智羞惡之心 而 猶且陰爲陽掩則 豈克己之功 有不誠也 與是以可諱於人者 一切勿爲

12. 대개 마음이 부족한 사람은 남을 향해 즐겨 말하지 않으려고 한다. 이것은 자신에게 만족하고 유쾌하지 못한 것이다. 반드시 그 나쁜 마음을 버리고 이겨나가야 하며 그대로 구차하게 살지 말아야 한다.凡內不足者 不肯向人道 此乃不自嫌處 必須禁斷克去 不可仍 因苟且

앞의 말은 자기를 이기는 공력이다.右 克己之功

13. 말을 할 때에는 반드시 기운을 낮추어 음성을 온화하게 할 것을 항상 생각해야 한다.發言 當思下氣怡聲

14. 말을 하려고 할 때 미리 망령되지 않을 것을 생각하고 입에서 나오는 대로 말하지 말아야 한다.將出言 當思其無妄 而不可信口

15. 말과 용모는 마땅히 겸손하고 조심조심 해야 한다.言貌 當謙遜恭謹

16. 모든 말은 의사를 전달하는 데 있다. 지나치게 하지 말 것이며, 너무 말이 많으면 조잡해진다. 또 형용을 하지 말 것이니 형용을 하면 거칠어지고 추해진다.凡爲言語 達意而止 不可已甚 已甚則粗矣 不可形容 形容則矗矣

17. 기쁠 때의 언동은 항상 음란하고 교만·방자해지는 것을 염려하고喜時言動 常恐其淫佚驕肆

18. 성날 때의 언동은 항상 폭언과 악담이 나올 것을 조심하라.怒時言動 常恐其暴戾粗悍

19. 음성은 반드시 온화하고 너그럽고 나직하고 부드럽게 해 아무리 성나고 기쁘더라도 변함이 없어야 한다.聲音必須和緩低闒雖甚怒盛喜不可變

20. 남과의 약속을 말함에는 반드시 실천할 것을 생각해야 한다.與人約言當思其可踐

21. 여러 사람이 모인 좌중에서 언동을 할 때에는 항상 다른 사람의 뒤에 하라.在稠中言動常處人後

22. 남의 집에 갔을 때 좌중에 모르는 사람이 있으면 언동을 반드시 공손하고 조심스럽게 해야 한다.入人家坐 有不識者 言動須爲恭謹

23. 마음이 안정되면 기운이 안정되는 것이므로 끝까지 빠른 말과 급한 빛이

없게 하고心定則氣定 故倉卒無疾言遽色

24. 마음을 편안하게 하면 기운이 온화해지는 까닭에 기뻐하고 성내는 것을 얼굴과 말 속에 나타내지 말아야 한다.心和則氣和 故喜怒不見於色辭

위의 말은 언동에 관한 예절이다.右言動之節

25. 몸가짐은 반드시 꼿꼿하게 하고 단정하고 장중하게 하며, 비록 내 집 안에서 혼자 있을 때라도 다르게 해서는 안 된다.持身 必須植立端重 雖私居燕處 不可改

26. 명예에 관해서는 감추고 피하는 데에 애써야 한다.在名譽間 務爲韜晦

27. 남이 나를 칭찬하는 말을 듣거든 칭찬할 만한 사실을 계속하도록 생각하면서 기뻐하지 말 것이며聞人譽己 思繼其可譽之實 而不可喜

28. 남이 나를 헐뜯는 말이 들리거든 헐뜯을 만한 사실을 버리도록 생각해 성내지 말아야 한다.聞人毀己 思去其可毀之實 而不可怒

앞의 말은 몸가짐의 요건이다.右持身之要

29. 앞으로 어떤 일을 하고자 할 때에는 먼저 잘못이 없는가를 생각해보아야 하고 마음 내키는 대로 하지 말아야 한다.將造行 當思其無咎 而不可任情

30. 일을 하는 데 있어 조급하고 사리에 어긋나게 하면 반드시 실패한다는 것을 미리 생각해야 한다.作事 當思躁妄顚倒

31. 여럿이 공동으로 일을 할 때에는 반드시 의리에 합당한가를 먼저 생각해야 한다.與人共事 當思其合義

32. 괴롭고 힘든 일은 항상 다른 사람보다 먼저 해야 하고勞事 常先於人

33. 편하고 쉬운 일은 항상 다른 사람이 한 뒤에 해야 한다.便事 常後於人

34. 모든 부탁과 청탁은 일체 행하지 마라. 만약 부득이한 일이 있을 때는 반드시 다시 한번 생각해서 하라.凡乞簡請簡 一切不行 如有不能廢者 必須再思

35. 다른 사람의 문기文記를 증거로 대지 마라. 하물며 글로 써서야 되겠는가? 일가 간에 일은 부득이 하면 피하지 말아야 한다.不證人文記 況可書乎 在一家 則有不得已者 不可盡廢也

36. 남의 청탁을 받거든 인정에 끌리지 말고, 위력에 눌리지 말아서 오직 의리에 합당하면 따라야 한다.被人求請 不牽於情 不奪於威 惟義所在則從之

37. 남으로부터 모욕을 당하거든 마땅히 자신을 반성할 것을 생각하고 그 곡직을 교계하지 말아야 한다.被人唱辱橫逆 當思反己 不可校其曲直

38. 남의 착한 일을 보면 여러 사람에게 널리 찬양해주고見人善則 可揚 揚於路人

39. 남의 잘못을 보면 부자간에도 반드시 숨겨주어야 한다.見人惡則 必隱於父子
앞의 말은 사람을 응접할 때에 긴요한 것이다.右 應接之要

40. 조상의 제삿날에는 외출하지 말아야 한다.忌日不出

41. 남의 잔치에 가려고 할 때에는 반드시 그날이 나라의 제삿날이 아닌가 또는 내 집의 제삿날이 임박하지 않았는가를 생각해야 한다.將赴宴 當思忌日國 忌與否 家忌臨近與否

42. 남의 상가에 조문하러 갈 때에는 반드시 제사가 있나 없나를 생각해야 한다.將弔喪 當思其祭祀有無

43. 남의 초청을 받았을 때에는 반드시 다른 손님의 유무를 물어보아야 한다.被人邀 必問客來與否

44. 남의 집 안에 들어가거든 반드시 다른 손님의 유무를 물어보아야 한다.入 人門 必問客有無

45. 남의 집에 이르러 문간에 거마車馬가 있으면 반드시 누가 있는가를 물어보아야 한다.到人之門 門有車馬 必問客爲誰

앞의 말은 출입할 때 삼가야 하는 예절이다.右 出入勤愼之節

46. 여자와 대면할 때에는 서로 눈이 마주치지 말게 해야 한다. 눈이 서로 마주치게 되면 나는 비록 아무런 마음이 없으나 상대방은 그로 인해 음탕한 마음이 일어날 것이고, 곁의 사람이 보면 반드시 비밀이 있는가를 의심할 것이다. 창녀라도 오히려 그렇거늘 하물며 창녀가 아닐까보냐.凡與女子對 不使兩目相擊 己雖無心 彼必因此生陰 傍人瞷之 必疑其有私 在娼流猶然 況不爲娼流者乎

47. 무릇 길을 갈 때에 여자가 지나가거든 돌아보지 말아야 하며, 좌석에 여자가 앉았으면 눈길을 보내지 말아야 한다. 이러한 것은 모두 음탕한 행위를 만드는 것이다.凡行道 女子過則 不顧視 在席 女子坐則 不可寓目 此皆養淫之道也

앞의 말은 욕심을 없애는 요건이다.右 遏欲之要

48. 나의 성품이 강한 까닭에 과오가 많았으며, 나의 도량이 좁은 까닭에 실수가 많았으며, 나의 말이 많은 까닭에 책망이 많았다. 만약 능히 그 강한 것을 유하게 하고 그 좁은 것을 너그럽게 하고 그 수다한 것을 간략하게 하면 내가 그 허물을 면할 것이다.吾性剛 是以多過 吾量狹 是以多失 吾言煩 是以多責 若能有其剛 寬其狹簡其煩 吾其免矣

앞의 말은 자신을 반성하는 공부이다.右 自論工夫

이처럼 가훈은 그 이르는 바가 매우 상세하다. 이 분봉가훈 48조는 처음에 연릉군延陵君 집에 있던 것을 1681년(숙종 7)에 이주의 증손자 이관징이 가져와 여러 자제에게 보여준 다음 손으로 한 통을 베껴 손자 이만부李萬敷(1664~1732)에게 전해주면서 자손들에게 지키게 하라고 이른 것이다. 이에 이만부는 1697년(숙종 23)에 이 가훈의 내용을 성리학적 관점

貌言其恭
言言其忠
志言其堅
心言其定
德言其厚
咸言其重

事言其慎
意言其審

無斯莎夫君子人与
咸之乃要內敬外義

분봉 가문에 전해 내려오는 가훈.

에서 재정리했다.

즉 1~9까지 9조는 총론으로서 9용九容·9사九思의 뜻과 학문의 요체인 경의敬義를 정리한 것이요, 10의 입지立志는 지절志節을 세워 도학으로 나아가는 길을 여는 것이라 했다. 11과 12는 신독愼獨을 강조했다. 사람들이 남이 보는 데서는 잘하는데, 남이 보지 않는 데서는 잘못을 저지르기 쉽기 때문이라는 것이다. 13~24까지는 주경主敬을 말한 것이라 한다. 하늘에서 사람에게 품부한 선덕善德을 경敬을 통해 잘 지켜야 나쁜 길로 빠지지 않는다는 것이다. 25~28까지는 반궁反躬(몸을 돌이켜보는 것)을 거론한 것이라 한다. 책인責人(남을 꾸짖음)은 가벼이 여기고, 책기責己(자신을 꾸짖음)를 무겁게 여겨야 한다는 것이다. 29~39까지는 언충신言忠信·행독경行篤敬을 말한 것이다. 40~45까지는 계근戒謹의 뜻을 말한 것이라 한다. 몸가짐을 경계하고 삼가라는 것이다. 46~47까지는 식색食色에 관한 사항이다. 인간의 욕심 중에 음식과 남녀가 가장 기본적인 것이니 이 두 가지에서 절제를 하지 못하면 사욕을 끊을 수 없기 때문이다. 마지막 48은 내성內省 공부를 말한 것이라 한다. 모든 공부가 자기를 살펴 기질을 바꿔 도학으로 나아가야 한다는 결론 부분이다.

이만부는 과거를 단념하고 지조를 지켜 선조先祖가 전한 유훈의 간절함을 실천하도록 하고자 조목마다 유별로 나누고 차례를 만들어 조항 밑에 뜻이 역력한 글을 붙여 실천하는 자료로 삼았다.

그 후 1706년(숙종 32) 겨울에 이주의 현손 이협李浹(1663~1737)이 분봉가훈을 인쇄해 자손들에게 널리 배포했다. 이주의 5대손 이만근李萬根(이광정李光庭의 고손)도 같은 해 12월에 발문을 써서 붙였다. 그에 따르면 48

조목을 지키기 위해서는 "마음은 온전히 해야 하고, 행실은 의리에 합당하게 해야 한다."

기해예송 己亥禮訟

1659년(효종 10, 기해) 5월 4일에 효종이 죽었다. 이때 정국을 휩쓸 하나의 논쟁이 일어났는데, 즉 인조의 계비繼妃 자의대비慈懿大妃 조씨趙氏가 효종을 위해 어떤 상복을 입어야 하는가가 핵심 쟁점으로 떠오른 것이다. 효종이 인조의 적장자였다면 3년복을 입으면 그만이었다. 하지만 효종은 인조의 둘째 아들로서 왕위에 올랐기 때문에 논란의 여지가 있었다. 예조는 대신들에게 조대비의 상복을 어떤 것으로 할 것인가를 물었다. 남인 윤휴는 효종이 국왕이니 무조건 너덜너덜한斬衰 3년복을 입어야 한다는 의견을 피력했다. 그러나 이 이론은 남인들조차 달가워하지 않았다. 반면에 송시열은 효종이 서자庶子(衆子)이니 4종설四種說에 의해 1년복을 입어야 한다고 주장했다.

4종설이란 『의례주소儀禮注疏』에 ①적자嫡子로서 폐질廢疾로 뒤를 잇지 못하는 경우 ②서손庶孫이 뒤를 이을 경우 ③서자衆子가 뒤를 이을 경우 ④적손嫡孫이 뒤를 이을 경우 등 네 가지에 해당하면 그 부모가 아들을 위해 3년복을 입을 수 없다고 되어 있는 규정이다. 송시열은 이 가운데 세

번째가 효종에게 해당된다고 보았다. 이는 곧 효종의 정통성 문제와 직결되는 것이었고, 인조의 적장자인 소현세자昭顯世子의 막내아들 석견石堅이 아직 살아 있어서 더욱 민감한 문제였다.

영의정 정태화鄭太和는 이 말을 듣고 깜짝 놀라 손사래를 치며 큰일 날 일이니 그냥 적·중자 구별 없이 1년복으로 되어 있는 『경국대전』 규정을 따라 1년복으로 확정하자고 했다.

그런데 1660년(현종 1) 3월 남인 허목許穆은 적처嫡妻 소생을 모두 적자嫡子라 하고, 적자 가운데 제1장자가 죽으면 제2장자를 세워 장자라 하며 3년복을 입는 것이 마땅하다고 상소했다. 이때 아들이 아버지를 위해서는 너덜너덜한斬衰 3년복을 입어야 하지만 어머니를 위해서는 가지런한 齊衰 3년복을 입어야 한다는 것이었다. 그는 1년복이 끝나기 전에 조대비 복제의 잘못을 지적하기 위해 서둘렀다고 했다.

현종은 예조에 명해 이 문제를 다시 논의하게 했다. 송시열은 변함없이 4종설을 들먹였다. 논쟁은 허목에게 유리하게 전개되었지만 당시는 서인이 집권하고 있던 때인 만큼 3년설을 주장하는 쪽은 제재를 받았다. 이때 남인 윤선도尹善道의 상소가 올라왔다.

윤선도는 허목의 이론을 지지하면서 송시열과 송준길이 효종의 덕은 있는 대로 다 보고 효종을 깎아내리려는 것은 배은망덕한 행위라며 인신공격을 서슴지 않았다. 그리하여 이론적으로 다투던 예론은 그 형국이 정쟁으로 변해갔다. 결과적으로 이 논쟁으로 인해 윤선도는 삼수三水로 귀향가서 죽고 복제는 1년복으로 결정지어졌다. 이것이 바로 기해예송이다.

是年菊秋望日後學原任領議政蔡濟恭七十五敬題

文正公許穆八十二歲真

十八年甲寅 上曠感眉叟許文正欲得
七今小真以覽乃 令臣濤恭呈與士林議乃
於秋七月辛亥自連上恩居堂本先生八十二歲
真入京師使當世善畫者李令基摹以進
上覽之引備絹 命令基移摹作貼置諸 大內
所進本遷下其後孫朴是士林合辭言嶺南
郡魯鄉也況順豐之白雲洞奉孔聖與四聖十
哲七十子寶領我 朝如周愼齋李培里先生
影真俱在焉今是真也非是之歸將安之
議遂合奉諸于順興書院以安之嗚呼今天下
陸沈吾道東東而畫在於今先生之真又南
笑此天之意也宣人力而使然哉況梧里即先生
之師友知己易曰同聲相應同氣相求聖人
不我欺也不点斋我標題即溽茶而書直書
先生姓諱者以仰備 御覽而然也記之使
後之祗謁者知其事焉

「허목초상」, 72.1×57cm, 보물 제1509호, 1794, 국립중앙박물관.

이를 두고 어떤 사람들은 상복을 입는 사소한 문제를 가지고 쓸데없이 다툰다고 할 수도 있다. 그러나 당시는 문치주의가 난만한 시기였으므로 이 예송에서 지면 정권을 빼앗긴다는 사실을 알아야 할 것이다.

갑인예송甲寅禮訟

효종이 죽은 지 15년 만인 1674년(현종 15) 2월 23일에 효종비 인선왕후仁宣王后 장씨가 죽었다. 이에 조대비趙大妃의 상복이 또다시 논쟁의 핵심 사안으로 떠올랐다. 인선왕후가 죽은 지 나흘 만에 예조는 조대비의 상복을 1년복朞年服으로 정했다가 9월복大功服으로 바꾸었다.

현종은 이를 불쾌하게 여겨 예조가 9월복으로 바꾼 이유를 승정원에 캐물었다. 그러고는 예조판서 조형趙珩 등 예조 관원들을 잡아다 취조하라고 명했다. 그다음 날 있을 성복成服(초상이 나서 처음으로 상복을 입는 것)이 복제를 바꿈에 따라 이루어질 수 없게 된 책임을 물은 것이다. 예조판서는 병조판서 김만기金萬基가 겸임하게 했다가 구전口傳으로 홍처량洪處亮을 임명했다. 나아가 서인의 공격을 받고 충주에 내려가 있는 남인인 허적許積을 불러올려 성복에 참여하게 했다. 성복은 9월복으로 진행되었으며 복제 변경 건은 곧 잊혔다. 쫓겨났던 조형 등도 다시 기용되었다.

그런데 성복한 지 5개월 뒤인 7월 6일에 경상도 대구 유생 도신징都愼徵이 조대비의 복제가 잘못되었다며 상소를 올렸다. 상소문에 실린 논지는 다음과 같았다. ①기해 복제는 『경국대전』에 의해 이루어진 것인데 이번 복제를 처음에는 1년복으로 했다가 뒤에 9월복으로 바꾼 것은 무슨 근거인가? ②명제明制를 버리고 주제周制를 따라 9월복으로 바꾼 것은 무슨 까닭인가? ③현종은 대통大統을 이어받았는데도 적장자가 되지 못하는 까닭은 무엇인가?

『경국대전』에는 어머니가 아들을 위해서는 장·중자 구별 없이 1년복을 입게 되어 있는 반면 며느리에 대해서는 장자부長子婦를 위해서는 1년복을, 중자부를 위해서는 9월복을 입게 되어 있었다. 이것은 『경국대전』의 미비점이다. 아들을 위해서는 장·중을 구별하지 않으면서 며느리에 대해서 구별한다는 것은 모순이기 때문이다. 도신징의 경우는 기해 복제를 장자복으로 이해하고 있는 것이 특징이다.

현종은 이 상소문을 7일간이나 가지고 있다가 비변사 제신들에게 공개 토론을 하도록 했다. 이때 영의정 김수흥金壽興은 기해 복제가 국제國制와 고례古禮를 함께 참고한 것이라고 했다. 이는 송시열의 체이부정론體而不正論(서자(중자)가 왕통을 이으면 3년복을 입지 않는다는 이론)을 참작했다는 말이다. 대신들은 9월복을 계속 지지했다.

현종은 김석주에게 9월복을 주장하는 근거가 무엇인지를 조사하게 했다. 김석주는 송시열이 효종을 인조의 서자라고 해도 괜찮다고 해 허목이 이의를 제기한 것이라고 보고했다. 이에 현종은 1년복이 맞다고 확신하게 되었다. 현종은 도신징의 상소가 올라온 지 10일 만에 조대비의 상복을 1년복으로 확정지었다.

이어 김수흥 등 서인들을 잡아들여 처벌하고 허적을 영의정으로 하는

經國大典序

自古帝王之有天下國家也創業之主
經綸草昧而未遑於典故守文之君遵
守舊章而又無事於制作雖曰漢高筭
無遺策而三章之法略存規模史稱唐
家萬目俱張而六典之作猶侯中葉況
下於漢唐者乎恭惟
世祖握符中興功兼創守文昭武定禮備樂
典猶
孜孜圖理恢弘制作嘗謂左右曰我

『경국대전』, 32.5×21.5cm, 1661, 국립중앙박물관. 조선의 기본 법전인 『경국대전』을 둘러싸고 상복에 대해 치열한 논쟁이 오갔다.

남인 정권을 출범시켰다. 김석주와 남인들이 서인을 대신해 집권하게 된 것이다. 이를 갑인예송이라 한다. 그러나 이때 남인이 논쟁에 끼어든 것은 아니었다. 현종이 단독으로 1년복을 9월복으로 바꾼 것이다.

1728년의 무신난

1728년(영조 4) 4월 3일 소론, 남인들이 무신난戊申亂을 일으켰다. 경기·충청도의 이인좌李麟佐, 경남의 정희량鄭希亮·조성좌曺聖佐, 호남의 박필현朴弼顯, 평안도의 이사성李思成, 함경도의 권익관權益寬, 중앙의 남태징南泰徵 등이 주동이 되어 소현세자의 증손 밀풍군密豊君 이탄李坦을 새 임금으로 추대하고 반란을 일으킨 것이다.

서남당쟁에서 남인은 1680년(숙종 6)의 경신환국, 1694년(숙종 20)의 갑술환국으로 완전히 실각하고 서인이 독주하자, 서인은 노론과 소론으로 갈렸다. 그리고 두 당은 신료로서 해서는 안 될 택군擇君(신하들이 왕을 선택한다는 뜻)을 했다. 소론이 경종을 지지한 데 반해 노론은 연잉군延仍君을 지지한 것이다. 우여곡절 끝에 경종이 왕위에 오르긴 했지만 4년 만에 죽고 연잉군이 즉위했다. 바로 21대 영조다.

그러나 소론과 남인들은 연잉군이 보내준 계장을 먹고 경종이 독살되었다고 믿고 있었다. 뿐만 아니라 영조가 노론인 김춘택金春澤의 아들이라며 문제 삼았다. 이른바 영조 김씨설이다. 이에 전국 여러 곳에서 흉서·괘서사건이 일어났다.

1727년(영조 3) 정미환국丁未換局으로 온건 소론인 이광좌·오명항 등이 다시 기용되자 급진 소론인 정희량·박필현·정세윤 등과 남인 이인좌·조성좌 등이 반란을 꾀했다. 이인좌는 안성·양성에서 군사를 일으켜 1728년 3월 15일에 청주성을 점령하고 죽산·안성으로 진격했다. 그는 군중에게 경종의 위패를 모시고 아침저녁으로 곡하게 했다. 이인좌군은 안성 청룡산(일명 서운산)으로 스며들어 오명항 군이 직산으로 이동한 것으로 잘못 알고 관군을 공격했다가 승려와 촌민들에게 체포되어 서울로 압송되었다. 이인좌는 영조의 친국을 받은 후 능지처참되었다.

그러나 박필현朴弼顯·나만치羅晩致 등 호남 기병의 작전은 실패로 돌아갔다. 박필현은 상주로 달아났다가 영장 한속에게 잡혀 죽었다. 정희량鄭希亮은 이웅좌李熊佐와 함께 안동에서 거사하려 했으나 안동 사람이 협조하지 않아 안음으로 가서 3월 21일 군사를 일으켰다. 정희량은 주변 군현병에게 막혀 김천·무주를 통한 북진이 차단되었고, 거창에서 곤양군수 우하형禹夏亨에게 잡혀 참수되었다. 조성좌는 3월 21일 합천에서 기병해 거창·함양을 점령했다. 그러나 그는 합천군수 이정필李廷弼에게 체포되어 죽었다. 그리하여 무신난은 17여 일 만에 사실상 진압되었다.

이 반란은 3월 14일 용인에 은거하고 있던 소론 영상 봉조하 최규서崔奎瑞의 고변과 경상감사 황선黃璿의 장계에 의해 알려졌다. 조정에서는 소론인 병조판서 오명항을 4도순무사로, 소론인 박문수朴文秀를 종사관으로 삼아 2000명의 군사를 거느리고 반란군을 토벌하도록 했다. 소론으로 하여금 소론이 일으킨 반란을 진압하게 한 것이다. 오명항은 이인좌

「오명항초상」, 종이에 채색, 96.2×67.5cm, 18세기.

군을 토벌한 후 영남·호서로 진격했으나 이미 난은 진압된 뒤였다.

이 사건으로 수백 명이 죽고, 천여 명이 귀양갔다. 무신난이 수습된 뒤 오명항은 양무揚武 1등공신, 박문수 등 5인은 2등공신, 이보혁 등 15인은 3등공신, 이광좌 등 9000명은 원종공신에 녹훈되었다. 그리고 경상우도는 향후 50년간 과거에 응시할 수 없게 하는 등 커다란 핍박이 가해졌다. 노론들은 무신난의 사상적 연원을 남명·정인홍 학통으로 소급해 경상우도 사족을 철저히 탄압했다.

무신난은 노론정권에 대한 소론·남인들의 마지막 저항이었다. 특히 이 반란에는 집권당의 착취를 더는 견뎌내지 못했던 하층민들이 상당수 가담했다. 그리하여 무신난이 홍경래의 난, 진주민란, 임술민란, 동학농민운동 등에 영향을 주었다는 주장도 있다. 따라서 무신난은 '무신사태' '무신의거' '무신혁명'으로 불러야 한다는 주장이 제기되지만 과도한 감이 있다.

제9장

세도정치와 선비들

조선이 18년이나 준재를 썩힌 것은 다산 개인은 물론 모두에게 통탄할 일이지만 이러한 준재로 하여금 연구에만 몰두할 수 있게 하여 세계적인 석학을 배출할 수 있었던 것은 우리의 홍복이다. 그가 만약 일생 동안 관직생활에만 매달렸다면 비록 고관대작은 되었을지언정 세계적인 석학이 되지는 못했을 것이다.

다산이 다산이 된 까닭

다산茶山 정약용丁若鏞은 1801년(순조 1) 2월에 신유사옥에 휘말려 장기長鬐
와 강진康津에서 18년간 귀양살이를 했다. 대학자가 될 사람에게 이처럼
오랫동안 귀양살이를 시킨 것은 안타까운 일이다. 다산은 그해 11월에
강진 성문 동쪽 시냇가 자갈밭에 있는 성수봉이라는 하급관리의 집에서
6년을 보냈다. 강진 사람들은 유배인을 싫어해 그 집의 대문을 부수거나
담장을 헐어버렸다. 다행히 정약용은 동문 밖 주막의 노파가 받아주어
골방에서 귀양살이를 계속할 수 있었다.

그는 이 골방을 사의재四宜齋라 했다. 마음은 담박해야 하고, 용모는 장
엄해야 하고, 말은 어눌해야 하고, 동작은 중후해야 한다는 의미가 내포
되어 있다. 그리고 자신의 사십 평생 중 과거 공부 10년, 벼슬생활 12년
을 했는데 이제는 한강을 건너고 조령을 넘어 바닷가 대나무 숲에서 귀
양살이하고 있는 것을 한탄했다. 한밤중에 책상을 치며 벌떡 일어나 세
상을 한탄하고 술을 들이키기도 했다. 다산은 1806년(순조 6)에 제자인
이청李晴의 집으로 옮겼다가 이듬해에 윤단尹慱의 다산서실茶山書室로 옮

겠다. 그리고 그곳에 스스로 다산초당茶山草堂을 짓고 귀양에서 풀려날 때까지 오직 공부에만 몰두하면서 제자들을 가르쳤다.

다산은 유배지에서 곧 안정을 되찾고 악에 받쳐 공부를 열심히 하기로 했다. 죄인의 몸으로서 생사 문제를 해명하기 위해 『주역』부터 먼저 열심히 연구했다. 그는 『주역사전周易四箋』을 "내가 하늘의 도움을 받아 지어낸 책이요, 절대로 사람의 지혜나 생각으로 이룰 수 있는 바가 아니다"라고 자부했다. 그리고 시간이 없어 손대지 못했던 6경4서를 깊이 연구했다. 서학의 관점에서 경전을 해석하기보다는 천주와 유사한 상제를 설정하고 있는 공자·맹자의 수사학洙泗學으로 경전을 재해석했다. 그는 『상례사전喪禮四箋』에 대해 "내가 성인을 독실하게 믿고 지은 책으로 미친 듯한 물결을 돌리고 온갖 시내를 막아 수사洙泗의 물결의 참된 근원으로 돌아가게 한 것"이라고 했다. 그리하여 새로운 다산의 실학사상이 태어난 것이다. 그가 일찍이 탐독했던 서학서西學書도 일조했다. 책이 많지 않으니 생각하고 또 생각했다. 다행히 강진에 외가인 해남윤씨가 살고 있었기 때문에 그 장서를 활용할 수 있었다.

다산은 자신의 책이 영남에 전해지기를 바랐다. 자신과 같은 남인이 많이 살고 있었던 까닭에서다. 다산은 1818년(순조 18)에 김조순金祖淳에 의해 풀려났다. 친구인 김이교金履喬가 초당에 들렀을 때 해배해달라는 부탁은 하지 않고 그저 부채에 시 한 수만 써주었는데 그 시를 김조순이 보고 다산이 생각나 풀어주었다는 것이다.

이처럼 18년이나 준재를 썩힌 것은 다산 그 자신은 물론 모두에게 통탄할 일이지만 이러한 준재로 하여금 연구에만 몰두할 수 있게 해 세계

「완당난화」, 허련, 종이에 먹, 26.5×12.9cm, 1853년 이후, 국립중앙박물관. 완당의 제자 허련이 스승의 말년 모습을 그린 것으로 추정된다.

적인 석학을 배출할 수 있었던 것은 우리의 홍복洪福이다. 그가 만약 일생 동안 관직생활에만 매달렸다면 비록 고관대작은 되었을지언정 지금과 같은 세계적인 석학이 되지는 못했을 것이다.

윤상도의 상소

1830년(순조 30) 8월 28일 부사과 윤상도尹尙度가 박종훈朴宗薰·신위申緯
유상량柳相亮을 탄핵하는 상소를 올렸다. 이들이 효명세자 치하에서 많은
비리를 저질렀다는 것이 그 이유였다. 그런데 이에 대해 순조는 오히려
윤상도의 말이 패악하다며 그를 추자도로 귀양보냈다.

그러던 중 효명세자가 죽은 지 10년이 지난 1840년(헌종 6) 7월 10일
대사헌 김홍근金弘根이 윤상도 상소 사건을 재조사해야 한다며 들고 나왔
다. 안동김씨가 옥사를 일으켜 정적을 제거하기 위해서였다. 목표는 추
사秋史 김정희金正喜였다. 수렴청정하던 순원왕후純元王后 김씨는 효명세자
를 무고한 죄로 윤상도를 불러올려 능지처참했다.

조사 과정에서 윤상도의 상소를 종용한 사람은 허성許晟이었고, 허성
을 사주한 사람은 안동김씨인 김양순金陽淳이라는 사실이 밝혀졌다. 그런
데 김양순은 상소문을 처음 작성한 사람은 추사라며, 김정희를 물고 늘
어졌다. 상소문 초고를 허성에게 전달해준 사람은 남이익南履翼인데 그는
이미 세상을 떠났고, 김정희는 바로 남이익의 뒤를 봐주던 사람이라는

것이었다.

　문초는 계속되었다. 이때 추사는 고향 예산에 내려가 있었다. 그런데 20일 밤 갑자기 금부도사 박제소朴齊韶가 그를 잡으러 왔다. 추사는 곧바로 투옥되어 조사를 받았다. 이 사건의 재판장은 우의정 조인영趙寅永이었다. 조인영은 추사와 젊었을 때부터 잘 아는 사이라 병을 핑계로 재판장 자리를 물리쳤다. 그리하여 영부사 이상황李相璜이 대신 그 역할을 맡았다. 추사는 터무니없는 일이라고 답변했다. 자신은 윤상도와는 만난 적도 없다고 했다.

　김양순은 이화면李華冕이라는 사람이 김정희가 대사성으로 있을 때 합제合製(사학 고강과 시제) 초시에 합격했고, 나이 차이는 있지만 그가 살던 곳이 김정희가 살던 곳과 가깝기 때문에 그가 김정희의 사주를 받아 이미 죽은 남이익을 통해 초고를 허성에게 전달해주었다는 것이다. 대질시켜도 김양순의 말은 달라지지 않았다.

　허성은 김양순의 말에 따라 상소를 올렸다고 했다. 김양순은 자기는 윤상도가 상소를 올릴 때 대사헌으로 있었기 때문에 그의 아들이 자신을 끌어들여 잡혀온 것이라 했다. 그런데 잡혀오기 4~5일 전에 어떤 사람이 찾아와서 김정희가 상소문을 지어 허성에게 전해주었다고 했는데, 그 사람이 누구인지는 모른다는 것이다. 터무니없는 말이었다.

　김정희는 고문을 받아 이미 만신창이가 되어 있었다. 재판정에서는 김양순이 김정희를 끌어들였고, 허성이 또 김양순을 끌어들인 것으로 인식했다. 이 때문에 김양순은 고문 끝에 죽었고, 허성은 서소문 밖에서 능지처참되었다. 김정희의 죄상에 대해서는 다음 날 조인영이 헌종에게

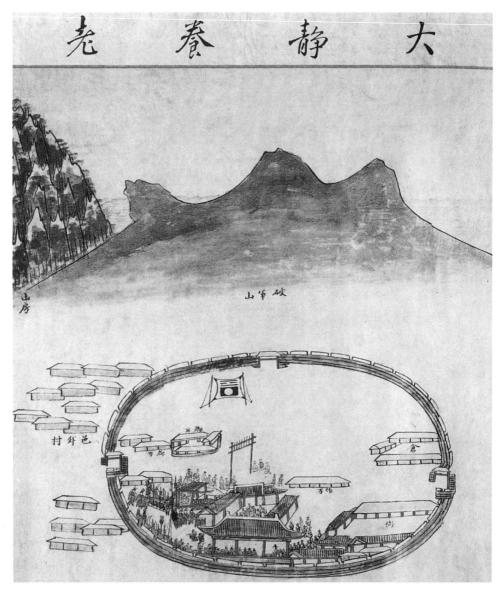

「대정양로」, 『탐라순력도』, 김남길, 종이에 채색, 56.8×36.4cm, 보물 제652-6호, 1702, 제주시청. 김정희가 유배되었던 대정현의 모습.

"심증은 가지만 확증은 없다"고 보고했다. 이에 김정희는 사형은 면하고, 제주도 대정현으로 귀양가는 신세가 되고 말았다.

추사와 「세한도」

추사 김정희는 경주김씨 상촌공파桑村公派에 속하는 19세기의 유명한 실학자이다. 그의 생부는 김노경金魯敬이다. 김노경은 김노金路, 홍기섭洪起燮, 이인부李寅溥 등과 함께 효명세자의 측근이었다. 그러던 중 효명세자가 죽자 반대파의 공격을 받아 고금도古今島에 위리안치되었고 그 불똥은 추사에게도 튀었다.

1840년(헌종 6) 7월 10일에 대사헌 김홍근은 윤상도尹尙度 옥사를 재조사해야 한다는 상소를 올렸다. 윤상도 옥사란 윤상도가 효명세자를 무고한 사건이었다. 그런데 이 상소문을 처음 작성한 사람이 김정희였다는 내용이 올라온 것이다. 추사는 안동김씨 김양순이 물고 늘어져 죽임을 당할 뻔했으나, 친구인 조인영의 조정으로 제주도 대정현으로 귀양가게 되었다.

유배생활은 고달팠다. 먹는 것은 부실하고, 풍토병도 견디기 힘들었다. 아는 사람들이 다 등을 돌리고 수령들이 괴롭혔다. 단지 김유근金逌根, 권돈인權敦仁, 이상적李尙迪, 승려 초의艸衣 등과 편지를 주고받는 재미로 살았다. 특히 김유근은 실세인 안동김씨였기 때문에 은연중 구해주기를 기대한 인물이었다. 그러나 12월 17일에 김유근은 죽고 말았다.

그런 와중에 역관 이상적만은 중국에 사행으로 갔다 올 때마다 귀한 책을 구해다주고, 연경 소식을 전해주었다. 사례할 돈도 없었고, 다른 것으로 갚을 수도 없었다. 이에 추사는 이상적에게 「세한도歲寒圖」를 그려 보냈다. 그리고 서문을 써서 이상적의 변함없는 의리에 대해 고마운 마음을 나타냈다. "날이 추워진 연후에 소나무와 잣나무가 뒤에 시드는 것을 알겠다歲寒然後知松柏之後凋"라고 칭찬했다.

이 「세한도」는 청나라의 선진적인 화풍을 참작해 추사의 새로운 화론畵論을 정립한 것이라 한다. 「세한도」는 남종화 계통의 문인화의 극치라는 것이다. 이상적은 이 그림을 청나라에 가지고 가 열여섯 학자의 제영題詠을 받아왔다.

1851년(철종 2)에 추사는 해배되어 용산 한강 가에 머물면서 젊은이들에게 서화를 가르치고 있었다. 이때 제자 가운데 유상柳湘은 이 「세한도」의 제영들을 베껴 썼다. 그 후 「세한도」는 이상적의 제자인 역관 김병선金秉善의 아들 김준학金準學이 가지고 있다가 1930년경에 후지쓰가藤塚鄰가 구입해 1944년에 동경으로 가지고 간 것을 손재형孫在馨이 설득해 들여왔다고 한다. 후지쓰가는 1948년에 죽었고 그 집은 폭격을 맞았으니 천우신조라 할 만하다. 그리고 후지쓰가의 나머지 추사 관련 문적은 2009년에 그 후손에 의해 과천문화원 추사연구소에 전부 기증되었다.

손재형은 1949년에 이 「세한도」에 정인보鄭寅普, 이시영李始榮, 오세창吳世昌의 발문을 받았다. 그리고 지금 「세한도」는 개인이 소장하고 있다. 이

去年以晚學大雲二書寄來今年又以
藕畊文偏寄來此皆非世之常有購之
千萬里之遠積有年而得之非一時之
事也且世之滔滔唯權利之是趨爲之
費心費力如此而不以歸之權利乃歸
之海外蕉萃枯槁之人如世之趨權利
者太史公云以權利合者權利盡而交
踈君亦世之中一人其有超然自拔於
滔滔權利之外不以權利視我耶太史公
之言非耶孔子曰歲寒然後知
松柏之後凋松柏是毋四時而不凋者
歲寒以前一松柏也歲寒以後一松柏
也聖人特稱之於歲寒之後今君之於
我由前而無加焉由後而無損焉然由
前之君無可稱由後之君亦可見稱於
聖人也耶聖人之特稱非徒爲後凋之
貞操勁節而已亦有所感發於歲寒之
時者也烏乎西京淳厚之世以汲鄭之
賢賓客與之盛衰如下邳榜門迫切之

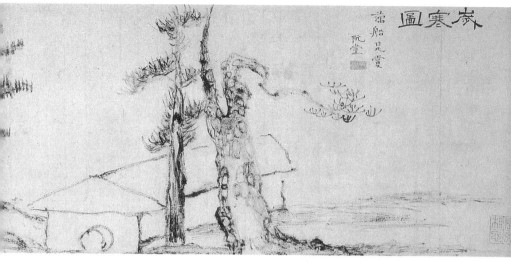

「세한도」, 김정희, 1844, 종이에 수묵, 23.3×108.3cm, 개인 소장. 추사 김정희 생애 최고의 걸작으로 꼽히는 「세한도」는 제주 유배생활 중 탄생했다. 절해고도에 갇힌 그를 양반들은 외면했으나 중인들은 달랐다. 역관 이상적도 생업에 쫓겨 중국을 바쁘게 오가면서도 스승을 잊지 않고 그곳에서 구한 귀한 책들을 제주로 보내주었다. 그 고마움에 느꺼워진 김정희가 붓을 들어 이상적의 의리를 소나무와 잣나무로 형상화해 그린 게 바로 이 작품이다.

로 미루어보아 「세한도」가 그려지고 유전된 과정 그 자체가 19세기 조
선 학예의 총화라 할 수 있을 것이다.

매천 황현의 절명시

1910년 8월 3일 일본이 조선을 합방한다는 합방령이 군청을 거쳐 마을로 하달되자 매천 황현黃玹은 아편을 먹고 자결했다. 자신은 관리가 아니기 때문에 죽을 의리는 없지만 나라가 망했는데 500년 사직에 한 사람의 사대부도 죽지 않아서야 되겠느냐는 생각에서였다. 그는 죽을 때 절명시 4수를 남겼다.

난리 속에 살다보니 백발이 성성하구나.
그동안 몇 번이나 목숨을 끊으려 했으나 뜻을 이루지 못했다.
이제는 더 이상 어찌할 수 없게 되었구나.
가물거리는 촛불이 푸른 하늘을 비치는도다.

요망한 기운에 가려 임금 자리 옮겨지더니,
구중궁궐 침침해 해만 길구나.
이제부터는 조칙詔勅이 다시 없을 테니,

옥같이 아름다웠던 조서詔書에 천 가닥 눈물이 흐르는구나.

새와 짐승이 슬피 울고 바다와 산도 낯을 찡그린다.
무궁화 이 강산이 속절없이 망했구나.
가을 등잔불 밑에 책 덮고 수천 년 역사를 회고해보니,
참으로 지식인이 되어 평생 굳게 살기 어렵구나.

일찍이 나라 위해 한 일 조금도 없는 내가,
다만 살신성인할 뿐이니 이것을 충忠이라 할 수 있는가?
겨우 송나라 윤곡尹穀처럼 자결할 뿐이다.
송나라 진동陳東처럼 의병을 일으키지 못한 것이 부끄럽도다.

망국 직후 지식인으로서 의병을 일으켜보지 못하고 죽는 자괴감을 읊은 것이다. 매천은 1862년(철종 13)에 전남 광양군 봉강면 서석촌에서 태어나 1888년(고종 25)에 생원시에 장원했으나 세상이 어지러운 것을 보고 구례 만수동萬壽洞에 은거했다. 그는 성품이 강직해 불의를 참지 못했다 한다. 이러한 성품은 조상 가운데 중시조인 황희黃喜의 청백리 정신, 임진·병자란 때 외적과 싸운 황진黃進·황위黃暐의 애국정신에서 말미암은 것이었다. 더구나 동생 황원黃瑗 역시 1944년 2월 27일 일제가 창씨개명을 강요하자 절명시를 남기고 자결했다. 형제가 사대부의 사기士氣를 살리기 위해 스스로 목숨을 끊은 것이다. 국가에서는 많은 사대부를 양성했지만 나라가 망하는 상황에서도 항거하는 사람은 적었다. 이런 때

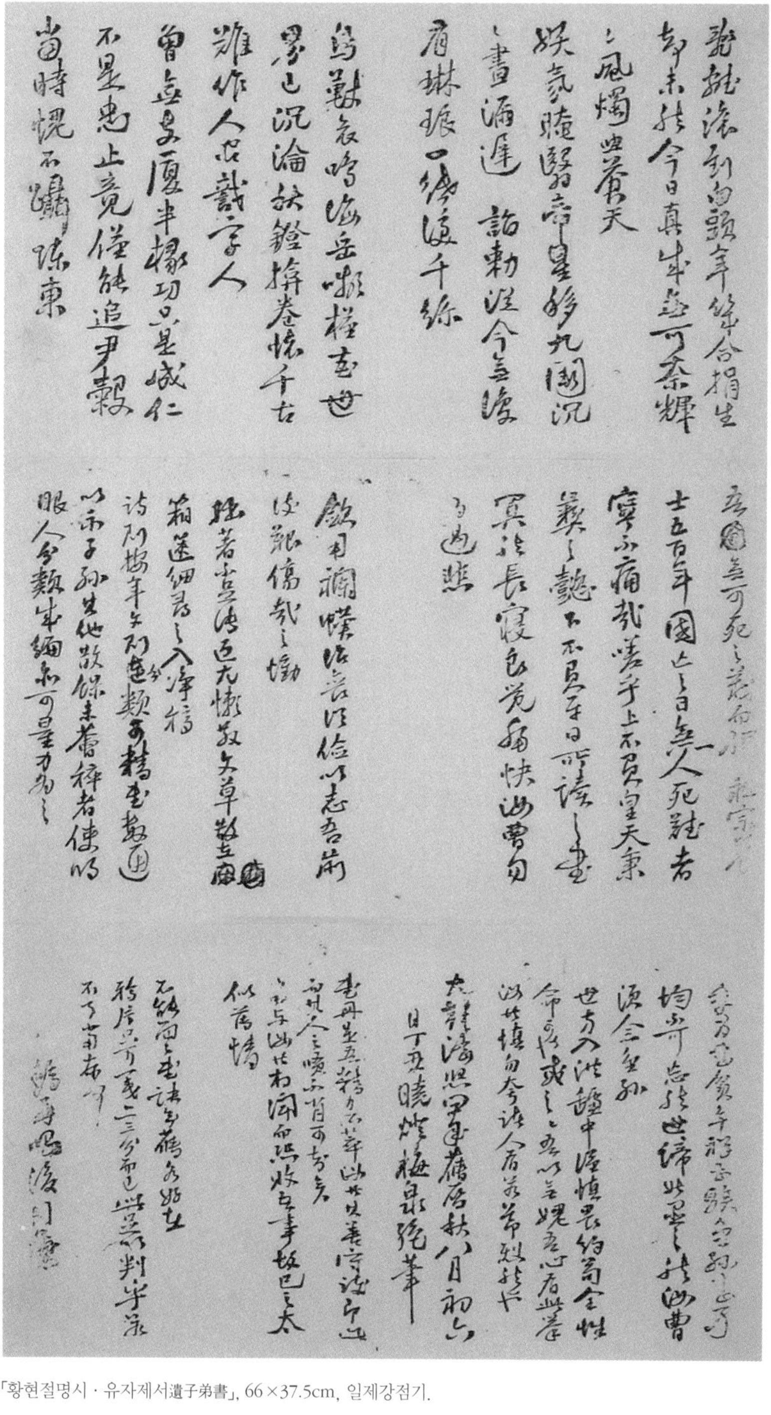

「황현절명시 · 유자제서遺子弟書」, 66×37.5cm, 일제강점기.

梅泉五十五歲小影

「황현사진」, 33×24.7cm, 보물 제1494호, 1909, 전남 구례군 광의면 매천사.

에 국록도 받지 않은 황현 형제가 목숨을 버리면서까지 항거했다는 것은 지식인의 귀감이 될 만하다.

부록

선비들은 왜 수기를 했는가? 자기 자신의 인격을 닦은
다음 다른 사람을 다스리기 위해서이다. 『맹자』에도 "젊
어서 공부해서 커서 실천한다"고 했다. 선비의 수기는
일용지간에 『소학』에 나오는 쇄소灑掃·응대應對·진퇴
進退의 예절부터 배운다.

선비의 개념

선비라는 말은 「용비어천가龍飛御天歌」에 처음 나온다.[1] 이때는 유생儒生, 유사儒士, 소유小儒, 노유老儒 등 유학을 공부하는 '유儒'를 선비라 했다.[2] '유'를 선비로 부른 것은 그뿐만이 아니다. 『두시언해杜詩諺解』에서는 유관儒冠을 '선비'라고 번역하고 있고,[3] 『내훈언해內訓諺解』에는 "유술儒術"을 "선비의 술術"로 옮기고 있다.[4] 이것은 중종 대에 최세진崔世珍이 지은 『훈몽자회訓蒙字會』에도 그대로 반영되어 '유儒'를 '선비 유'라고 하고, 그 뜻을 '도덕을 지키고 학문에 힘쓰는 사람守道攻學曰儒'이라고 풀이하고 있다.[5]

이처럼 조선초기까지는 '儒'를 '선비 유'라고 했으나, '士'를 '선비 사'라고 부르지는 않았다. 그런데 『훈몽자회』에서는 '士'를 '됴사朝士 사'라 했고 그 뜻을 '학문을 해 지위에 오른 사람學以居位曰士'이라고 해석했다.[6] 이때의 士는 5품 이하의 문관을 가리키는 것이다.[7] 1575년(선조 8)에 간행된 『광주천자문光州千字文』에서 '사'를 '계참 사階參士'로 부른 것도 이와 유사하다. 참상參上·하계下階에 해당된다는 말이기 때문이다.[8]

그러다가 조선중기에 이르면 '선비 사'의 용례가 나타나기 시작한다. 1588년(선조 16)에 간행된 『석봉천자문石峰千字文』에 '사'를 '선비 사'로 부르는 것이 그것이다.[9] 그리하여 그 이후에 나온 책에서는 '사'를 모두 '선비 사'로 부르고 있다. 예컨대 1804년(순조 4)에 간행된 『주해천자문註解千字文』[10]에서나, 1810년(순조 10)에 간행된 정약용의 『아학편兒學編』에서 '사'를 모두 '선비 사'로 칭한 것이 그러하다.[11]

'사'를 '됴사 사' '문사 사'라 부르기 시작한 것은 조선시대에 이르러서였다. 조선이 문치주의 사회였던 까닭에서다. 선진先秦시대에는 천자天子 — 제후諸侯 — 경卿 — 대부大夫 — 사士의 봉건적 위계 하에서 대부와 사는 제후의 가신군家臣群을 구성하고 있었다. 그러나 사대부士大夫는 한·당대에는 문·무 관료를, 송대 이후에는 문관 관료뿐 아니라 광범한 포의布衣의 독서인층讀書人層을 의미했다.[12]

송대의 사대부 개념은 여말선초에 이르러 정착되었다. 사대부층은 고려의 귀족 세력과 대치하는 과정에서 주자학을 이론적 무기로 택했다. 그리하여 그들이 주축이 되는 왕조 교체를 통해 조선의 지배층이 되었다. 사대부는 본래 유교를 공부해 국가의 관료가 되는 것이 목적이었다. 그러므로 문관 중에 '사'는 하급 관료, '대부'는 고급 관료를 의미하게 되었다. 그러나 양반의 수가 늘어나고 관직 경쟁이 심해지자 과거에 급제하지 못하거나 관직을 차지하지 못하는 사람들이 많아졌다. 박지원朴趾源 역시

"오직 그 양반은 이름이 다단多端해서 독서를 하는 사람을 '사'라 하고, 정치

에 종사하는 사람을 '대부'라 하며, 덕德이 있는 사람을 군자君子라 한다."[13]

라고 해 '사'를 5품 이하의 문관 관료라 하지 않고 포의布衣의 독서인讀書
人이라 했고, 대부만 관료로 보았다. 또한 과거도 보지 않고 벼슬에도 뜻
을 두지 않으면서 재야 학자로 있는 이들 역시 양반의 범주에 넣었다. 이
들이 모두 '선비'였음은 말할 것도 없다.

그러나 한말과 일제강점기에 이르러 근대화가 진행되면서 서구 사상
이 들어오고 1894년에 과거제도마저 폐지되자, 관료가 되려면 서양 학
문을 해야만 했다. 그리하여 선비와 관료가 완전히 분리되었다. 오히려
선비들은 구학문을 고수하며 재야학자로서 서구 학문에 저항했다. 이들
은 나라 잃은 지식인으로서의 책임을 통감해 신학문을 배우려 하지 않
고 의병을 일으키거나 독립운동에 가담했다. 그리하여 이희승의 『국어
대사전』에 선비를 "학식이 있되 벼슬하지 않은 사람"[14]이라고 풀이하게
되었다.

과거에 선비들은 벼슬을 하기 위해 유학을 공부했다. 그러나 이제는
학자와 관료의 구분이 확연해져 선비는 벼슬과는 무관한 순수한 포의의
독서인으로 남게 된 것이다.[15]

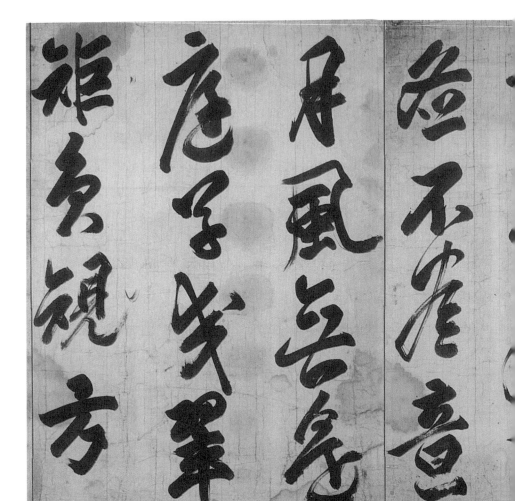

益不在意

月風兵象

庭字先軍

雖負觀方

조선의 사대부층은 주자학을 이론적 무기로 삼았다. 「주희육선생화상찬朱熹六先生畫像贊」의 부분, 송시열, 종이에 묵서, 104×73.5cm, 선비박물관. 송시열이 주자가 지은 「육선생화상찬」을 다시 쓴 것이다.

선비의 기원

일부 학자들은 선비의 연원을 고대로 소급시키기도 한다. 단재 신채호
는 선비를 선인仙人(先輩)으로 보아 선비(선비)의 연원을 천신天神을 숭배하
는 수두교蘇塗敎로 소급한다. 그는 한韓민족이 천신인 광명신光明神을 모셔
놓은 신단神壇이 수두이고, 수두의 우두머리가 단군檀君이며, 단군을 도
와 수두를 지키는 무사집단이 선비라고 했다. 그는 선비에 대해

> "선인仙人 왕검王儉이라 함은 삼국시대에 '수두'교도의 일단을 '선배'라 칭하
> 고, '선배'를 이두자로 '선인仙人' 혹은 '선인先人'이라고 기記한 것이며, '선사
> 仙史'는 곧 왕검 설교設敎 이래 역대 '선배'의 사적을 기록한 것."[16]

이라고 했다. 그리고 나아가서는

> "'랑郎'은 곧 신라의 화랑花郎이니, 화랑은 본래 상고 수두제단의 무사, 곧 그
> 때에 '선비'라 칭하던 자인데, 고구려에서는 조의皂衣를 입어 '조의선인皂衣
> 仙人'이라 하고, 신라에서는 미모를 취해 '화랑'이라 했다. 화랑을 국선·선
> 랑·풍류도·풍월도 등으로도 칭했다."[17]

라고 했다. 선비가 고구려의 조의선인, 신라의 화랑으로 발전했다는 것
이다. 그는 『조선상고사』에서 고구려의 선배 제도에 대해

"매세每歲 3월과 10월 '신수두' 대제大祭에 모든 군중을 모아 혹 칼로 춤추며, 혹 활도 쏘며, 혹 깨금질도 하며, 혹 택권이도 하며, 혹 강수江水를 깨고 물속에 들어가 물싸움도 하며, 혹 가무를 연演해 그 미악美惡을 보며, 혹 대수렵을 행해 그 사획射獲의 다과도 보아 여러 가지의 내기에 승리하는 자를 '선배'라 칭하고, '선배'된 이상에는 국가에서 녹을 주어 그 처자를 먹여 가실家室에 누가 없게 하고, '선배'된 자는 각기 대隊를 나누어 한집에서 자며, 한자리에서 먹고, 앉으면 고사故事를 강講하거나 학예를 습習하고, 나가면 산수를 탐험하거나 성곽을 쌓거나 도로를 닦거나 군중을 위해 강습하거나 해, 일신을 사회와 국가에 바쳐 모든 인고를 사양치 않으며, 그중에서 성행性行과 학문과 기술이 가장 초월한 자를 뽑아 스승으로 섬기어, 일반의 '선배'들은 머리를 깎고 백유帛을 허리에 두르고, 그 스승은 백으로 옷을 지어 입으며, 그 스승 중에서 상수上首는 '신크마리' – '두대형頭大兄', 혹은 '태대형太大兄'이라 칭하며, 그다음은 '마리' – '대형大兄'이라 칭하며, 최하는 '소형小兄'이라 칭하고 전쟁이 일어나면 '신크마리'가 그 전부의 선배를 모아 스스로 일단을 조직해 전장에 다다라, 전승치 못하면 전사할 것을 작정해 죽어 돌아오는 자는 인민들이 이를 개선하는 자와 같이 영행榮幸으로 보고, 패퇴하면 이를 타기唾棄하므로 선배들이 전장에서 가장 용감하며, 고구려 당시에 각종 지위를 거의 골품으로 얻어 미천한 자가 고위에 오르지 못하나, 오직 선배의 단체는 미천이 없이 학문과 기술로 개인의 지위를 정하는 까닭에 인물이 그중에서 가장 많이 출산되었다."[18]

라고 했다. 무치주의 시대에 무사들의 덕목을 열거한 것이나 자의적인 설명이 많다.

한영우韓永愚는 '선비'는 순수한 우리말이라 하고, 고대인들이 한자로 '선인仙人' '선인先人'이라고 썼을 것이라 했다. 선인仙人은 신선神仙을 가리키기도 하고, 산에 사는 사람, 즉 '산인山人'을 의미하기도 한다는 것이다.[19] 그리고 '선인'은 고구려의 관등官等으로도 쓰였다는 것이다. '선인'은 때로는 '仙人'으로, 때로는 '先人'으로 표기하기도 한다는 것이다.[20] 그는 선비족鮮卑族의 선비鮮卑도 '선비'와 관계가 있을 것이라 하나 과도한 추측일 뿐이다. 같은 동이족東夷族이고, 고구려의 영역에 살았기 때문이라는 것이다.[21] 유儒·불佛·선仙의 '仙'은 무속巫俗과 관련된 도교를 말하는데 이는 우리 고유의 사상이었다. 낭도郎道·화랑도花郎道·풍류도風流道·풍월도風月道로도 불리는데 선교仙敎·현묘지도玄妙之道의 다른 이름이기도 하다.[22] 신채호는 이것을 낭가사상郎家思想이라고 했고, 최남선은 불함문화弗咸文化라고도 했다.[23]

한편 김동욱은 선비의 고어인 선비를 '선배先輩'로 보아 선비라는 용어가 신라의 화랑을 거쳐 고려초기부터 사용되었다고 했다. 그는 신라의 화랑이 한 부류는 독서삼품과讀書三品科로, 다른 한 부류는 농악군·향두군·계로 발전해갔다고 했다. 다시 말하면 선비는 삼국통일 이후 신라의 지배층을 구성하는 모집단인 유교적 독서인층에서 연원했다는 것이다.[24] 최근덕도 이와 생각을 같이한다.[25]

그러나 훈민정음이 창제되기 전 시대에 대하여 선비와 유사한 한자음을 가지고 그 연원을 따지는 것은 일정한 한계가 있다. 다만 선비와 유사한 지배층이 있었고, 그들을 선인, 화랑, 낭도, 낭가 등으로 부른 것이 아닌가 한다. 이들은 대개 무사적 성격을 띠는 고대적 지배층이었다. 따라서 이때의 사士는 '무사 사'라고 해야 할 것이다. 정교일치인 무교사회에 있어서는 통치자는 군장인 동시에 사제司祭였다. 그러나 삼국시대에 불교가 국교가 되면서 통치자인 국왕과 사제인 승려가 분화되었다.

선비 사상

• 수기修己와 치인治人

선비는 자기 자신을 수양해 다른 사람을 다스리는 존재였다. 수기修己 치인治人이 그것이다. 『대학』에 나오는 수신修身·제가齊家·치국治國·평천하平天下도 치인을 제가·치국·평천하로 세분해놓았을 뿐이다.

선비들은 왜 수기를 했는가? 자기 자신의 인격을 닦은 다음 다른 사람을 다스리기 위해서이다. 『맹자』에도 "젊어서 공부해서幼而學之, 커서 실천한다壯而行之"고 했다. 선비의 수기는 일용지간에 『소학』에 나오는 쇄소灑掃·응대應對·진퇴進退의 예절부터 배운다. 『소학』을 배우고 훈련한 다음에는 사서삼경을 배우는데 수신·제가를 왜 해야 하는가를 성현의 말씀을 통해 이론으로 배운다. 이 이론은 역사적으로 성현들의 말씀과 저술을 배워서 익히고 실천한다. 존덕성尊德性 도문학道問學이다. 존덕성은 실천이요, 도문학은 이론이다.

주자학에서는 천리天理가 사람 마음에 품부된 것을 성性이라 하고, '성'은 기본적으로 착한 것인데 사욕이 개입해 착한 마음을 훼손한다는 것이다. 그러니 부단히 마음을 닦아 착한 마음을 보존해야 한다는 것이다. 이를 경敬이라 한다. 거경궁리居敬窮理, 주일무적主一無適, 정제엄숙整齊嚴肅, 구방심求放心, 상성성常惺惺 등이 '경'을 하는 방법이다. 이른바 도학道學이다.

'경'은 인간을 공경하는 데에서 끝나는 것이 아니라 하늘을 공경하고 두려워해야 한다는 것이다. 동중서董仲舒의 천인감응설天人感應說이 그것이다. 『시경』에 "높고 높은 위에서 날마다 이곳을 감시한다周誦篇"고 했다.

'경'은 동시動時와 정시靜時가 다르다. 계구戒懼는 마음이 아직 발동하기 전 고요한 때의 공부요, 체찰體察은 마음이 활동할 때의 공부이다. 마음이 아직 발동하지 않은 상태에서 마음에 아무것도 두지 않은 것을 기약한다. 그러나 사람들이 그 뜻을 잘못 알고 움직임을 싫어하고 고요함을 즐겨해 노자나 불교의 수양법으로 빠지는 것을 경계했다. 주정主靜이 잘못된 것은 아니지만 고요함이 지나쳐 선禪이나 허무에 빠질 염려가 있다는 것이다.[26] 또한 내면적 마음의 수양만 중요한 것이 아니라 밖에서 마음을 제재하는 방법도 절실하다고 했다. 3성三省, 3귀三貴, 4물四勿, 9용九容, 9사九思 등이 그것이다.[27]

따라서 조선의 선비들은 송유宋儒의 영향을 받아 16세기부터 이기理氣, 심성心性, 인심人心, 도심道心, 4단四端, 7정七情에 대한 연구를 진행하고 논란을 벌였다. 이후 17세기 서남당쟁 시대에는 예에 대한 논쟁이 예송으로 번지기까지 했다. 이들은 혈연, 지연, 학연을 바탕으로 당쟁을 벌였다. 당쟁은 문치주의 하에서의 권력투쟁이었다.

그러나 서세동점으로 서구 문물이 밀려들어오자 처음에는 위정척사衛

正斥邪를 하다가 뒤에는 동도서기東道西器로 바꾸었으며, 드디어는 먼저 근대화한 일본의 식민지로 전락하고 말았다.

● **인의**仁義**와 덕치**德治

인의란 무엇인가?

공자의 인仁은 '사람을 사랑하는 것'이다. 기독교는 하느님을 통해서 사랑愛하고, 불교는 부처님을 통해서 사랑慈한다. 이에 비해 유교의 '인'은 사람을 통해 사랑한다. 인은 기독교나 불교처럼 완전한 사랑이 아니라 불완전한 사랑이다. 성인聖人도 보통 사람이 도달하기 어려운 인의 경지에 도달한 사람이지, 완전한 사랑을 펼친 이가 아니다. 그러니 인에 도달하려면 부단히 수기修己를 해야만 한다.

인은 모든 인간관계를 포괄한다. 그러나 이것은 생래적生來的인 것이다. 인간관계는 효孝가 기초이다. 효는 부모 자식 간의 육친애肉親愛에서 나온다. 사람은 이 세상에 홀로 오는 것이 아니라 조상으로부터 줄줄이 이어온 고리環의 하나로 태어나고, 거미줄처럼 얽힌 연줄 속에서 살아가게 되어 있다. 오늘 나를 존재하게 해준 조상에게 감사하는 뜻에서 효도를 해야 한다는 것이다. 따라서 효는 천륜天倫에서 나온 것이라 할 수 있다.

인간관계에는 종적인 관계와 횡적인 관계가 있다. 전자는 효가 바탕이고, 후자는 제悌가 바탕이다. 그러니 효제孝悌는 인의 근본이다. 이러한 육친애, 가족애를 바탕으로 충忠(진기지위충盡己之爲忠)과 서恕(추기급인왈서推己及人曰恕)를 통해 순서에 따라親親而殺 다른 사람汎愛人, 생물汎愛物로 사랑

孔子生而叔梁紇死
孔子為兒戲常陳俎
豆設禮容
聖父兒戲
祖豆是持
聖持術仰
有容有儀
不學而能
不聞而識
化洽群童
名傳列國

降

「조두예용俎豆禮容」(제기를 차려놓고 예절을 익히다), 김진여, 비단에 채색, 32×57cm, 1700, 국립전주박물관. 공자나 맹자의 인, 또 이를 이어 받은 조선의 인은 모두 조상으로부터 줄줄이 얽혀 나온 연줄을 중시했다. 이에 따라 제사는 가장 중요한 의식이 되었다.

을 확장해나가야 한다는 것이다. 그러니 인으로 수신하고, 인으로 제가하고, 인으로 치국하고, 인으로 평천하해야 한다는 것이다.

공자는 먼저 가족을 사랑하고, 다음으로 다른 사람, 물건을 사랑하라고 했다. 공자에게 있어 사회적 인간으로서의 자각, 즉 '인'은 좁은 가족의 일원으로서의 자각으로부터 친족의 일원으로서의 자각으로 옮겨가고, 다시 촌락의 일원으로서의 자각으로 확대되며, 마침내는 민족의 차이를 뛰어넘는 인류의 일원으로서의 자각에 도달하는 것인데, 이 일반적인 사회적 인간으로서의 자각은 궁극적이면서 높고 원대한 이념으로서 존재했는지는 모르겠으나, 아무래도 일상의 도덕적 실천으로 현실 속에 살아 있는 것으로는 느껴지지 않았다.[28]

그러나 묵자墨子는 공자식의 사랑은 갈등의 씨앗이 될 것이라고 비판했다. 사랑이라는 이름으로 오히려 편을 가르고 자기편만을 소중하게 여겨서는 안 된다는 것이었다. 그렇게 하면 갈등이 생기고 싸움이 벌어지기 때문이다. 이것은 가짜 사랑別愛일 뿐이니 인류의 보편적인 사랑인 겸애兼愛를 해야 한다는 것이다.

이에 맹자는 "먼저 가족과 친하고, 그다음에 주위 사람을 사랑하고, 궁극적으로 모든 생물을 사랑하는 것이라親親而仁民 仁民而愛物"며 반론을 제기했다. 나아가 한유韓愈는 인을 박애博愛로 재해석한다.

장자莊子는 더욱 심한 비판을 가했다. 그는 인이 사람을 자유롭고 행복하게 만드는 것이 아니라 억압하고 구속하는 폭력성을 드러내는 것이라 했다. 뿐만 아니라 인은 보편적 도덕이 아니라 지배자의 이익을 합리화하는 것이라 했다.

맹자는 인은 측은지심惻隱之心에서 나오고, 측은지심은 사람의 본성이라고 했다. 성선설性善說이다. 본성이기 때문에 노력하지 않아도 저절로 우러나오는 것이라 했다. 그는 사람의 선덕善德으로 인仁·의義·예禮·지智의 4덕四德이 있다고 했다. 퇴계 이황도 인의예지는 인성의 벼리綱요, 본래 착하지 않은 것이 없다고 했다. 퇴계에 따르면 애친愛親·경형敬兄 등 의리義理의 행은 착한 덕성 때문이라 한다. 그런데 그가 인만을 들어 '의리의 행'을 실현한다고 한 것은 인이 가장 대표적인 원덕元德이기 때문이다.[29] 이 인의예지 4덕은 동중서에 이르러 신信이 추가되어 5상五常으로 발전하며, 주자는 이를 5륜과 연계했다.

『주역』「곤괘坤卦」 문언전文言傳에 '경이직내敬以直內' '의이방외義以方外'라 했다. 남명 조식은 이것을 '내명자경內明者敬' '외단자의外斷者義'라고 바꿨다. 이때 '명明'은 『대학』에 나오는 명명덕明明德의 명이요, 『중용』에 나오는 명선明善의 명이다. 그리고 '단斷'은 '잘라버린다'는 뜻으로 결연한 실천의지를 뜻한다.[30]

동중서는 '인'과 '의'는 각각 관할하는 영역이 다르다고 했다. 인은 타자를 향한 것이고, 의는 자기 자신을 향한 것이라는 이야기다. 그런데 황제는 인의 이름으로 제 자신을 살찌우고, 의의 이름으로 다른 사람을 착취하니, 인의는 인민을 위한 것이 아니라는 얘기다. 장자는 "하늘과 대지는 그 무엇도 사랑하지 않는다天地不仁"고 했으나 동중서는 하늘의 의지가 분명한 만큼 왕이 정치를 잘못하면 하늘이 천재지변天災地變을 내려 견책한다고 했다. 이른바 천인감응설天人感應說, 천견天譴사상이다. 그는 음양오행설을 유교에 도입해 사회현상을 새롭게 해석했다.

그렇다면 덕치란 무엇인가?

공자의 정치관은 덕치주의이다. 덕치주의는 법치주의의 반대이다. 공자는 덕치주의와 법치주의의 차이를

"정政으로써 인도하고, 형刑으로써 제지하면 백성들이 죄 짓는 것은 면할 수 있으나 부끄러움이 없고, 덕德으로써 인도하고 예禮로써 제지하면 부끄러움을 알고 또한 바르다."[31]

라고 했다. 법치주의로 백성을 속박하면 백성들이 법의 맹점을 이용해 교묘히 빠져나가기 때문에 백성들의 도덕심에 호소해 자유로 맡겨두는 편이 오히려 낫다는 것이다. 덕치주의는 공자가 살던 춘추시대 도시국가의 귀족자치의 원리에 그 근원을 두고 있다. 반면에 법치주의는 현상賢相정치 시대의 정나라 자산子産의 성문법에서 연원했다. 공자는 당시 각국에 유행하는 법치주의를 단호하게 반대했다. 정치적으로 보수주의, 반동주의로 비칠 수도 있다.[32]

그러면 공자의 덕치주의가 부족자치제의 낡은 덕치주의와 같은 것인가? 그렇지 않다. 부족자치제는 부족의 결합은 공고히 할 수 있었으나 부족원 개개인의 자유는 철저히 제약했다. 반면 공자의 덕치주의는 개인의 도덕적 자각에 바탕을 두고 정치를 하는 것이다. 따라서 공자는 지배자가

"그 몸이 바르면 명령하지 않아도 행해지고, 그 몸이 바르지 않으면 비록 명

령하더라도 따르지 않는다."[33]

고 했다. 정치는 지배자와 피지배자 서로가 도덕적으로 자각할 때 가장 완전하게 이루어진다는 것이다. 공자는

"덕으로써 하는 정치는 비유하건대 북극성이 제자리에 있고, 뭇 별들이 함께하는 것과 같다."[34]

고 했다. 이처럼 정치는 임금과 신하가 서로 이해할 때 원활하게 운영된다는 것이다. 제齊나라 경공이 정치의 비결을 물었을 때도 공자는

"임금은 임금다워야 하고, 신하는 신하다워야 하고, 아버지는 아버지다워야 하고, 아들은 아들다워야 한다."[35]

고 했다. 노魯나라 정공이 비슷한 질문을 했을 때도 공자는

"임금은 신하를 부릴 때 예로써 하고, 신하는 임금을 섬길 때 충성으로 해야 한다."[36]

고 했다. 각자가 본분을 따라야 한다는 것이다. 여기서는 단체에서 행하는 관습법을 기준으로 해야 한다고 말하는 것으로 여겨진다. 단체에 속하는 개인이 자각에 의해 법을 도덕율로 삼아 자율적으로 실천하지 않

으면 안 된다는 것이다. 이는 부족자치제의 도덕주의와는 판연히 다른 것이다.[37]

그러면 덕德이란 무엇인가? 인을 스스로 체득하는 것을 덕이라 한다.[38] 유교경전에서 덕에 대해 명쾌하게 규정한 곳은 없다. 정이程頤는 "덕은 생득적이고, 사욕에서 벗어나 있는 것이고, 도리에 맞고, 이치에 합당해야 하며, 남의 모범이 되어야 한다"고 했고,[39] 주돈이周敦頤는 "인·의·예·지·신의 5상五常을 포괄하는 것"이라 했다. 그는 사랑하는 것을 인仁이라 하고, 마땅히 해야 할 것을 의義라 하고, 이치에 맞는 것을 예禮라 하고, 두루 통하는 것을 지智라 하고, 옳은 것을 지키는 것을 신信이라 한다고 했다.[40] 주자는 "덕은 도道의 하위 개념이다. 도는 사물의 당연한 이치로서 사람이 공유하는 것"[41] "덕은 도를 행하다가 마음속에 얻은 것"[42]이라 했다.

그렇다면 인과 덕의 다른 점은 무엇인가? 인은 생득적이고, 덕은 획득적獲得的이다. 주자도 "덕은 반드시 닦은 연후에 이루어진다"[43]고 했다. 덕은 오로지 후천적으로 닦아서 이루어지는 것이기 때문에 희소성이 있다. 평범한 인간이라도 인을 할 수 있기 때문에 인간사회는 언제나 희망이 있다. 그러나 덕은 계속 닦아야 하기 때문에 지도자가 아니면 수행하기 어렵다.

그러면 덕은 어떠한 특성을 지니는가? 덕이 가지고 있는 덕목은 관대寬大·참여參與·공평公平·중용中庸 등이다. 지도자는 계속 도를 닦아 덕이 꽉 차면 그것이 저절로 밖으로 나와 하는 행동마다 절도에 맞게 된다는 것이다. 수면앙배睟面盎背가 그것이다. 공자도 칠십이 되어서야 마음이

원하는 대로 행동해도 법도에 맞았다고 한다. 그러니 성인은 덕이 가장 큰 사람이다. 그래서 덕을 '큰 덕'이라고 읽는다.

덕은 마음이 넓고 큰 것이다. 여기에는 너그러움寬大 · 겸손謙遜 · 믿음信義 · 베풂施惠 · 봉사奉仕 · 희생犧牲 · 민첩敏捷 등이 포함된다. 덕은 감정을 통제하고 사심을 자제해 스스로 마음을 넓히고 키워 범용인汎用人 · 범애중汎愛衆하는 것이다.

관대가 즉자적卽自的이라면, 참여는 대자적對自的이다. 집단의 성원이 적극적으로 참여해야 그 공동체가 유지 · 발전된다. 공동체가 잘되면 그 성원들이 신바람 나게 일할 수 있다. 그러려면 성원들의 정체성을 확립해야 하고, 지도자가 중화中和의 덕을 발휘해야 한다. 물질 · 권력 · 위신으로 성원을 모으는 것은 일시적인 효과를 거둘 뿐이다. 서양의 지도자는 능력을 중시하지만, 동양의 지도자는 덕을 중시한다. 서양은 법으로 집단을 지배하지만, 동양은 사람으로 지배한다. 특히 한국은 조직보다는 그것을 움직이는 사람을 더 중시한다. 윗사람의 감화력과 그에 대한 존경심이 조직의 성패를 좌우한다. 윗사람의 덕은 바람 같고, 아랫사람의 덕은 풀과 같다고 했다.[44]

지도자의 덕목 중 공평公平을 빼놓을 수 없다. 공평은 중화를 말한다. "공평하면 모두가 기뻐한다公則說"고 하지 않았던가? 공평은 무사無私다. 내 이익보다는 남의 이익을 더 존중하는 것이다. 그러나 사람은 능력에 따라 차등 있게 분배하지 않을 수 없다. 현불초賢不肖가 있기 때문이다. 분배의 차등이 없으면 업적이 이루어지지 않는다. 그렇지만 능력이 적은 사람이 많아 차별이 심해지면 혁명이 일어난다. 유교는 생산보다 분배를 중시하는 사상이다. 차등 분배가 산업 발전을 촉진하지만 빈부격차가 심해지면 사회 불안이 조성된다. 그러니 지도자가 이를 잘 조율해야 한다. 이것을 덕치라 한다.

그렇다면 의기는 어떠한가?

선비는 수기 이외에 의기義氣가 있어야 한다. 수기는 자기 닦음이다. 사욕에 의해 더럽혀진 마음을 청정한 본마음으로 돌려놓으려는 노력이다. 이를 정심正心이라 한다. 자기의 개인 의사私意, 개인 욕심私慾을 억제하는 것이 절제다.

사의와 사욕은 누구나 태어나면서부터 갖는 것이다. 이것이 없으면 유기체를 유지할 수 없다. 그러므로 일상생활에서 사사로움을 없애기는 어렵다. 그러니 멸사봉공滅私奉公이란 말은 적당치 않다. 선공후사先公後私라야 한다.

의義는 옳음이다. 선비는 의를 행위의 근본으로 삼는다. 선비는 공정하고 투명하고 떳떳하다. 선비는 일마다 의를 생각하고, 소인은 일마다 이利를 생각한다. 선비는 천리에 순응해 형이상학적으로 의를 생각하고, 소인은 이를 갈구해 형이하학적으로 생각한다. 의가 기개로서 나타난 것이 의기義氣다. 선비는 늘 의기에 차 있다. 그래서 선비는 지조가 있다. 이 지조는 위기에 직면하면 사생취의捨生取義(목숨을 버릴지언정 옳은 일을 함께함)하기도 한다. 견위수명見危授命(위험을 보면 목숨을 바침)도 마찬가지다. 선비는 3군의 대장이라도 그 목은 자를 수 있을지언정 그 뜻은 빼앗지 못한다.[45] 공자가 "날씨가 추워진 뒤에 소나무와 측백나무가 늦게 시드는 것을 알겠다歲寒然後 知松柏之後彫也"고 한 것도 선비의 절개를 읊은 것이다.

선비는 모든 잘못을 자신에게로 돌린다反求諸己. 남을 바로 세우려爲人之學하기보다는 자기를 바르게 세우기 위해 공부한다爲己之學. 그리고 선비는 하늘을 원망치 않고不尤天 남을 탓하지 않는다不尤人.

● 예禮

예악이란 무엇인가?

유교정치를 예악정치라고도 한다. '예'는 절도節度요, '악'은 화합이다. 순자荀子는 "사람은 태어나서 무리를 짓지 않을 수 없고, 무리를 짓는데 있어 상하의 구별이 없으면 서로 싸우게 되며, 싸우게 되면 세상이 어지러워진다"고 했다. 그러니 예로써 절제해야 한다는 것이다.

예는 절제를 하는 것이지만 절제가 과도하면 지루해진다.[46] 지루해지면 사람들의 관계가 갈라지고 흐트러져서 마침내 갈가리 찢어져버린다. 그래서 예는 '화和'를 중시한다. 그렇다고 화에 치우치면 혼란해지니 예로써 조절해야 한다는 것이다.[47]

또한 사회가 혼란해지는 것은 개인의 욕심 때문이라고 한다. 『예기』에 의하면 사람의 기본적인 욕심은 둘이 있으니 식食과 색色이라 한다. 그러니 이 식과 색을 조절해야 한다는 것이다. 이에 불교에서는 중은 아예 고기를 먹지 못하게 하고, 장가나 시집을 가지 못하게 했다.

반면 유교에서는 이 방법이 잘못되었다고 본다. 사람의 욕심은 꼭 나쁜 것만은 아니고 항상 과도하거나 모자라서過不及 문제라는 것이다. 욕심이 없으면 생명을 유지할 수 없거나 인류가 멸종하기 때문이라는 것이다. 더구나 사람의 본능적인 욕심을 막으면 처음에는 잘 지켜질지 모르지만 종국에 가서는 막아놓은 둑이 터져 걷잡을 수 없게 되리라는 것이다. 그러므로 유교에서는 이를 적절히 조절하는 중용中庸을 지켜야 한다고 했다. 하루에 세 끼만 먹는다든지, 일부일처제를 실시하는 따위이다. 중용을 취하되 때때로 조절하는 시중時中을 해야 한다는 것이다.

"'예'는 천리天理의 절문節文이다"[48]라는 말이 있다. 예는 인위적인 것이 아니라 자연적인 것[49]이라는 얘기다. 천리를 품부받은 사람의 착한 본마음을 사욕으로 더럽혀지지 않도록 예로써 절제해야 한다는 것이다. '화'를 달성하는 데는 '악樂'이 유효하다. 그러나 지나친 화는 방탕으로 흐르기 쉽다.[50] 이에 예로써 절제하되 화를 도모하고, 화를 도모하되 예로써 절제해야 한다는 것이다. 이러한 조화를 위해 예악禮樂이라는 말이 생겨난 것이다.

예는 개인적인 화를 통해 사회적인 '화'를 이룩하는 것을 지향한다. 다시 말하면 개인적인 정체성을 가지고 사회적인 화에 동참해야 한다. 개인적인 화는 도덕적 수양인 수기를 통해 천리를 내면화하는 것이다. 그런 다음에 자신의 정체성을 가지고 다른 사람들과 화합하는 것이다. 화이부동和而不同이 그것이다. 그러하기에 『논어』에 군자는 '화이부동'하고, 소인은 동이불화同而不和 한다고 했다.[51]

그런데 조선시대에는 가족, 친족, 국가만 있고 개인은 없었다. 그러나 수사학洙泗學적 예에서는 조화된 인격체로서의 개인, 정체성을 가진 개인을 바람직한 인간상으로 여겼다. 이것은 자기 수양으로서 달성할 수 있다고 믿었다. '나'는 개인이면서 '우리'이고, 우리 속에 존재하는 나이다. 개성은 예를 통해서 이루어진다. 조화된 인격 상태가 예의 구현이다.

예에는 4례四禮와 5례五禮가 있다. 4례는 관례冠禮·혼례婚禮·상례喪禮·제례祭禮이고, 5례는 길례吉禮·가례嘉禮·빈례賓禮·군례軍禮·흉례凶禮이다. 태종은 의례상정소儀禮詳定所를 설치해 예제를 갱정했으며, 세종은 즉위하면서 예조, 의례상정소, 집현전을 통해 고제古制 연구와 조선의 독자적인 의례 제정에 힘썼다.[52] 세종대 집현전의 고제 연구는 총 67회인데, 그중 5례에 관한 것이 27회, 4례에 관한 것이 8회로 나타난다. 그리하여 1444년(세종 26)에 『오례의주五禮儀註』, 1456년(세조 2)에 『세종조상정의주世宗朝詳定儀註』『세종실록오례世宗實錄五禮』, 성종대의 『국조오례의國朝五禮儀』 등이 편찬되었다. 이때의 의례에서는 사대부의 가례家禮보다는 왕실의 왕조례가 강조되었다. 그러나 후기로 갈수록 왕조례보다는 사대부의 가례가 강조되었다. 군약신강君弱臣强의 영향을 받은 것이다.

그리고 조선시대의 예는 이념적인 예가 아니라 관혼상제冠婚喪祭를 둘러싼 가족주의 의례에 치우친 4례 중심의 예였다. 따라서 예가 국가보다는 가家를 중심으로 하는 씨족적인 사례私禮에 매몰되어 있었다. 그런 까닭에 인에 귀의하는 이념적, 사회적 공례公禮는 발달되지 못했다. 신분차별을 바탕으로 하는 양반관료 체제를 확립하기 위해서였다.

그러니 극기복례克己復禮를 강조하는 '수사학적' 예로 돌아가야 한다. 현대의 규범은 통계적으로 가장 빈도수가 많은 행위를 '중심적 경향'으로 규정한다. 이에 비해 '수사학적' 예는 외면적인 형식뿐 아니라 내면적인 수양을 통해 발현된다고 본다. 그런 면에서 과거의 예와 현대의 규범은 다르다. 유교의 화는 사례私禮나 공례公禮를 초월해 보편성을 띤다. 그것은 개인의 심성 수양을 통해 사회통합을 추구하는 데 비해, 현대사회는 규범, 곧 법률로 사회통합을 강요하고 있다. 전자는 보이지 않는 손으로 규제하는 데 비해, 후자는 보이는 손으로 규제한다. 전자가 후자보다 근본적인 사회통합이라는 것을 알 수 있다.

그렇다면 삼강오륜은 어떠한가?

예를 구체적으로 실현하는 데는 삼강오륜이 핵심이다. 삼강은 군위신강君爲臣綱, 부위자강父爲子綱, 부위부강夫爲婦綱이요, 오륜은 부자유친父子有親, 군신유의君臣有義, 부부유별夫婦有別, 장유유서長幼有序, 붕우유신朋友有信이다. 양자대칭兩者對稱이다. 인간관계에서 보면 삼강은 본래 오륜에 포함된다.

삼강은 인간관계를 근본과 말단의 구조로 이해해 말단이 근본에 대해 종속될 것을 강조한다. 그리하여 생활 속에서 인간관계는 군존신비君尊臣卑, 부존자비父尊子卑, 남존여비男尊女卑로 나타난다. 오륜의 '윤倫'은 사람의 무리를 말한다. 인간관계가 무수히 많은데도 유독 오륜만 강조한 것은 그것이 핵심적인 관계이기 때문이다.

삼강오륜은 시대에 따라 다르게 시행되었다. 조선전기에는 삼강이 더 강조되었다. 이때는 왕권이 강화되고 양반 중심의 신분제도가 확립되는 시기였기 때문이다. 세종 때 『삼강행실三綱行實』을, 성종 때 『삼강행실언해三綱行實諺解』를 간행했고, 『경국대전』에 『언해삼강행실도諺解三綱行實圖』의 훈습訓習을 명문화했으며, 중종 때 『속삼강행실도續三綱行實圖』, 광해군 때 『동국신속삼강행실도東國新續三綱行實圖』를 간행한 것도 그 때문이다.

삼강이 말단의 근본에 대한 종속을 강조했기 때문에 효자·충신·열녀가 중시되었다. 실록에 효자·충신·열녀에 관한 기록이 많은 것도 그 때문이다. 강상綱常이라 할 때 삼강이 오륜 앞에 자리한다.

선비들에게는 삼강 이외에 한 가지 덕목이 더 있다. 스승을 섬기는 것이다. 선비는 여자가 아니니 부위부강夫爲婦綱은 없다. 그 대신 사위제자강師爲弟子綱이 들어간다. 선비는 독서인이니 스승을 하늘같이 섬겨야 한다. 오륜에 스승에 대한 언급이 없는 것은 붕우朋友는 많고 스승은 적기 때문이라는 것이다.[53] 『소학집주小學集註』에도 다음과 같이 이르고 있다.

"민생은 세 가지를 섬기기는 것을 같이하니, 부모는 낳아주고, 스승은 가르쳐주고, 임금은 먹여준다. 부모가 아니면 태어나지 못하고, 음식이 아니면 성장하지 못하고, 가르침이 아니면 깨닫지 못하니, 모두 살아가는 것들이다. 그런 까닭에 하나같이 섬기되 그것의 도리는 죽음에 이를 정도로 최선을 다하는 것이다. 생명을 죽음으로써 보답하고, 받은 것을 노력으로써 보답하는 것이 사람의 도리이다."[54]

군사부일체君師父一體이다. 이와 같이 선비들은 스승과 임금을 부모처럼 섬겼다. 사부師父, 군부君父란 말이 그래서 생겨났다. 이에 안방준安邦俊은 오륜가五倫歌에 사제 간을 넣어 육륜을 만들었다.[55] 그리하여 스승이 죽으면 심상心喪 5개월–3년을 입었다.

그러면 왜 군사부일체 사상이 생겨났는가? 조선후기에는 선비의 숫자가 늘어나 모두 관직을 차지할 수 없자 스승을 중심으로 당파를 지어 누구를 문묘나 서원에 모셔야 하는가를 두고 싸움이 일어났다. 이렇게 되자 사제 간은 목숨 걸고 함께 싸우는 동지가 되었다. 따라서 스승의 학설을 비판하면 배사背師 행위로 매도될 수밖에 없었고, 스승의 학설을 묵수함으로써 창의가 죽어 나라를 망치게 되었다.

삼강이 상하의 신분관계를 뒷받침하는 덕목이라면 나와 너의 상호관계를 규정하는 오륜은 더 본질적인 인간관계이다. 이 때문에 선비들은 오륜이 중심이 되어 있는 '백록동서원학규白鹿洞書院學規'를 중시했다. 백록동서원규는 주자가 이학理學을 진흥시키기 위해 원생들에게 만들어준 학규이다. 이것은 이미 선초부터 선비 교육의 지표였으며, 퇴계의 『성학십도聖學十圖』에 포함됨으로써 유생들의 교육 목표가 되었다. 그리고 깨닫고 실천하는 방법은 『중용』에 제시된 박학博學, 심문審問, 신사愼思, 명변明辯, 독행篤行이었다.[56]

이처럼 교육의 목표가 인륜을 밝히는 것이기 때문에 율곡은 인륜의 도리를 다하는 것이 도학道學이라 했다. 따라서 선비들은 어려서부터 『소학』 등 초학 교과서를 통해 오륜의 중요성을 깨치고 실천하려고 애썼다. 선비들은 나아가 왜 인륜을 실천해야 하나를 구명하기 위해 천인성명天人性命에 관한 이론을 연구하고, 예악형정禮樂刑政의 제도를 만들었다. 이런 까닭에 그들은 인륜의 본질을 궁구해 인륜의 도리를 다하는 것을 인간의 완성으로 보았다. 성인도 단지 이 인륜에 지극한 자일 뿐이라는 것이다.[57]

조선초기에는 삼강이 강조되었으므로 선비들은 여기에 장유長幼, 붕우朋友의 이륜二倫을 더해 오륜의 보편적 윤리를 보강하려 애썼다. 『이륜

행실도二倫行實圖』가 바로 그것이다. 이는 『삼강행실도』가 지나치게 충신, 효자, 열녀의 행적에만 치우쳐 있는 데 대한 반발이기도 했다. 그리하여 오륜이 점차 유교 윤리의 보편성을 띠는 행동강령으로 굳어졌다.

• 정통 사상

유교에서는 정통正統을 중시했다. 정통은 바를 통統이다. 그러면 '통'이란 무엇인가? 통은 실 사絲와 가득할 충充이 결합된 글자로 '실뭉치'란 뜻이다.[58] 그리고 그 의미는 근본, 시작, 전개, 통일, 질서 등을 의미한다. 실뭉치에서 실을 계속 뽑아내기 때문에 근본과 시작, 이음과 계속을 의미하고, 실뭉치에서 실마리를 찾으면 실을 질서 있게 풀어낼 수 있기 때문에 통일과 질서를 의미한다.

선비들에게 통統은 생명의 전승관계에 기초해 사회를 통제하는 포괄적 규범으로 작용했다. 뿐만 아니라 문치주의 국가에서 무력이 아닌 정통을 통해 계통을 이음으로써 분쟁의 소지를 없애려 한 것이다. 따라서 '도'로서의 통의 개념은 구체적인 사회 여건과 결부되어 일상생활을 규제하는 실천적 윤리 규범으로 작용한다.

선비들이 지키는 '통'은 세 가지가 있었다. 가통家統, 도통道統(學統), 왕통王統(大統)이 그것이다. 이는 군사부일체 사상과도 밀접한 관계가 있다. 군君과 사師와 부父는 생활이 이루어지는 왕궁, 학교, 가정의 주인이고, 선비의 직분은 가정에서 부자의 인륜, 학교에서 사제의 인륜, 왕궁에서 군신의 인륜의 도리를 다하는 것이다.

가통·학통·왕통을 지키기 위해 가묘家廟, 문묘文廟, 종묘宗廟를 세워 그

가운데 신주를 모시고 제사를 지냈다. 그중에서도 선비들은 가묘가 우선적이고 직접적으로 모셔야 하는 사적인 사우祠宇였던 데 비해, 문묘와 종묘는 간접적으로 모셔도 되는 공적인 묘우廟宇였다.

선비들은 매일 이른 아침 가묘에 가서 조상에게 문안을 드렸다. 또 외출할 때나 일이 생겼을 때 사유를 고했다告由. 이처럼 살아 있는 자손이 죽은 조상을 섬기는 것은 조상이 근본이고 시작이기 때문이다. 이것이 보본報本이요, 효도의 기본 전제이다. 그들은 생명이 가장 중요한 것이기 때문에 생명을 준 부모의 은덕을 갚는 의미에서 효도를 행하고 상례, 제례를 행했다.

가묘에는 아버지를 비롯한 할아버지, 증조할아버지, 고조할아버지, 나아가서는 시조나 중시조, 불천위不遷位 등의 조상을 모셨다. 이로써 생활공간에서 이루어지는 현실의 부자관계가 의례 공간인 가묘 속의 부자관계와 연결되는 것이다. 그리하여 육신은 죽지만 가묘의 선조들이 후손으로 생생전승하는 것으로 여겼다. 이런 관계로 내가 태어난 곳도 가묘 속의 부자관계요, 내가 돌아갈 곳도 가묘 속의 부자관계였다. 이를 '가통'이라 한다. 선비의 집은 가묘가 있는 뒤의 의례 공간이 생활공간에 우선했다.

문묘의 도통은 선초에는 절의節義로, 후기에는 도학道學으로 정했다. 정몽주는 전자로, 김굉필 이후는 후자로 문묘에 종사되었다. 도통이 중요했기 때문에 누구를 문묘에 종사하느냐를 놓고 당파 간에 싸움이 벌어졌다. 정인홍의 회퇴변척晦退辨斥이나 우율종사시비牛栗從祀是非 등이 그것이다.

종묘에는 왕통을 이은 왕과 왕비들이 모셔졌다. 왕의 자리에서 쫓겨난 사람이나 폐비된 사람은 종묘에 들어갈 수 없었다. 5묘제에 따라 소목昭穆이 맞지 않아 영령전永寧殿이나 별묘別廟에 모셔지는 경우도 있었다. 인조는 왕 노릇을 하지 않은 자기 아버지를 원종元宗으로 추숭하기도 했다. 손자가 왕이 되면 할아버지인 선왕을 아버지라 불러야 했다. 그리하여 누구를 종묘에 부묘祔廟하는가를 놓고 신료들 간에 치열한 논쟁이 벌어졌다. 3통에 대한 최익현崔益鉉의 말을 들어보자.

"내가 생각건대 중국이 중국답고, 인류가 인류다워 천하만고를 다스리는 것은 삼통이 있기 때문이니, 군통君統, 사통師統, 부통父統이 그것이다. 군통은 법法으로 전하고, 사통은 도道로 전하고, 부통은 몸身으로 전한다. 사람의 한 몸은 아버지가 아니면 태어날 수 없으니 그 계통을 구해보면 나의 아버지와 할아버지로부터 십 세, 백 세에 이르기까지 모두 몸으로써 전해 나를 낳은 것이다. 스승이 아니면 가르침을 받을 수 없으니 그 계통을 구해보면 부사父師와 조사祖師로부터 선사先師와 선성先聖에 이르기까지 모두 도로써 전해 내게 가르쳐준 것이다. 임금이 아니면 다스림을 받을 수 없으니 그 계통을 보면 나의 임금과 선군先君으로부터 5제五帝, 3왕三王에 이르기까지 모두 법으로써 전해 나를 다스린 것이다."[59]

면암勉菴은 원래 삼통을 선비의 지켜야 할 일로 여기던 것을 만인의 차원으로 확대했다. 19세기가 되면 신분제가 무너져 모든 사람이 양반을 모칭冒稱하는 세상이 되었기 때문이다.

1 선비의 개념에 대해서는 최봉영, 『조선시대 유교문화』, 사계절, 1997, 44~65쪽 참조.

2 『용비어천가』 80장에

무공武功뿐 아니 위하샤 (1)선비를 아라실세 정치지업鼎峙之業을 세시나이다.(『세 종실록』 권145, 樂譜 鳳來儀 醉風亭(下) (匪直爲武 且識 (1)儒生 鼎峙之業 肆克樹成)(『세종실록』 권147, 악보 『용비어천가』 제80장)

토적討賊이 겨를 없으샤되 (2) 선비를 다사실세 태평지업太平之業이 빛나시이 다.(不遑討賊 且愛(2)儒士 太平之業 肆其光)(『세종실록』 권147, 악보 『용비어천가』 제80장)

『용비어천가』 82장에

혀근 (1)선비를 보시고 어좌御座에 니르시니 경유지심敬儒之心이 어떠하시니(『세 종실록』 권145, 樂譜, 鳳來儀 醉風亭(下) 引見(1)小儒 御座遽起 敬儒之心 云如何已)(『세종실록』 권147, 악보 『용비어천가』 제82장)

늘근 (2)선비를 보시고 예모禮貌로 꾸르시니 우문지덕右文之德이 어떠하시니.(『세 종실록』 권(145, 樂譜 鳳來儀 醉風亭(下) 接見(2)老儒 禮貌以跪 右文之德 云如何已)(『세종실록』 권147, 악보 『용비어천가』 제82장)

3 "多士盡儒冠"을 "한 士가 다 선비요"라고 번역하고 있다.(『두시언해杜詩諺解』권16)

4 "其二는 不知儒術하며 不悅古道하야"를 "그 둘흔 선비의 術을 아디 몯하며 녯 道를 깃디 아니하야"로 번역했다.(『인수대비 내훈언해仁粹大妃 內訓諺解』권1)

5 『훈몽자회訓蒙字會』권상上, '儒': '선비 유' '守道攻學曰儒'

6 『훈몽자회』권상, '士': '됴사 사' '學以居位曰士'

7 詳定所啓 丁酉六月日 受敎內 以三品以上爲大夫 四品以下爲士 今參考古制 中朝以六品以上爲大夫 七品以下爲士 本朝五品 亦准中朝七品 請以四品以上 稱爲大夫 五品以下 稱爲士 從之(『세종실록』권52, 세종 13년 5월 무진)

8 단국대 동양학연구소 편, 『천자문千字文』, 단국대출판부, 1973. 『광주천자문』 '士'항.

9 단국대 동양학연구소 편, 『석봉천자문』 '士'항.

10 단국대 동양학연구소 편, 『주해천자문』 '士'항.

11 정약용, 『아학편』 '士'항.

12 이성무, 「麗末鮮初의 士大夫」, 『朝鮮兩班社會硏究』, 일조각, 1995. 1~25쪽.

13 박지원, 『연암집』권8, 별집 「방경각외전 放璚閣外傳」.

14 이희승 편, 『국어대사전』, 민중서관, 1971, '선비'항.

15 최봉영, 앞의 책, 48~49쪽.

16 신채호, 『朝鮮上古史』, 『丹齋申采浩全集』상권, 형설출판사, 1972, 79쪽.

17 신채호, 『朝鮮史硏究艸』, 『丹齋申采浩全集』중권, 104쪽.

18 신채호, 『朝鮮上古史』, 78~161쪽.

19 한영우, 『한국선비지성사』, 지식산업사, 2010, 58쪽. 허신의 『說文解字』에 '仙'은 '山'과 '人'을 합성한 자라고 한다.

20 위의 책.

21 위의 책, 59쪽.

22 위의 책, 61쪽.

23 위의 책, 62쪽.

24 김동욱, 「화랑도와 신사도와 선비도」, 신라문화선양회 편, 『화랑문화의 재조명』, 서경문화사, 1989, 30쪽.

25 최근덕, 『한국유학사상연구』, 철학과현실사, 1992, 20쪽.

26 이성무, 『퇴계退溪 이황李滉과 남명南冥 조식曹植』, 『조선시대 사상사연구』 상, 지식산업사, 2009, 171~172쪽.

27 위의 책, 172쪽.

3省은 『논어』 「학이」편에 "爲人謀而不忠乎 與朋友交而不信乎 傳不習乎."

3貴는 『논어』 「태백」편에 "動容貌斯遠暴慢矣 正顔色斯近信矣 出辭氣斯遠鄙倍矣."

4勿은 『논어』 「안연」편에 "非禮勿視 非禮勿聽 非禮勿言 非禮勿動."

9容은 『예기』 「옥조」편에 "足容重 手容恭・目容端 口容止 聲容靜 頭容直 氣容肅 立容德 色容莊."

9思는 『논어』 「계씨」편에 "視思明 聽思聰 色思溫 貌思恭 言思忠 事思敬 疑思問 忿思難 見得思義"라고 되어 있다.

28 貝塚茂樹, 박연호 옮김, 『孔子─생애와 사상』, 서광사, 1991, 95쪽.

29 윤사순, 『退溪哲學의 硏究』, 고려대출판부, 1980, 147쪽.

30 이동환, 「曺南冥의 精神構圖」, 『남명학연구』 창간호, 1991.

31 子曰 道之以政 齊之以刑 民免而無恥 道之以德 齊之以禮 有恥且格.(『논어』 「위정」)

32 貝塚茂樹, 위의 책, 117쪽.

33 子曰 其身正 不令而行 其身部正 雖令部從.(『논어』「자로」)

34 子曰 爲政以德 譬如北辰居其所 而衆星共之.(『논어』「위정」)

35 君君臣臣父父子子(『논어』「안연」)

36 定公問 君使臣臣事君 如之何 孔子對曰 君使臣以禮 臣使君以忠(『논어』「팔일」)

37 貝塚茂樹, 위의 책, 119쪽.

38 以其統體者 謂之太極 以其本然者 謂之理 以其作用者 謂之氣 以其流行者 謂之道 以其賦與者 謂之命 以其秉 彝者 謂之性 以其發出者 謂之情 以其體得者 謂之德(장현광, 『여헌집旅軒集』 권6, 속집 평설)

39 『대학』 明明之德 本義

40 『근사록』 1권 2.

41 『논어』「학이」 4.

42 『논어』「위정」 1.

43 『논어』「술이」.

44 『논어』「안연」 19.

45 『논어』「태백」.

46 『논어』「학이」.

47 위의 책.

48 위의 책, 집주.

49 위의 책.

50 위의 책.

51 『논어』「자로」.

52 한국정신문화연구원 엮음, 『세종시대의 문화』, 한국정신문화연구원, 2001, 104쪽.

53 朱子曰 人倫不及師者 友者多而師少 以其多者言之(박세채, 『남계집南溪集』 권64, 師

　　友考證 喪服朋友麻)

54 『소학집주』 明倫通論.

55 안방준, 『은봉전서隱峰全書』

56 『중용장구대전』 傳20章.

57 『맹자집주대전』 離婁章句 上.

58 『중문대사전』 統.

59 최익현, 『면암집勉菴集』 잡저.

선비평전

ⓒ 이성무 2011

1판 1쇄	2011년 11월 25일
1판 2쇄	2011년 12월 27일

지은이	이성무
펴낸이	강성민
편집	이은혜 박민수 김신식
마케팅	최현수
온라인 마케팅	이상혁

펴낸곳	(주)글항아리
출판등록	2009년 1월 19일 제406-2009-000002호

주소	413-756 경기도 파주시 문발동 파주출판도시 513-8
전자우편	bookpot@hanmail.net
전화번호	031-955-8891(마케팅) 031-955-8898(편집부)
팩스	031-955-2557

ISBN	978-89-93905-78-6 03900

이 도서의 국립중앙도서관 출판시도서목록(CIP)은 e-CIP홈페이지(http://www.nl.go.kr/ecip)와
국가자료공동목록시스템(http://www.nl.go.kr/kolisnet)에서 이용하실 수 있습니다.(CIP제어번호: CIP2011004767)